무료 스타강사의 **토플 공부전략 강의** 이용 방법

고우해커스(goHackers.com) 접속 ▶
상단 메뉴 [TOEFL → 토플공부전략] 클릭하여 이용하기

무료 토플 **스피킹/라이팅 첨삭 게시판** 이용 방법

고우해커스(goHackers.com) 접속 ▶
상단 메뉴 [TOEFL → 스피킹게시판/라이팅게시판] 클릭하여 이용하기

무료 토플 **비법노트게시판** 이용 방법

고우해커스(goHackers.com) 접속 ▶
상단 메뉴 [TOEFL → 비법노트게시판] 클릭하여 이용하기

무료 **말하기 연습 프로그램** 이용 방법

해커스인강(HackersIngang.com) 접속 ▶
상단 메뉴 [MP3/자료 → 토플 → 말하기 연습 프로그램] 클릭하여 이용하기

교재 MP3 구매 방법

해커스인강(HackersIngang.com) 접속 ▶
상단 메뉴 [MP3/자료 → 토플 → 문제풀이 MP3] 클릭하여 구매하기

* QR코드로 교재 MP3 바로 가기

|H|A|C|K|E|R|S|
TOEFL
SPEAKING
BASIC

해커스 어학연구소

토플 스피킹의 기본서

Hackers TOEFL Speaking Basic

개정 4판 1쇄 발행 2019년 8월 1일

지은이	David Cho | 언어학 박사, 前 UCLA 교수
펴낸곳	(주)해커스 어학연구소
펴낸이	해커스 어학연구소 출판팀

주소	서울특별시 서초구 강남대로61길 23 (주)해커스 어학연구소
고객센터	02-566-0001
교재 관련 문의	publishing@hackers.com
동영상강의	HackersIngang.com

ISBN	978-89-6542-309-6 (13740)
Serial Number	04-01-01

외국어인강 1위,
해커스인강
HackersIngang.com

해커스인강

- 스피킹에 유용한 문장을 반복 학습하는 말하기 연습 프로그램
- 해커스 토플 스타강사의 본 교재 인강

전세계 유학정보의 중심,
고우해커스
goHackers.com

고우해커스

- 고득점을 위한 무료 토플 공부전략 강의 및 적중특강
- 토플 라이팅/스피킹 첨삭 게시판, 토플 보카 시험지 생성기 등 무료 학습 콘텐츠
- 국가별 대학 및 전공별 정보, 유학 Q&A 게시판 등 다양한 유학정보

[외국어인강 1위] 헤럴드선정 2018 대학생 선호브랜드 대상 '대학생이 선정한 외국어인강' 부문 1위

해커스 토플은 토플 시험 준비와 함께 여러분의 영어 실력 향상에 도움이 되고자 하는 마음에서 시작되었습니다. 해커스 토플을 처음 출간하던 때와 달리, 이제는 많은 토플 책들을 서점에서 볼 수 있지만, 그럼에도 해커스 토플이 여전히 독보적인 베스트셀러의 자리를 지킬 수 있는 것은 늘 처음과 같은 마음으로 더 좋은 책을 만들기 위해 고민하고, 최신 경향을 반영하기 위해 끊임없이 노력하기 때문입니다.

이러한 노력의 결실로, 새롭게 변경된 토플 시험에서도 학습자들이 영어 실력을 향상하고 토플 고득점을 달성하는 데 도움을 주고자 최신 토플 경향을 반영한 『Hackers TOEFL Speaking Basic(iBT)』 4th Edition을 출간하게 되었습니다.

영어 말하기의 기본을 확실히 잡습니다!

『Hackers TOEFL Speaking Basic(iBT)』은 한국식 영어 표현에서 벗어나 진정한 영어다운 표현을 사용할 수 있도록, 영어 말하기에 있어서 가장 중요하고 기본적인 틀을 제시합니다.

체계적인 4주 학습으로 실전도 문제없습니다!

1-2주에서는 영어 말하기에 기본이 되는 발음과 필수 문법을 학습하고, 3주에서는 엄선된 필수 표현과 함께 읽고 들은 내용을 자신의 말로 바꾸어 말하는 방법을 익힌 후, 4주에서는 실전 감각까지 차근차근 익힐 수 있도록 하였습니다.

『Hackers TOEFL Speaking Basic(iBT)』이 여러분의 토플 목표 점수 달성에 확실한 해결책이 되고, 영어 실력 향상, 나아가 여러분의 꿈을 향한 길에 믿음직한 동반자가 되기를 소망합니다.

David Cho

CONTENTS

1st Week 스피킹을 위한 발음 내 것으로 만들기

2nd Week 스피킹을 위한 문법 내 것으로 만들기

3rd Week 스피킹을 위한 **표현** 익히기

4th Week 스피킹 **실전** 익히기

해커스 토플 베이직으로
Speaking 기초를 잡는다!

01 4주 완성, 스피킹 기본서!

▌영어 말하기의 기본서

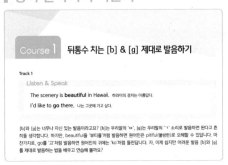

토플 스피킹뿐만 아니라 일반적인 영어 말하기에도 꼭 필요한 내용을 수록함으로써, 전반적인 영어 말하기 실력을 향상시키는 데 중점을 두었다. 말하기를 위한 발음과 문법, 표현부터 토플 스피킹 답안을 말하는 방법까지 이 한 권으로 모두 학습할 수 있다.

▌맞춤형 학습플랜

학습자들은 레벨 테스트를 통해 자신의 실력을 미리 진단하고, 자신에게 가장 잘 맞는 학습플랜을 선택하여 학습할 수 있다.

O2 발음·문법에서 실전까지 체계적인 Speaking 학습!

1, 2주 스피킹을 위한 발음/문법 내 것으로 만들기

> [b]
> · 양 입술을 가볍게 붙인 채로 안쪽으로 살짝 말아 넣었다가 뗀다.
> · 입안에서 소리를 뭉개 'ㅂ'와 유사하게 발음하며, 이때 절대로 입김이 새어 나오지 않게 한다.
> · beautiful은 [뷰티풀]이 아니라 [(으)뷰티풀]이라고 발음한다.
>
> [g]
> · 아래턱을 크게 벌려 목 쪽으로 떨어뜨리고 입안을 넓게 만든다.
> · 목 깊숙한 곳에서 소리를 만들고 이를 밖으로 끌어당기는 듯한 느낌으로 'ㄱ'처럼 발음한다.
> · go는 [고]가 아니라 [(으)고우]라고 발음한다.

1주에서는 영어로 말할 때 실수하거나 헷갈리기 쉬운 발음부터 올바른 강세 표현, 끊어 말하기까지 스피킹의 기본이 되는 내용들을 학습하고, 2주에서는 **자신의 생각을 정확한 문장으로 말하는 데 필수적인 문법**을 학습할 수 있도록 하였다.

3주 스피킹을 위한 표현 익히기

> 01 **~라고 생각한다**
> 주어 think [believe, feel] that ~
> 남자는 교내에 새로운 공원을 만드는 것이 좋은 아이디어라고 생각한다.
> The man **thinks that** a new park on campus is a great idea.
>
> 02 **내 생각에는**
> In my opinion
> 내 생각에는, 여자가 그 문제를 그녀의 교수와 논의해야 한다.
> **In my opinion**, the woman should discuss the matter with her professor.

3주에서는 **토플 스피킹에서 유용하게 사용할 수 있는 유형별/주제별 표현**들을 학습한 후, 실제 시험의 통합형 문제에 대비하여 읽고 들은 내용을 나의 말로 바꾸어 말해 보는 연습을 할 수 있도록 하였다.

4주 스피킹 실전 익히기

Track 5

🎧 다음 아웃라인을 바탕으로 답안을 말해 보세요.

Some people prefer to take the leadership position in a group, while other follow. Which do you prefer and why? Include details and examples in your exp

나의 선택   *leadership position* 지도자 역할
이유 1   **1. change things for the better** 더 나은 쪽으로 바꿈
구체적 근거   **- unreasonable rule → better one**

4주에서는 **iBT TOEFL Speaking 실전 문제 유형**을 학습할 수 있도록 하였다. 4개의 유형으로 구성된 각 문제들의 유형별 문제풀이 전략을 학습한 후, 실전 연습 문제들을 풀어보며 실전 감각을 익힐 수 있다.

Actual Test

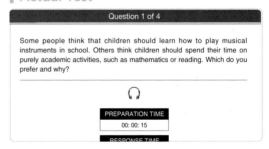

Question 1 of 4

Some people think that children should learn how to play musical instruments in school. Others think children should spend their time on purely academic activities, such as mathematics or reading. Which do you prefer and why?

🎧

PREPARATION TIME
00: 00: 15

RESPONSE TIME

이 책의 최종 마무리 단계로서, 토플 스피킹에 대한 종합적인 이해도와 말하기 실력을 측정해 볼 수 있는 실전 테스트를 수록하였다. **실제 iBT TOEFL Speaking 시험과 동일한 형식을 갖춘 문제를 풀어봄**으로써, 실전에 효과적으로 대비할 수 있다.

03 정확한 문제 이해와 모범 답안으로 실력 UP!

아웃라인/노트

독립형 문제에 대한 아웃라인 예시 및 통합형 문제의 읽기 지문과 듣기 지문의 핵심 내용을 정리한 읽기/듣기 노트를 제공하여, **효율적인 아웃라인 작성 및 노트테이킹 방법을 익힐** 수 있도록 하였다.

모범 답안

읽기 주제
According to the reading, the Business Department should make a mandatory int
the service industry.

화자의 의견
The woman **does not think it is a good idea.**

이유 1
First, she says that **business majors want internships relevant to their career**

구체적 근거
In other words, **not all students are interested in working in the service indust**

이유 2
Second, she says that business students already have a lot of experience in th

교재에 수록된 모든 문제에 대한 모범 답안을 제공하여, 이를 바탕으로 학습자가 **자신의 답안을 보완, 개선할** 수 있도록 하였다.

스크립트/해석

듣기 지문
Narrator: Now listen to two students as they discuss the letter.
이제 편지에 대해 토의하는 두 학생의 대화를 들어 보세요.

W: Did you read that student's letter about mandatory internships in the service industry?
He doesn't understand what business majors want.
M: Hmm . . . why do you say that?
W: Business majors want internships relevant to their career objectives. There are many
not all students are interested in working in the service industry. Some want to go into
interested in marketing.
M: That's a good point.
W: Besides, most business students have a lot of experience in the service industry. Many
related part-time jobs. They know a lot about the service industry already, so they do
internship in it as well.

여: 서비스 산업에서의 의무적인 인턴십에 대한 학생의 편지 읽었니? 난 그에게 동의하지 않아. 그는 경영학 전공...
못하고 있어.
남: 음... 왜 그렇게 말하니?

통합형 문제의 대화와 강의에 대한 듣기 스크립트를 수록하였을 뿐 아니라, 교재에 수록된 모든 지문과 모범 답안에 대해 정확한 해석 및 중요 어휘를 함께 제공하여, 학습자가 **문제와 답안을 정확하게 이해할** 수 있도록 하였다.

04 해커스만의 다양한 학습자료!

▌고우해커스(goHackers.com)

온라인 토론과 정보 공유의 장인 **고우해커스(goHackers.com)** 사이트에서 다른 학습자들과 함께 교재 내용에 관한 문의사항을 나누고 학습 내용을 토론할 수 있으며, **다양한 무료 학습자료와** TOEFL 시험 및 유학에 대한 풍부한 정보도 얻을 수 있다.

▌해커스인강(HackersIngang.com)

해커스인강(HackersIngang.com) 사이트에서 무료로 제공되는 **말하기 연습 프로그램**을 통해 토플 스피킹에 도움이 되는 문장들을 직접 말하면서 녹음해 보고, 이를 원어민의 음성과 비교하며 자신의 발음과 억양을 교정할 수 있다.

해커스인강(HackersIngang.com) 사이트에서는 본 교재에 대한 유료 **동영상강의** 또한 제공한다. 교재 학습 시 동영상강의를 수강하면 선생님의 상세한 설명을 통해 영어 말하기에 필요한 기본기 및 토플 스피킹 유형별 전략을 좀 더 깊이 있고 체계적으로 학습할 수 있다.

TOEFL Speaking 소개 및 학습전략

■ TOEFL Speaking 소개

iBT TOEFL Speaking 영역에서는 영어를 사용하는 국가에서 공부할 때 필수적인 말하기 능력을 평가한다. 따라서 수험자들은 스피킹 영역에 대비하는 과정을 통해 iBT TOEFL 목표 점수 달성뿐만 아니라, 실제 해외 대학 진학 후의 환경에도 효과적으로 적응할 수 있는 능력을 갖추게 될 것이다.

■ TOEFL Speaking 구성

Speaking 영역은 약 17분 동안 진행되며, 총 4개의 문제에 답하게 된다.

■ Independent Task(독립형 문제)

독립적 언어 구사 능력을 평가하는 것으로, 특정 주제에 대한 자신의 의견을 말해야 한다.

■ Integrated Task(통합형 문제)

통합적 언어 구사 능력을 평가하는 것으로, 몇몇 짧은 자료를 읽거나 들은 후, 읽고 들은 정보를 연계하여 말로 답해야 한다. 시험 중 노트테이킹이 가능하며, 노트테이킹한 것을 사용해서 답할 수 있다.

■ TOEFL Speaking 문제 유형 분석

문제 유형			유형 분석	소요 시간
독립형	말하기	Q1. 나의 선택 문제 의견 말하기	· 질문에서 제시된 두 가지 대비되는 사항 또는 진술에 대한 개인적인 입장 선택하여 말하기	준비 시간 15초 응답 시간 45초
통합형	읽기 ↓ 듣기 ↓ 말하기	Q2. 학교생활 관련 주제 요약하여 말하기	· Reading – 학교생활과 관련된 주제의 글 · Listening – Reading에 대한 의견을 나누는 대화 · Speaking – 화자의 의견 요약하여 말하기	읽기 시간 45/50초 준비 시간 30초 응답 시간 60초
		Q3. 학술적 주제 요약하여 말하기	· Reading – 학술적 주제의 글 · Listening – Reading에 관한 강의 · Speaking – 읽고 들은 정보 통합하여 말하기	
	듣기 ↓ 말하기	Q4. 학술적 주제 요약하여 말하기	· Listening – 학술적 주제의 강의 · Speaking – 강의 내용 요약하여 말하기	준비 시간 20초 응답 시간 60초
				총 17분

■ TOEFL Speaking 학습전략

1. 정확한 발음을 익힌다.

발음은 iBT TOEFL Speaking 답안의 첫인상을 결정짓는 중요한 요소이다. 교재에 수록된 스피킹을 위한 발음 부분을 꼼꼼히 학습하여, 실수하기 쉬운 발음이나 정확히 발음하지 않으면 오해를 일으킬 수 있는 발음들을 미리 체크해두고 말해 보는 연습을 하도록 한다.

2. 매일 영어로 말해 본다.

실전에서 제 실력을 발휘하기 위해서는 반복적인 연습을 통해 영어로 말하는 것에 익숙해져야 한다. 특정 주제에 얽매이지 않고 자유롭게 말해 보는 것이 좋으며, 자신의 답안을 녹음해서 확인해 보는 것도 큰 도움이 된다. 또한 해커스인강(HackersIngang.com) 사이트에서 제공하는 말하기 연습 프로그램을 활용하여 매일 영어 말하기 연습을 하도록 한다.

* 말하기 연습 프로그램 활용법은 p.12~13에서 자세히 소개한다.

3. 듣기 능력을 기른다.

iBT TOEFL Speaking의 통합형 문제에서는 대화나 강의를 듣고 요약할 수 있는 능력을 필요로 하기 때문에, 말하기 능력만큼이나 듣기 능력이 중요하다. 따라서 교재 MP3 및 다양한 영어 듣기 자료를 활용하여, 영어 대화나 강의를 듣고 그 내용을 정확히 이해하는 능력을 기르도록 한다.

4. 다양한 주제에 대한 배경 지식을 쌓는다.

iBT TOEFL Speaking의 읽기 및 듣기 지문은 학생들이 대학에서 실제로 수업 시간에 접할 수 있는 교과서나 강의 내용으로 구성되어 있다. 따라서 교재에 수록된 통합형 주제들과 함께 다양한 학술적인 주제들에 대한 배경 지식을 미리 정리해두도록 한다.

5. 여러 가지 독립형 주제에 대한 자신의 의견을 정리한다.

독립형 문제에서는 주제 자체가 어렵지 않더라도, 해당 문제에 대해 별로 생각해 본 적이 없어서 자신의 의견을 말하는 데 곤란을 겪을 수 있다. 따라서 교재에 수록된 독립형 문제와 함께 평소에 다양한 주제들에 대해 자신의 의견을 간단하게 정리해 보는 연습을 하도록 한다.

6. 시험 환경과 방식에 적응하도록 한다.

헤드셋을 착용하고 마이크를 통해 자신의 답안을 말하는 과정은 누구에게나 생소할 것이다. 따라서 평소에 시험과 비슷한 환경을 만들어 말해 보는 연습을 하여, 실전에서 자신의 실력을 최대한으로 발휘할 수 있도록 한다.

말하기 연습 프로그램 학습법

■ 해커스 말하기 연습 프로그램이란?

해커스인강(HackersIngang.com) 사이트에서는 학습자가 효율적으로 말하기 연습을 할 수 있도록 해커스 어학연구소에서 자체 제작한 말하기 훈련 프로그램을 제공한다. 이 프로그램을 통해, 토플 스피킹 시험에서 활용할 수 있는 유용한 문장들을 반복 연습함으로써 완전히 자신의 것으로 소화하여 영어로 자연스럽게 말할 수 있다.

- **반복 학습**

  실전을 위한 유용한 표현 및 문장들을 자기 것으로 만들 때까지 반복 연습한다.

- **참여 학습**

  자신이 외운 내용을 직접 녹음해 볼 수 있다.

- **상호 학습**

  자신이 녹음한 내용을 원어민의 음성과 비교하여 발음과 억양을 스스로 진단하고 교정할 수 있다.

■ STEP별 학습법

STEP 1 듣고 따라 말하기

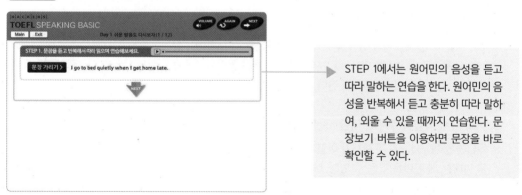

STEP 1에서는 원어민의 음성을 듣고 따라 말하는 연습을 한다. 원어민의 음성을 반복해서 듣고 충분히 따라 말하여, 외울 수 있을 때까지 연습한다. 문장보기 버튼을 이용하면 문장을 바로 확인할 수 있다.

STEP 2 외운 문장 녹음하기

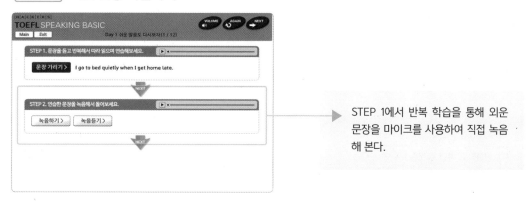

STEP 1에서 반복 학습을 통해 외운 문장을 마이크를 사용하여 직접 녹음 해 본다.

STEP 3 원어민 음성과 비교하여 들어 보기

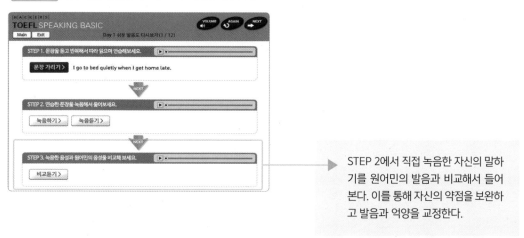

STEP 2에서 직접 녹음한 자신의 말하기를 원어민의 발음과 비교해서 들어 본다. 이를 통해 자신의 약점을 보완하고 발음과 억양을 교정한다.

나만의 **학습플랜**

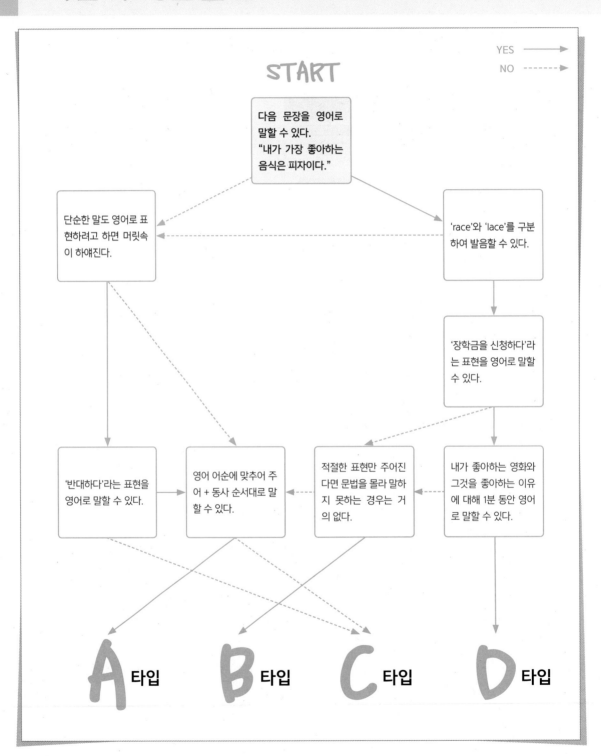

START

다음 문장을 영어로 말할 수 있다.
"내가 가장 좋아하는 음식은 피자이다."

단순한 말도 영어로 표현하려고 하면 머릿속이 하얘진다.

'race'와 'lace'를 구분하여 발음할 수 있다.

'장학금을 신청하다'라는 표현을 영어로 말할 수 있다.

'반대하다'라는 표현을 영어로 말할 수 있다.

영어 어순에 맞추어 주어 + 동사 순서대로 말할 수 있다.

적절한 표현만 주어진다면 문법을 몰라 말하지 못하는 경우는 거의 없다.

내가 좋아하는 영화와 그것을 좋아하는 이유에 대해 1분 동안 영어로 말할 수 있다.

YES ——→
NO ----→

A 타입   **B** 타입   **C** 타입   **D** 타입

A 타입 : 영어 말하기의 기본기를 다져야 하는 당신!

기본적인 영어 표현과 문법은 어느 정도 알고 있지만, 이를 말하기로 연결하지는 못하는군요. 머릿속에서는 맴도는데 입이 떨어지지 않아서 답답한 경우가 많겠네요. 발음부터 시작해서 문법, 표현까지 하나씩 재정비해 보세요. 학습플랜에 따라 한 달 동안 공부하세요.

4주 학습플랜

	Day 1	Day 2	Day 3	Day 4	Day 5	Day 6	Day 7
Week 1	1주 1일	1주 2일	1주 3일	1주 4일	1주 5일	1주 6일	휴식
Week 2	2주 1일	2주 2일	2주 3일	2주 4일	2주 5일	2주 6일	휴식
Week 3	3주 1일	3주 2일	3주 3일	3주 4일	3주 5일	3주 6일	휴식
Week 4	4주 1일	4주 2일	4주 3일	4주 4일	4주 5일	4주 6일	Actual Test

B 타입 : 표현력을 키워야 하는 당신!

발음과 문법은 어느 정도 완성되었지만, 아직 표현력이 부족하군요. 다양한 표현을 활용하여 자신의 의견을 자연스럽게 말하는 훈련이 필요합니다. 3주의 스피킹을 위한 표현을 학습하는 데 더욱 집중하도록 하세요. 1, 2주와 3주, 4주를 각각 일주일씩 공부해서 3주 동안 끝내세요.

3주 학습플랜

	Day 1	Day 2	Day 3	Day 4	Day 5	Day 6	Day 7
Week 1	1주 1, 2일	1주 3, 4일	1주 5, 6일	2주 1, 2일	2주 3, 4일	2주 5, 6일	휴식
Week 2	3주 1일	3주 2일	3주 3일	3주 4일	3주 5일	3주 6일	휴식
Week 3	4주 1일	4주 2일	4주 3일	4주 4일	4주 5일	4주 6일	Actual Test

C 타입 : 차근차근 **영어 문장에 대한 이해**부터 시작해야 하는 당신!

발음이나 문법 등 영어의 모든 것이 낯선 상황이군요. 학습플랜에 따라 한 달 동안 처음부터 차근차근 학습하고, 2주 동안 같은 내용을 다시 한 번 복습하는 것이 좋겠습니다.

6주 학습플랜

	Day 1	Day 2	Day 3	Day 4	Day 5	Day 6	Day 7
Week 1	1주 1일	1주 2일	1주 3일	1주 4일	1주 5일	1주 6일	휴식
Week 2	2주 1일	2주 2일	2주 3일	2주 4일	2주 5일	2주 6일	휴식
Week 3	3주 1일	3주 2일	3주 3일	3주 4일	3주 5일	3주 6일	휴식
Week 4	4주 1일	4주 2일	4주 3일	4주 4일	4주 5일	4주 6일	Actual Test
Week 5	1주 1, 2일	1주 3, 4일	1주 5, 6일	2주 1, 2일	2주 3, 4일	2주 5, 6일	휴식
Week 6	3주 1, 2일	3주 3, 4일	3주 5, 6일	4주 1, 2일	4주 3, 4일	4주 5, 6일	Actual Test

D 타입 : iBT 실전 유형을 익혀야 하는 당신!

발음부터 표현까지 기본기를 상당히 갖추었군요. 이제 토플 스피킹 문제 유형을 익히고 꾸준히 연습만 하면 실전 iBT 시험에 도전해도 되겠네요. 1, 2, 3주에서는 부족한 부분만 체크해서 공부하고, 4주에서 실전 연습에 집중하세요. 1, 2, 3주와 4주를 각각 일주일씩 공부해서 2주 동안 끝내세요.

2주 학습플랜

	Day 1	Day 2	Day 3	Day 4	Day 5	Day 6	Day 7
Week 1	1주 1, 2, 3일	1주 4, 5, 6일	2주 1, 2, 3일	2주 4, 5, 6일	3주 1, 2, 3일	3주 4, 5, 6일	휴식
Week 2	4주 1일	4주 2일	4주 3일	4주 4일	4주 5일	4주 6일	Actual Test

교재학습 **TIP**

1. 매일 주어지는 본문을 Course별로 학습한 뒤, 각 Course의 Check-up을 풀고 자신이 취약한 부분을 체크해 보세요.

2. 부족한 부분은 본문을 통해 다시 복습하고, Daily Test를 풀면서 학습을 마무리하세요.

3. Check-up과 Daily Test의 문제는 글로 답을 쓰려고 하지 말고, 문제를 보고 바로 말하는 연습을 하는 것이 좋습니다. 이러한 연습을 통해 실제 시험에서 순발력 있게 대처하는 능력을 기를 수 있습니다.

4. Actual Test를 풀 때에는 앞에서 학습한 모든 내용을 종합하여 실전처럼 풀어 보세요. 각 문제 하단에 표시된 시간 제한에 따라 문제에 답하여, 실제 시험의 응답 시간에 익숙해지는 것이 중요합니다.

5. 교재에서 학습하는 문제에 대한 자신의 답안을 휴대폰 등을 활용하여 녹음해 보고, 모범 답안 MP3의 원어민 발음과 비교하여 개선할 점이 없는지 확인해 보는 것도 좋습니다.

6. 스터디 학습을 할 때에는 본문의 내용을 각자 학습해온 뒤, 한 사람씩 돌아가면서 답을 말하는 연습을 해보세요. 말하기를 할 때 실수하는 부분들은 서로 피드백을 교환하며 고쳐 나가도록 합니다.

1st Week

스피킹을 위한 발음 내 것으로 만들기

1주 <스피킹을 위한 발음 내 것으로 만들기>에서는 토플 스피킹 답안의 첫인상을 결정짓는 요소가 되는 발음을 배운다. 실제 시험에서 사용할 수 있는 문장들을 통해 발음, 강세, 끊어 말하기를 연습하여 토플 스피킹에 대비해 보자.

Day 1

쉬운 발음도 다시 보자

아무리 영어로 말하는 것을 어렵게 느끼는 사람들이라도, 나름대로 자신 있게 발음하는 소리들이 있을 겁니다. 하지만 이렇게 만만하게 생각했던 발음들을 제대로 소리 낼 수 있을 때 영어 말하기 실력이 한 층 업그레이드된다는 사실을 잊지 마세요!

Track 1

Listen & Speak

The scenery is **beautiful** in Hawaii. 하와이의 경치는 아름답다.

I'd like to **go** there. 나는 그곳에 가고 싶다.

[b]와 [g]는 너무나 자신 있는 발음이라고요? [b]는 우리말의 'ㅂ', [g]는 우리말의 'ㄱ' 소리로 발음하면 된다고 흔히들 생각합니다. 하지만, beautiful을 '뷰티풀'처럼 발음하면 원어민은 pitiful(불쌍한)로 오해할 수 있답니다. 마찬가지로, go를 '고'처럼 발음하면 원어민의 귀에는 'ko'처럼 들린답니다. 자, 이제 쉽지만 어려운 발음 [b]와 [g]를 제대로 발음하는 법을 배우고 연습해 볼까요?

---

[b]
· 양 입술을 가볍게 붙인 채로 안쪽으로 살짝 말아 넣었다가 뗀다.
· 입안에서 소리를 뭉개 'ㅂ'와 유사하게 발음하며, 이때 절대로 입김이 새어 나오지 않게 한다.
· beautiful은 [뷰티풀]이 아니라 [(으)뷰티풀]이라고 발음한다.

[g]
· 아래턱을 크게 벌려 목 쪽으로 떨어뜨리고 입안을 넓게 만든다.
· 목 깊숙한 곳에서 소리를 만들고 이를 밖으로 끌어당기는 듯한 느낌으로 'ㄱ'처럼 발음한다.
· go는 [고]가 아니라 [(으)고우]라고 발음한다.

사운드를 들으며 다음 단어들을 소리 내어 따라 해보세요.

	ban	[(으)배앤]	[bǽn]	금지; 금지하다
	bus	[(으)버ㅅ]	[bʌ́s]	버스
[b]	bet	[(으)벳ㅌ]	[bét]	내기; 내기를 걸다
	abate	[(어)베잇ㅌ]	[əbéit]	완화시키다
	cab	[캐애ㅂ]	[kǽb]	택시
	great	[(으)그r레잇ㅌ]	[gréit]	큰, 중대한
	get	[(으)겟ㅌ]	[gét]	얻다, 받다
[g]	ground	[(으)그r라운ㄷ]	[gráund]	지면, 운동장
	begin	[(으)비긴]	[bigín]	시작하다
	good	[(으)귿]	[gúd]	좋은

Track 2

다음 단어를 듣고, 받아 적은 후 [b]와 [g] 소리에 유의하여 큰 소리로 말해 보세요.
(음성은 두 번 들려 줍니다.)

1 _____

2 _____

3 _____

4 _____

5 _____

6 _____

7 _____

8 _____

9 _____

10 _____

다음 문장을 듣고, 빈칸을 채운 후 큰 소리로 말해 보세요. (음성은 두 번 들려 줍니다.)

11 I was happy to _____ .

12 My _____ took a bus to come here.

13 I go to bed quietly when I _____ late.

14 Some people were against _____ .

15 The teacher was angry with the students _____ .

정답 p.324

내일 시험이 있다구! [w] & [kw] 제대로 발음하기

Track 3

Listen & Speak

Mr. **Woods** will be the guest speaker at tomorrow's seminar.
우즈 씨가 내일 세미나의 초청 연사일 것이다.

I can't make it because of a **quiz**.
나는 퀴즈 때문에 참석할 수 없다.

우즈? 퀴즈? No, no, no! 왜 틀렸냐고요? Woods를 '우즈'라고 말하면 ooze(스며 나오다)처럼 들린답니다. 게다가, quiz를 '퀴즈'라고 말하면 kids(아이들)처럼 들릴 확률이 높답니다. 시험이 있다는 말을 해야 하는데, 아이들이 있다는 말을 하고 싶지는 않겠죠? 자, 이제 [w]와 이를 응용한 [kw]를 제대로 발음하는 법을 배우고 연습해 볼까요?

---

[w]
· 양 입술을 둥글게 모은 상태에서 좀 더 앞쪽으로 내밀며 발음한다.
· 우리말의 '우' 소리에 '어' 소리가 약하게 더해진 것처럼 발음한다.
· Woods는 [우워z]로 발음한다.

[kw]
· [k] 소리에 [w] 소리가 합쳐진 발음이므로 입을 둥글게 만들고 발음한다.
· 'ㅋ' 소리에 '우' 소리가 합쳐져서 '쿠'에 가깝게 소리 낸다. '쿠' 소리에 뒤따른 모음을 순차적으로 발음한다.
· quiz는 [쿠이z]로 발음한다.

사운드를 들으며 다음 단어들을 소리 내어 따라 해보세요.

[w]	wide	[우와이ㄷ]	[wáid]	넓은, 큰
	work	[우워어rㅋ]	[wə́:rk]	일, 공부; 일하다
	worry	[우워어리]	[wə́:ri]	걱정시키다
	wait	[우웨잇ㅌ]	[wéit]	기다리다
	want	[우원ㅌ]	[wánt]	원하다
[kw]	quick	[쿠윅ㅋ]	[kwík]	빠른, 급속한
	queen	[쿠위인]	[kwí:n]	여왕
	quite	[쿠와잇ㅌ]	[kwáit]	아주, 완전히
	quit	[쿠윗ㅌ]	[kwít]	그만두다
	quality	[쿠왈러티]	[kwáləti]	품질

Check-up

Track 4

🎧 다음 단어를 듣고, 받아 적은 후 [w]와 [kw] 소리에 유의하여 큰 소리로 말해 보세요.
(음성은 두 번 들려 줍니다.)

1 _____

2 _____

3 _____

4 _____

5 _____

6 _____

7 _____

8 _____

9 _____

10 _____

🎧 다음 문장을 듣고, 빈칸을 채운 후 큰 소리로 말해 보세요. (음성은 두 번 들려 줍니다.)

11 I want to _____ at the bank.

12 If I had time, I would _____ .

13 The guest speaker _____ .

14 I _____ a movie, but I don't have time.

15 The teacher asked _____ .

정답 p.324

Track 5

Listen & Speak

Drinking coffee several **times** a day makes my heart **beat** fast.
커피를 하루에 여러 번 마시는 것은 내 심장을 빠르게 뛰게 만든다.

You should **try** to drink water instead.
너는 대신 물을 마시도록 노력해야 한다.

[t]에 우리가 모르는 비밀이 있다고요? 그것은 바로 [t]의 위치와 주위의 소리에 따라 소리가 변한다는 점이지요.
자, 이제 [t]의 다양한 소리 변화를 제대로 발음하는 법을 배우고 연습해 볼까요?

[t~]
· 혀와 입천장 사이에서 공기를 터트린다는 느낌으로 'ㅌ'와 비슷하게 소리가 난다.
· times는 [타임ㅈ]가 아니라, [ㅊ타임ㅈ]로 발음한다.

[~t]
· 단어 마지막에 오는 [t] 소리는 약해지므로 [트]라고 소리 내지 않는다.
· beat는 [비트]가 아니라, [빗ㅌ]로 발음한다.

[tr]
· [r] 소리를 확실히 굴려 말하기 위해 입을 모아서 발음하면 'ㅊ'와 비슷하게 소리가 난다.
· try는 [트라이]가 아니라, [츄r롸이]로 발음한다.

사운드를 들으며 다음 단어들을 소리 내어 따라 해보세요.

[t~]	tired	[(ㅊ)타이어r드]	[táiərd]	피곤한
	talent	[(ㅊ)탤런ㅌ]	[tǽlənt]	재능
	take	[(ㅊ)테이ㅋ]	[téik]	잡다
[~t]	accent	[애액센ㅌ]	[ǽksent]	악센트
	meat	[미잇ㅌ]	[míːt]	고기
	gate	[게잇ㅌ]	[géit]	대문
[tr]	train	[츄r레인]	[tréin]	열차
	trouble	[츄r러블]	[trʌbl]	불편, 문제
	trick	[츄r릭]	[trík]	속임수, 비결

Track 6

🎧 다음 단어를 듣고, 받아 적은 후 [t] 소리의 변화에 유의하여 큰 소리로 말해 보세요.
(음성은 두 번 들려 줍니다.)

1 _____

2 _____

3 _____

4 _____

5 _____

6 _____

7 _____

8 _____

9 _____

10 _____

🎧 다음 문장을 듣고, 빈칸을 채운 후 큰 소리로 말해 보세요. (음성은 두 번 들려 줍니다.)

11 The _____ about the importance of transportation.

12 The lecturer describes _____ trade.

13 A trip across the United States by _____ a long time.

14 She felt bad about _____ with her friend.

15 Doctors suggest we _____ seven hours every night.

정답 p.325

Daily Test

Q 다음 문장을 듣고, 빈칸에 알맞은 단어를 골라 보세요. 답을 확인한 후 큰 소리로 말해 보세요.
(음성은 두 번 들려 줍니다.)

01 I _____ quit asking questions.
    ⓐ won't   ⓑ want   ⓒ own

02 The woman _____ her English professor.
    ⓐ coats   ⓑ quotes   ⓒ courts

03 My _____ is dirty and needs to be dry-cleaned.
    ⓐ quilt   ⓑ quit   ⓒ kilt

04 A friend is someone who tells you the _____.
    ⓐ truth   ⓑ tooth   ⓒ thrust

05 My team _____ the math competition last week.
    ⓐ one   ⓑ won   ⓒ want

06 My keys and wallet were in the _____ I lost.
    ⓐ bag   ⓑ pack   ⓒ vague

07 In order to go camping, you must have the right _____.
    ⓐ tear   ⓑ bear   ⓒ gear

08 The trashcan was full of _____.
    ⓐ litter   ⓑ leather   ⓒ leader

Q 간단한 질문과 그에 대한 답변이 이어집니다. 답변을 듣고 빈칸을 채운 후 큰 소리로 말해 보세요.
(음성은 두 번 들려 줍니다.)

09 What is your favorite food?

🎤 My _____ is hamburgers.

10 What do you like to do in your free time?

🎤 I like to read _____ about battles.

11 Do you like to hike on trails in a park or in a forest?

🎤 I like to _____ .

12 What is the most important quality in a student?

🎤 I think students should _____ .

13 Do you learn better by doing or by observing?

🎤 _____ for me is watching someone do something.

14 How do you stay fit?

🎤 I _____ often to stay in shape.

15 What is the best way to settle a conflict in a dorm?

🎤 A good solution is to have a _____ student mediate.

정답 p.349

Day 2

낯선 영어 발음 친해지기

영어를 배울 때 우리말에는 없는 낯선 영어 발음들 때문에 힘들었나요? 이제까지 정확하게 소리 내는 방법을 몰랐다면 이곳에서 확실히 배워 봅시다. 우리말의 소리를 이용해서 말하기보다는 전혀 새로운 소리를 배운다는 느낌으로 연습해 보세요!

혀를 움직여라, [l] 특집

Track 8

Listen & Speak

She prefers skim milk and **light** cheese.
그녀는 무지방 우유와 라이트 치즈를 선호한다.

I **feel** they don't have much flavor, but I guess most **girls** prefer them.
나는 그것들이 맛이 없다고 생각하지만, 대부분의 여자아이들은 선호하는 것 같다.

[l]은 우리말의 'ㄹ'와는 전혀 다른 소리라는 것을 알고 있나요? 따라서 '라이트', '필', '걸'처럼 소리 내면 틀린 발음이 됩니다. 자, 이제 [l]을 제대로 발음하는 법을 배우고 연습해 볼까요?

[l~]
· 혀끝을 앞니 뒤에 살짝 붙였다가 떼면서 '을' 소리를 내는 듯한 느낌으로 시작하여 우리말의 'ㄹ' 소리를 낸다.
· light는 [라이트]가 아니라, [(을)라잇ㅌ]로 발음한다.

[~l]
· 혀를 앞니 뒤에 가져간 상태에서 우리말의 '어'와 비슷하게 발음하되, 약하게 소리 낸다.
· feel은 [f필]이 아니라, [f피어ㄹ]로 발음한다.

[rl]
· 혀를 입안으로 구부렸다가 다시 펴서 앞니 뒤에 가져가면서 우리말의 '어r얼'과 비슷하게 발음한다.
· girls는 [(으)걸ㅈ]가 아니라, [(으)거어r얼ㅈ]로 발음한다.

사운드를 들으며 다음 단어들을 소리 내어 따라 해보세요.

[l~]	love	[(을)러v]	[lʌ́v]	사랑; 사랑하다
	lean	[(을)리인]	[líːn]	기대다
	link	[(을)링ㅋ]	[líŋk]	고리; 연결하다
[~l]	spill	[스피어ㄹ]	[spíl]	엎지르다
	detail	[디이테이어ㄹ]	[díːteil]	세부, 세부사항
	meal	[미이어ㄹ]	[míːl]	식사
[rl]	early	[어어r얼리]	[ə́ːrli]	일찍
	pearl	[퍼어r어ㄹ]	[pə́ːrl]	진주
	garlic	[가아r얼릭]	[gáːrlik]	마늘

Check-up

Track 9

🎧 다음 단어를 듣고, 받아 적은 후 큰 소리로 말해 보세요. (음성은 두 번 들려 줍니다.)

1 _____

2 _____

3 _____

4 _____

5 _____

6 _____

7 _____

8 _____

9 _____

10 _____

🎧 다음 문장을 듣고, 빈칸을 채운 후 큰 소리로 말해 보세요. (음성은 두 번 들려 줍니다.)

11 She dislikes the color of the _____.

12 _____ think looking good is important.

13 The _____ why wolves are considered an endangered species.

14 I was late for class because there was a _____ at the bus stop.

15 My father loves to _____, but he doesn't have much free time.

정답 p.326

Course 2 [ʒ]와 [dʒ]와 [z], 다 같은 [ㅈ]가 아니다!

Track 10

Listen & Speak

My friends and I **occasionally** go to the **zoo**.
내 친구들과 나는 때때로 동물원에 간다.

We went to the same **college**.
우리는 같은 대학에 다녔다.

[ʒ], [dʒ], [z]를 구별 없이 발음한다면 어떤 오해가 생길 수 있을까요? zoo(동물원)라고 말하고 싶어도 jew(유대인) 처럼 들릴 수 있겠지요. 자, 이제 이 세 가지 발음을 제대로 발음하는 법을 배우고 연습해 볼까요?

[ʒ]

- 입을 둥글게 만들고, '쉬' 발음을 하듯이 성대를 울리며 목소리를 넣어 부드럽게 '쥬'와 비슷하게 소리 낸다.
- occasionally는 [어케이져널리]가 아니라 [(어)**케**이쥬어널리]라고 발음한다.

[dʒ]

- 입안 공기가 새어 나가지 않게 입안으로 당기며 '(읏)쥐'와 비슷하게 배에서 힘을 끌어올리면서 소리 낸다.
- college는 [칼리지]가 아니라 [카얼릿쥐]라고 발음한다.

[z]

- 윗니와 혀 사이에 공기를 마찰시키며 '스' 소리를 내는 것처럼 성대를 울려 '(으)즈'와 비슷하게 소리 낸다.
- zoo는 [주]가 아니라 [(으)주우]라고 발음한다.

사운드를 들으며 다음 단어들을 소리 내어 따라 해보세요.

[ʒ]	**television**	[텔러v비쥬언]	[téləvìʒən]	텔레비전
	pleasure	[플레쥬어r]	[pléʒər]	즐거움, 기쁨
	visual	[v비쥬어ㄹ]	[víʒuəl]	시각의
[dʒ]	**judge**	[(읏)줫쥐]	[dʒʌ́dʒ]	재판관, 법관
	adjust	[(엇)줘스ㄸ]	[ədʒʌ́st]	조절하다
	individual	[인더v빗쥬어ㄹ]	[ìndəvídʒuəl]	개인
[z]	**zero**	[(으)지어r로우]	[zíərou]	0, 영
	buzz	[(으)버ㅈ]	[bʌ́z]	윙윙거리는 소리
	lazy	[(으)레이지]	[léizi]	게으른

Track 11

🎧 다음 단어를 듣고, 받아 적은 후 큰 소리로 말해 보세요. (음성은 두 번 들려 줍니다.)

1 _____

2 _____

3 _____

4 _____

5 _____

6 _____

7 _____

8 _____

9 _____

10 _____

🎧 다음 문장을 듣고, 빈칸을 채운 후 큰 소리로 말해 보세요. (음성은 두 번 들려 줍니다.)

11 My favorite _____ .

12 He suggested that she _____ in her report.

13 He advised her not to be _____ Chinese.

14 The _____ is to install a big television in the cafeteria.

15 I usually _____ , but I sometimes dress up.

정답 p.326

Daily Test

Track 12

Q 다음 문장을 듣고, 빈칸에 알맞은 단어를 골라 보세요. 답을 확인한 후 큰 소리로 말해 보세요.
(음성은 두 번 들려 줍니다.)

01 I used to _____ basketball until the gym closed.

   ⓐ play   ⓑ pray   ⓒ clay

02 She bought a pearl necklace but she _____ it in the taxi.

   ⓐ raft   ⓑ left   ⓒ rift

03 He walked out in a _____ after his classmates laughed at his story.

   ⓐ raze   ⓑ race   ⓒ rage

04 She is scheduled to take the next _____ out to Japan.

   ⓐ flight   ⓑ fright   ⓒ fight

05 She was _____ that the professor complimented a new girl in class.

   ⓐ zealous   ⓑ jealous   ⓒ Julius

06 I _____ the items that need to be purchased.

   ⓐ listed   ⓑ rested   ⓒ wristed

07 A brave boy rescued a child from the _____.

   ⓐ blaze   ⓑ brace   ⓒ trace

08 I could not find the place to _____ my baggage at the airport.

   ⓐ cram   ⓑ claim   ⓒ crane

Q 간단한 질문과 그에 대한 답변이 이어집니다. 답변을 듣고 빈칸을 채운 후 큰 소리로 말해 보세요.
(음성은 두 번 들려 줍니다.)

09 How do you stay healthy?

🎤 I _____ an hour every day.

10 What is your favorite movie genre and why?

🎤 I like watching comedies because they _____ .

11 What country would you like to visit?

🎤 I'd like to visit Germany and _____ across Europe.

12 What is the most meaningful gift you have ever received?

🎤 I _____ my parents gave me.

13 Do you think office employees should wear formal or casual clothing?

🎤 I think office employees should _____ .

14 Who is your role model and why?

🎤 I _____ for his vision.

15 Where would you go on a vacation?

🎤 I'd like to go to _____ .

정답 p.327

Day 3

생김새는 비슷해도 소리는 전혀 달라요

영어의 모음을 정확하게 발음할 수 있다면 자연스럽고 세련된 영어 발음을 완성할 수 있습니다. 단순한 우리말의 '아, 에, 이, 오, 우'와는 다른 영어 모음의 본모습을 이곳에서 재발견해 봅시다!

아 다르고 어 다르다고? [æ] 다르고 [e]도 달라!

Track 13

Listen & Speak

I need a **pan**. 나는 프라이팬이 필요하다.

I, on the other hand, need a **pen**. 나는, 반면에, 펜 한 자루가 필요하다.

우리말 발음의 '애'와 '에'는 그 차이가 확연히 드러나지 않지요. 그러나 영어의 [æ]와 [e]는 '아 다르고 어 다르다'라고 할 만큼 서로 확실히 구별해서 소리 내야 하는 발음입니다. 프라이팬이 필요해서 'I need a pan.'이라고 말했는데 나의 [æ] 발음이 정확하지 않다면, 상대방이 펜 한 자루를 줄지도 모르니까요. 자, 이제 [æ]와 [e]를 제대로 발음하는 법을 배우고 연습해 볼까요?

[æ]
· 자신 있고 강한 발음으로, 입을 위아래, 양옆으로 활짝 열어준다. 아래 턱이 움직이는 것을 느낀다면 OK!
· 우리말의 '애'를 강하고 길게 발음하는 느낌으로 소리 낸다.
· pan은 [패앤]으로 발음한다.

[e]
· 소극적이고 약한 발음으로, 입을 살짝만 벌리고 턱도 거의 움직이지 않는다.
· 우리말의 '에'를 짧고 약한 느낌으로 소리 낸다.
· pen은 [펜]으로 발음한다.

사운드를 들으며 다음 단어들을 소리 내어 따라 해보세요.

[æ]	ask	[애애스끄]	[ǽsk]	묻다, 질문하다
	dance	[대앤스]	[dǽns]	춤; 춤을 추다
	glass	[(으)글래애스]	[glǽs]	유리
	half	[해애f]	[hǽf]	반
	past	[패애스뜨]	[pǽst]	지나간, 과거의
[e]	bless	[(으)블레스]	[blés]	축복하다
	head	[헤드]	[héd]	머리
	spend	[스뺀드]	[spénd]	쓰다, 소비하다
	next	[넥스뜨]	[nékst]	다음의
	men	[멘]	[mén]	남자들

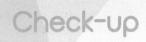
Track 14

🎧 다음 단어를 듣고, 알맞은 단어를 골라 보세요. 답을 확인한 후 [æ]와 [e] 발음에 주의하여 큰 소리로 말해 보세요. (음성은 두 번 들려 줍니다.)

1 ⓐ sand   ⓑ send

2 ⓐ mass   ⓑ mess

3 ⓐ band   ⓑ bend

4 ⓐ land   ⓑ lend

5 ⓐ bad   ⓑ bed

6 ⓐ tan   ⓑ ten

7 ⓐ lad   ⓑ led

8 ⓐ sad   ⓑ said

9 ⓐ bat   ⓑ bet

10 ⓐ and   ⓑ end

🎧 다음 문장을 듣고, 빈칸을 채운 후 큰 소리로 말해 보세요. (음성은 두 번 들려 줍니다.)

11 He recommends that she _____ .

12 Many students want to reduce _____ .

13 The process has both positive and _____ .

14 The _____ that he telephone his parents.

15 I am going to spend my _____ .

정답 p.328

영어에는 [오]가 없다!

Track 15

Listen & Speak

My goal is to buy a **boat**. 나의 목표는 보트를 사는 것이다.

Mine is to go to **law** school. 나의 목표는 법대에 가는 것이다.

영어에는 한국말의 [오]에 해당하는 발음이 없습니다. 하지만 많은 사람들이 [ou] 발음을 가진 boat나 [ɔ] 발음을 가진 law를 말할 때, 한국말의 [오] 발음을 써서 '보트'와 '로'라고 발음합니다. 자, 이제 [ou]와 [ɔ]를 제대로 발음하는 법을 배우고 연습해 볼까요?

[ou]
· 입술과 입안을 모두 둥글게 만든다.
· 이중 모음이므로 '오'에서 시작해 '우' 소리로 마무리한다. 이때, '오'와 '우'의 이상적인 비율은 약 7:3!
· boat는 [보트]가 아니라 [(으)보웃]이라고 발음한다.

[ɔ]
· 입안을 둥글게 만들고 턱을 아래로 떨어뜨린 채로 소리 낸다.
· 목 안 깊은 곳에서 '오'와 '아'의 중간 소리를 만든다.
· law는 [로]가 아니라 [(을)러어]에 가까운 소리로 발음한다.

사운드를 들으며 다음 단어들을 소리 내어 따라 해보세요.

	bone	[(으)보운]	[bóun]	뼈
	coat	[코웃ㅌ]	[kóut]	코트
[ou]	close	[크을로우즈]	[klóuz]	닫다
	know	[노우]	[nóu]	알다, 알고 있다
	motion	[모우션]	[móuʃən]	운동, 움직임
	hall	[허어ㄹ]	[hɔ́:l]	현관의 넓은 방
	floor	[f플러어r]	[flɔ́:r]	방바닥, 층
[ɔ]	bought	[(으)버엇ㅌ]	[bɔ́:t]	'사다'의 과거(분사)
	walk	[우워어ㅋ]	[wɔ́:k]	걷다
	sauce	[써어ㅅ]	[sɔ́:s]	양념

Track 16

🎧 다음 단어를 듣고, 알맞은 단어를 골라 보세요. 답을 확인한 후 [ou]와 [ɔ] 발음에 주의하여 큰 소리로 말해 보세요. (음성은 두 번 들려 줍니다.)

1	ⓐ coast	ⓑ cost
2	ⓐ pole	ⓑ Paul
3	ⓐ sew	ⓑ saw
4	ⓐ coal	ⓑ call
5	ⓐ woke	ⓑ walk
6	ⓐ stole	ⓑ stall
7	ⓐ pose	ⓑ pause
8	ⓐ low	ⓑ law
9	ⓐ loan	ⓑ lawn
10	ⓐ row	ⓑ raw

🎧 다음 문장을 듣고, 빈칸을 채운 후 큰 소리로 말해 보세요. (음성은 두 번 들려 줍니다.)

11 The professor _____ of romance novels and a poet.

12 The construction will _____ traffic jams.

13 I _____ for my mother as a present.

14 Water _____ the dam generates electricity.

15 I turned my _____ off during the lecture.

정답 p.328

떠나느냐, 사느냐, [iː]와 [i]가 결정한다!

Track 17

Listen & Speak

He wants to **leave** here. 그는 여기를 떠나고 싶어 한다.

She wants to **live** here. 그녀는 여기에서 살고 싶어 한다.

그는 여기를 떠나고(leave) 싶어 하고, 그녀는 여기에서 살고(live) 싶어 합니다. leave와 live를 정확하게 구별해서 발음하지 않는다면, 전혀 다른 내용으로 들릴지도 모르죠. [iː]와 [i] 발음은 서로 전혀 다른 소리일 뿐만 아니라 우리말의 '이'와도 구별되는 소리입니다. 자, 이제 [iː]와 [i]를 제대로 발음하는 법을 배우고 연습해 볼까요?

[iː]
- 턱과 입술에 힘이 실린 적극적인 발음으로, 카메라 앞에서 cheese라고 말하듯이 입술을 양옆으로 크게 당기면서 소리 낸다.
- 우리말의 '이'를 길게 발음하듯 소리 낸다.
- leave는 [(을)리이v]라고 발음한다.

[i]
- 소극적이고 약한 발음으로, 입 모양이나 크기의 변화가 거의 없다.
- 입안에서 소리가 머물며 '이'와 '어'의 중간 소리로 발음한다.
- live는 [(을)리v]라고 발음한다.

사운드를 들으며 다음 단어들을 소리 내어 따라 해보세요.

[iː]	evening	[이이v브닝]	[íːvniŋ]	저녁(때)
	bean	[비인]	[bíːn]	콩
	reach	[r리이취]	[ríːtʃ]	~에 도착하다
	key	[키이]	[kíː]	열쇠
	sea	[씨이]	[síː]	바다
[i]	big	[비ㄱ]	[bíg]	큰
	miss	[미ㅅ]	[mís]	놓치다
	sick	[씩]	[sík]	병의, 병든
	kin	[킨]	[kín]	친척
	notice	[노우티ㅅ]	[nóutis]	통지, 주의

Track 18

🎧 다음 단어를 듣고, 밑줄 친 부분이 다르게 소리 나는 단어 하나를 고르세요. 답을 확인한 후 [iː]와 [i] 발음에 유의하여 큰 소리로 말해 보세요. (음성은 두 번 들려 줍니다.)

1 ⓐ particular	ⓑ achieve	ⓒ bin	ⓓ different
2 ⓐ neat	ⓑ bit	ⓒ rich	ⓓ motive
3 ⓐ appeal	ⓑ history	ⓒ agree	ⓓ scene
4 ⓐ inside	ⓑ bill	ⓒ wheel	ⓓ typical
5 ⓐ interest	ⓑ team	ⓒ police	ⓓ either
6 ⓐ pyramid	ⓑ visit	ⓒ meaty	ⓓ assist
7 ⓐ trip	ⓑ income	ⓒ symbol	ⓓ unique
8 ⓐ yield	ⓑ heat	ⓒ tease	ⓓ gig
9 ⓐ meal	ⓑ heal	ⓒ hit	ⓓ wield
10 ⓐ grill	ⓑ deal	ⓒ kill	ⓓ active

🎧 다음 문장을 듣고, 빈칸을 채운 후 큰 소리로 말해 보세요. (음성은 두 번 들려 줍니다.)

11 I _____ who break the rules should be punished.

12 The professor _____ disproving the dangers of sugar.

13 The woman disagrees with the school's _____ policy.

14 I _____ for two hours to see the free concert.

15 I went to my friend's dormitory _____.

정답 p.329

바보가 아니라, 배가 부른 거라고!

Track 19

Listen & Speak

I am a **fool**. 나는 바보이다.

I am **full**. 나는 배가 부르다.

여기에 또 고개를 갸우뚱하게 만드는 문장들이 있군요. fool과 full의 정확한 발음법을 모른다면, 배부르다(full)는 말을 해도 상대방은 바보(fool)라고 알아들을 수도 있겠죠. 자, 이제 [uː]와 [u]를 제대로 발음하는 법을 배우고 연습해 볼까요?

[uː]
· 입술을 둥글게 모아 앞으로 내밀며, 긴장을 유지한 채 길게 소리 낸다.
· 우리말의 '우'를 강하고 길게 발음하듯 소리 낸다.
· fool은 [f푸우어ㄹ]이라고 발음한다.

[u]
· 역시 입술을 둥글게 만들지만, 긴장을 풀고 짧게 소리 낸다.
· 입 근처에서 소리가 머물며, 우리말의 '우'와 '으'의 중간 소리가 난다.
· full은 [f플]이라고 발음한다.

사운드를 들으며 다음 단어들을 소리 내어 따라 해보세요.

[uː]	spoon	[스뿌운]	[spúːn]	숟가락
	move	[무우v]	[múːv]	움직이다
	blue	[(으)블루우]	[blúː]	푸른, 우울한
	glue	[(으)글루우]	[glúː]	풀; 접착하다
	soup	[수우ㅍ]	[súːp]	수프
[u]	book	[브ㅋ]	[búk]	책; 예약하다
	put	[프ㅌ]	[pút]	놓다
	look	[(을)르ㅋ]	[lúk]	보다, 바라보다
	hook	[흐ㅋ]	[húk]	갈고리
	good	[(으)귿]	[gúd]	좋은

Track 20

🎧 다음 단어를 듣고, 밑줄 친 부분이 다르게 소리 나는 단어 하나를 고르세요. 답을 확인한 후 [uː]와 [u] 발음에 유의하여 큰 소리로 말해 보세요. (음성은 두 번 들려 줍니다.)

1 ⓐ l<u>oo</u>k	ⓑ gr<u>ou</u>p	ⓒ sol<u>u</u>tion	ⓓ b<u>oo</u>st
2 ⓐ b<u>u</u>ll	ⓑ c<u>oo</u>k	ⓒ m<u>oo</u>d	ⓓ h<u>oo</u>k
3 ⓐ c<u>ou</u>ld	ⓑ p<u>u</u>ll	ⓒ sh<u>oo</u>t	ⓓ b<u>oo</u>klet
4 ⓐ ch<u>oo</u>se	ⓑ w<u>o</u>lf	ⓒ f<u>u</u>ll	ⓓ g<u>oo</u>d
5 ⓐ r<u>u</u>de	ⓑ p<u>u</u>sh	ⓒ sch<u>oo</u>l	ⓓ j<u>ui</u>ce
6 ⓐ st<u>oo</u>d	ⓑ s<u>u</u>gar	ⓒ pr<u>o</u>ve	ⓓ f<u>oo</u>t
7 ⓐ thr<u>e</u>w	ⓑ st<u>u</u>dio	ⓒ r<u>u</u>le	ⓓ w<u>ou</u>ld
8 ⓐ h<u>oo</u>d	ⓑ n<u>oo</u>n	ⓒ p<u>oo</u>l	ⓓ r<u>u</u>ler
9 ⓐ h<u>oo</u>p	ⓑ ass<u>u</u>me	ⓒ fr<u>ui</u>t	ⓓ b<u>u</u>ll
10 ⓐ tr<u>oo</u>p	ⓑ w<u>oo</u>	ⓒ f<u>oo</u>t	ⓓ y<u>ou</u>th

🎧 다음 문장을 듣고, 빈칸을 채운 후 큰 소리로 말해 보세요. (음성은 두 번 들려 줍니다.)

11 _____ an important role in the food chain.

12 I think _____ great in my room.

13 I _____ to live in the neighborhood.

14 He _____ for a job.

15 My sister was elected _____.

정답 p.329

Daily Test

Q 다음 문장을 듣고, 두 개의 단어 중 알맞은 단어에 동그라미 하세요. 답을 확인한 후 발음에 주의하여 큰 소리로 말해 보세요. (음성은 두 번 들려 줍니다.)

01   Some companies ask employees to wear (suits / soot).

02   I found the (wheel / will) in the garage.

03   The professor (set / sat) it down behind the desk.

04   I was supposed to use my (meat / mitt) at the game.

05   I was pleased to buy the house with a (lawn / loan).

06   My team decided to (pool / pull) our money to buy a gift for our coach.

07   I was pleased to finally (leave / live).

08   I had a (pet / pat) when I was young.

Q 간단한 질문과 그에 대한 답변이 이어집니다. 답변을 듣고 빈칸을 채운 후 큰 소리로 말해 보세요.
(음성은 두 번 들려 줍니다.)

09 Why do you respect your mother?

🎙 I respect my mother because she is _____ .

10 What is more important when looking for work, grades or talent?

🎙 I believe _____ to getting a job than
good grades.

11 What kind of movies do you watch most often?

🎙 My favorite movies are _____ comedies.

12 What do you think is the most important personality trait in a teacher?

🎙 An effective instructor _____ , but understanding.

13 What type of weather do you prefer?

🎙 I like it when it's _____ .

14 What object do you consider most valuable when traveling?

🎙 A good book is _____ for me when I go on a trip.

15 Do you like to cook at home or eat out at restaurants?

🎙 I love _____ meals.

정답 p.330

Day 4

발음 규칙은 지키라고 있는 거야!

수학에 법칙이 있듯이 영어 발음에도 법칙이 있다? 여러 가지 소리들이 만날 때 따라야 할 발음 규칙들을 이곳에서 익혀, 훨씬 더 자연스럽고 세련된 영어 발음을 구사해 봅시다.

힘센 자음과 뭉치기 좋아하는 자음들!

Track 22

Listen & Speak

I'd love to go to **Spain**. 나는 스페인에 가고 싶다.

He spent last **summer** there. 그는 그곳에서 작년 여름을 보냈다.

영어에는 힘센 자음과 뭉치기 좋아하는 자음이 있다는 사실을 알고 있나요? 힘이 센 s는 뒤에 따라오는 자음의 소리를 바꿔버린답니다. 따라서 Spain을 '스페인'이라고 p 소리를 그대로 발음하면 진정한 버터 발음이 아니라는 것! 또한, 한 단어 안에 같은 자음이 겹칠 경우에는 서로 뭉쳐서 한 번만 소리 나게 됩니다. 이 법칙을 모르고 summer를 '썸머'라고 두 개의 m을 각각 힘주어 발음한다면 큰 실수! 자, 이제 이와 같은 발음 법칙을 배우고 연습해 볼까요?

---

[s] 뒤에 오는 [p, t, k]의 변화
- [s] 뒤에 [p, t, k]가 오면 된소리로 발음한다.
- Spain은 [스페인]이 아니라 [스뻬인]으로 발음한다.

동일한 자음 2개가 연속될 때
- 한 단어 안에 철자가 동일한 자음이 겹치면 한 번만 발음한다.
- summer는 [썸머]가 아니라 [써머]로 발음한다.

사운드를 들으며 다음 단어들을 소리 내어 따라 해보세요.

[s]+[p, t, k]의 변화	speak	[스뻬이ㅋ]	[spíːk]	말을 하다
	special	[스뻬셜]	[spéʃəl]	특별한
	start	[스따아ㅌ]	[stáːrt]	시작하다
	skate	[스께이트]	[skéit]	스케이트(를 타다)
	describe	[디스끄ㄹ라이ㅂ]	[diskráib]	묘사하다
동일한 자음 2개 연속	runner	[러너r]	[rʌ́nər]	달리는 사람
	comma	[카머]	[kámə]	콤마
	programming	[프로우그래밍]	[próugræmiŋ]	프로그램을 만드는 것
	blossom	[(으)블라섬]	[blásəm]	꽃; 꽃이 피다
	grammar	[(으)그래머r]	[grǽmər]	문법

Track 23

🎧 다음 단어를 듣고, 받아 적은 후 큰 소리로 말해 보세요. (음성은 두 번 들려 줍니다.)

1. _____

2. _____

3. _____

4. _____

5. _____

6. _____

7. _____

8. _____

9. _____

10. _____

🎧 다음 문장을 듣고, 빈칸을 채운 후 큰 소리로 말해 보세요. (음성은 두 번 들려 줍니다.)

11. I am going to _____ with my dog.

12. The weather was so stormy that I _____ .

13. The story of his _____ spread fast.

14. There was a _____ on the table.

15. I can't forget an _____ scene from the movie.

정답 p.331

영어에는 역행동화가 없다!

Track 24

Listen & Speak

I want to wish you **good luck** on your interview.
당신의 면접에 행운이 있기를 빕니다.

You **look nice** today.
당신은 오늘 좋아 보입니다.

다 같이 '진리'라는 단어를 발음해 봅시다. 백이면 백, [질리]라고 발음하겠지요? 이는 우리말에, 뒤의 자음이 앞의 자음 소리를 닮아가는 역행동화의 법칙이 있기 때문입니다. good luck을 말할 때 사람들은 흔히 '굴 럭'이라고 말하는 실수를 하게 됩니다. look nice를 말할 때도 역시 '룽 나이스'라고 발음하게 되지요. 이는 한국말의 발음 법칙에 익숙하기 때문입니다. 자, 이제 많은 사람들이 습관적으로 따르는 역행동화의 법칙을 깨고 더 자연스러운 영어를 구사하는 법을 배우고 연습해 볼까요?

역행동화 무시하기

· 영어에서는 뒤 자음의 영향을 받아 앞 소리가 바뀌는 현상이 나타나지 않는다. 따라서 앞 자음과 뒤 자음을 각각 분명히 구분하여 발음한다.
· good luck은 [굴 럭]이 아니라 [(으)귿 럭]이라고 발음한다.
  look nice는 [룽 나이스]가 아니라 [(으)륵 나이스]라고 발음한다.

사운드를 들으며 다음 단어들을 소리 내어 따라 해보세요.

stock market	[스딱 마아r킷ㅌ]	[sták má:rkit]	증권 시장
first lady	[f퍼어rㅅㄸ 레이디]	[fə́:rst léidi]	영부인
jet lag	[(읏)헷 래애ㄱ]	[dʒét lǽg]	시차 때문에 피곤한 것
big mountain	[(으)빅 마운턴]	[bíg máuntən]	큰 산
get married	[(으)겟 매애r리ㄷ]	[gét mǽrid]	결혼하다
good neighbors	[(으)귿 네이버rㅈ]	[gúd néibərz]	좋은 이웃

Track 25

🎧 다음 구를 듣고, 받아 적은 후 큰 소리로 말해 보세요. (음성은 두 번 들려 줍니다.)

1	
2	
3	
4	
5	
6	
7	
8	
9	
10	

🎧 다음 문장을 듣고, 빈칸을 채운 후 큰 소리로 말해 보세요. (음성은 두 번 들려 줍니다.)

11 In the past, my parents _____ hours to support me.

12 He suggests that she _____ friends at school.

13 The letter asks the university to _____ of a different option.

14 I _____ is a good idea, despite the lack of time.

15 Children should enjoy a _____.

정답 p.331

한없이 약해지는 자음들!

Track 26

Listen & Speak

He will take the course **next time**. 그는 다음번에 그 과목을 들을 것이다.

I **need to** take the course, too. 나도 역시 그 과목을 들어야 한다.

양보 정신이 강한 영어! 투철한 양보 정신을 발휘하여, 유사한 자음이 서로 만나면 앞 자음 소리는 탈락하고 뒷 자음 소리만 발음하게 됩니다. 앞 단어의 마지막 자음 t와 뒷 단어의 첫 자음 t가 만나는 next time을 발음할 때, 두 개의 t를 확실하게 발음해서 '넥스트 타임'이라고 말하면 매우 부자연스럽게 들리게 되죠. 자, 이제 이와 같이 탈락하는 소리에 대해서 배우고 연습해 볼까요?

같거나 유사한 소리 탈락

· [t, s, p, d, k, g, l, r, f] 등과 같이 혀끝의 위치가 같거나 유사한 자음이 만나면 앞 자음 소리가 탈락되고 뒷 자음 소리만 발음한다.
· next time은 [넥스트 타임]이 아니라 [넥스 타임]이라고 발음한다.
　need to는 [니드 투]가 아니라 [니이 투]라고 발음한다.

사운드를 들으며 다음 단어들을 소리 내어 따라 해보세요.

같은 소리 탈락	hot tea	[하 티이]	[hát tíː]	뜨거운 차
	short time	[쇼어r 타임]	[ʃɔ́ːrt táim]	짧은 시간
	tennis score	[테너 스꼬어r]	[ténis skɔ́ːr]	테니스 점수
	gas station	[개 스떼이션]	[gǽs stéiʃən]	주유소
	stop playing	[스따 쁠레잉]	[stáp pléiiŋ]	연주를 중단하다
	cold day	[코우어ㄹ 데이]	[kóuld déi]	추운 날
유사한 소리 탈락	used to	[유우ㅅ 투우]	[júːst túː]	~에 익숙한, ~하곤 했던
	hard time	[하아ㄹ 타임]	[háːrd táim]	어려운 시기
	round trip	[라운 츄r립]	[ráund tríp]	왕복 여행
	desk top	[데ㅅ 땁]	[désk táp]	데스크톱 컴퓨터
	all right	[어어 r라잇]	[ɔ́ːl ráit]	이상 없는, 괜찮은
	best friend	[베ㅅ f프렌 ㄷ]	[bést frénd]	가장 친한 친구

Track 27

🎧 다음 구를 듣고, 받아 적은 후 큰 소리로 말해 보세요. (음성은 두 번 들려 줍니다.)

1. _____

2. _____

3. _____

4. _____

5. _____

6. _____

7. _____

8. _____

9. _____

10. _____

🎧 다음 문장을 듣고, 빈칸을 채운 후 큰 소리로 말해 보세요. (음성은 두 번 들려 줍니다.)

11. He stopped the _____ he saw after he left his office.

12. I need to study _____.

13. She can count on her mother to _____ for her living costs.

14. We've _____ our living room to watch the big game.

15. I used to work at the gas station, but I _____.

정답 p.332

물 흐르듯 흘러가는 영어의 연음!

Track 28

Listen & Speak

He **made up** his mind to start exercising.
그는 운동을 시작하기로 결심했다.

I **bet you this is** his last chance to lose weight.
나는 이번이 그가 살을 빼는 마지막 기회라고 장담한다.

영어를 말할 때에는 전혀 새로운 소리가 탄생한다! 그 이유는 바로 연음에 있습니다. 우리말은 단어와 단어 사이를 주로 띄어서 말하지만, 영어는 띄어져 있는 단어들이라도 하나의 단어처럼 연결해서 말하는 것이 더 자연스럽습니다. 따라서 this is를 말할 때에도 '디스 이즈'가 아니라, s와 i를 자연스럽게 연결해서 '디시즈'라고 말합니다. 자, 이제 이러한 영어의 연음에 대해 자세히 배우고 연습해 볼까요?

연음

· 자음과 모음이 만나면 자음의 소리를 그대로 모음에 연결하여 발음한다.
· this is는 [디스 이즈]가 아니라 [디시즈]로 발음한다.

*특별한 경우에는 자음이 다른 소리로 변한 후 모음에 연결된다. [d], [t]+[모음]의 경우에는 [r]+[모음]으로 주로 발음하고, [t]+[y]의 경우에는 [tʃ]+[모음], [d]+[y]의 경우에는 [dʒ]+[모음]으로 발음한다. made up은 [메이드 업]이 아니라 [메이r럽], bet you는 [베트 유]가 아니라 [벳츄]로 발음한다.

사운드를 들으며 다음 단어들을 소리 내어 따라 해보세요.

take off	[테이꺼어f]	[téikɔ:f]	이륙하다
pick up	[피껍]	[píkʌp]	줍다, 집어올리다
ask of	[애애스꺼v]	[ǽskʌv]	~를 부탁하다
keep up	[키이뻡]	[kí:pʌp]	유지하다
drop in	[쥬r라삔]	[drápin]	잠깐 들르다
come on	[커먼]	[kʌ́mɑn]	다가오다
give up	[기v법]	[gívʌp]	포기하다, 그만두다
add up	[애애r럽]	[ǽdʌp]	합하다
get along	[게럴러엉]	[gétəlɔ:ŋ]	지내다, 살아가다
beat you	[(으)비잇츄우]	[bí:tju:]	너를 이기다
buzz in	[(으)버진]	[bʌ́zin]	도착하다, 들어오다

Track 29

다음 구를 듣고, 받아 적은 후 큰 소리로 말해 보세요. (음성은 두 번 들려 줍니다.)

1 _____

2 _____

3 _____

4 _____

5 _____

6 _____

7 _____

8 _____

9 _____

10 _____

다음 문장을 듣고, 빈칸을 채운 후 큰 소리로 말해 보세요. (음성은 두 번 들려 줍니다.)

11 He _____ work before the exhibition.

12 She is on a diet because she _____ few pounds.

13 The school _____ funds for the library.

14 You have to reserve a _____ to use the computer lab.

15 Plagiarizing can _____ trouble.

정답 p.332

Daily Test

Track 30

Q 다음 문장을 듣고, 알맞은 구를 고르세요. 답을 확인한 후 큰 소리로 말해 보세요.
(음성은 두 번 들려 줍니다.)

01 She should _____ immediately.
　ⓐ let him in　　ⓑ lend him in　　ⓒ let it in

02 I tried not to _____ the stupid story.
　ⓐ left it　　ⓑ laugh at　　ⓒ lift up

03 The man escaped to the room behind the _____.
　ⓐ white door　　ⓑ wide dorm　　ⓒ wide door

04 I went to the store to _____ new jacket.
　ⓐ get a　　ⓑ get the　　ⓒ gap the

05 We _____ leave because it started to rain.
　ⓐ had a　　ⓑ handle　　ⓒ had to

06 He joined a drama club to _____ his acting abilities.
　ⓐ step up　　ⓑ take up　　ⓒ set up

07 I _____ work harder when my efforts are appreciated.
　ⓐ went to　　ⓑ tend to　　ⓒ happened to

08 He is against the idea of buying computers _____ books.
　ⓐ ahead of　　ⓑ instead of　　ⓒ steady of

Q 간단한 질문과 그에 대한 답변이 이어집니다. 답변을 듣고 빈칸을 채운 후 큰 소리로 말해 보세요. (음성은 두 번 들려 줍니다.)

09 What is the most valuable gift you have ever received?

   🎙 My bicycle is _____ because my brother gave it to me.

10 What holiday do you enjoy most?

   🎙 I love Thanksgiving because I can _____.

11 How do you relieve anxiety when you are nervous?

   🎙 I take slow, deep breaths and _____.

12 Do you think the Internet is helpful or harmful?

   🎙 I think it has _____.

13 What is your favorite snack food?

   🎙 I love _____.

14 Describe an important friend and explain why this person is significant to you.

   🎙 My friend Andrea is important because _____ _____.

15 Would you rather live in a dorm or in your own house?

   🎙 I'd rather _____.

정답 p.332

Day 5

굴곡이 살아있는 영어 강세

우리말과 가장 크게 구별되는 영어의 특징, 강세! 하지만 많은 사람들이 강세의 중요성을 간과하고 있는 것이 사실입니다. 강세 표현이 정확하지 않다면 아무리 발음이 좋아도 의사소통이 되지 않을 때가 많다는 사실을 기억하고, 이곳에서 강세 표현을 익혀 봅시다.

Course 1 강세를 살리면 발음이 산다!

Track 31

Listen & Speak

Tennis and football are my favorite sports.
테니스와 축구는 내가 가장 좋아하는 스포츠이다.

My friend, **Elizabeth**, likes basketball.
내 친구 엘리자베스는 농구를 좋아한다.

tennis를 '테니스', Elizabeth를 '엘리자베스'라고 말하면 많은 원어민들은 무슨 말을 하는지 알아듣지 못할 것입니다. 이는 각각의 음절마다 모두 동일하게 강세를 주어 말하는 한국말과는 달리, 영어로 말할 때에는 강하게 말하는 음절과 그렇지 않은 음절을 확실하게 구별하여 말해야 하기 때문입니다. 강세를 확실히 표현하는 것만으로도 영어 발음이 크게 향상되는 것을 느낄 수 있습니다. 자, 이제 영어 단어의 강세를 살려 말하는 법을 배우고 연습해 볼까요?

강세

- 모든 영어 단어에는 굴곡이 있다. 따라서 모든 음절에 강세를 주어 말하는 한국어적인 습관을 버리자.
- 강한 곳과 약한 곳을 확실히 표현함으로써 자연스러운 영어 발음이 된다.
- tennis는 [테니스]가 아니라 [**테**너ㅅ]로 'te'를 가장 강하게 발음한다.
  Elizabeth는 [엘리자베스]가 아니라 [일**리**저버θ]로 'li'를 가장 강하게 발음한다.

사운드를 들으며 다음 단어들을 소리 내어 따라 해보세요.

contact	[컨태액ㅌ]	[kántækt]	접촉, 교제
target	[타아r기잇ㅌ]	[tá:rgit]	과녁, 표적
level	[(을)레v버어ㄹ]	[lévəl]	수평, 수준
hotel	[호우테어ㄹ]	[houtél]	호텔
report	[r리퍼어rㅌ]	[ripɔ́:rt]	보고서; 보고하다
average	[애애v버r릿쥐]	[ǽvəridʒ]	평균
telephone	[텔러f포운]	[téləfòun]	전화기; 전화하다
liberal	[(을)리버r러어ㄹ]	[líbərəl]	자유주의의
alcohol	[애앨커허어ㄹ]	[ǽlkəhɔ̀:l]	알코올, 술

Track 32

🎧 다음 단어를 듣고, 알맞은 강세를 골라 보세요. 강세는 밑줄로 표시되어 있어요. 답을 확인한 후 큰 소리로 말해 보세요. (음성은 두 번 들려 줍니다.)

1. ⓐ e_vent ⓑ even_t
2. ⓐ re_place ⓑ repla_ce
3. ⓐ phy_sical ⓑ physi_cal ⓒ physica_l
4. ⓐ vi_deo ⓑ vide_o ⓒ video_
5. ⓐ po_pular ⓑ popu_lar ⓒ popula_r
6. ⓐ co_mponent ⓑ compo_nent ⓒ compone_nt
7. ⓐ be_verage ⓑ beve_rage ⓒ bevera_ge
8. ⓐ re_action ⓑ rea_ction ⓒ reacti_on
9. ⓐ i_nactive ⓑ ina_ctive ⓒ inacti_ve
10. ⓐ re_gister ⓑ regi_ster ⓒ registe_r

🎧 다음 문장을 듣고, 빈칸을 채운 후 큰 소리로 말해 보세요. (음성은 두 번 들려 줍니다.)

11. The professor _____.

12. She was not _____.

13. The _____ should be revised.

14. The _____ will be changed tomorrow.

15. The list of _____ was longer than we expected.

정답 p.333

Track 33

Listen & Speak

I am going to visit my parents' house **tomorrow**.
나는 내일 부모님 댁을 방문할 것이다.

My roommate will **accept** my package when I'm away.
나의 룸메이트는 내가 없을 때 내 소포를 받아 줄 것이다.

들릴 듯 말 듯 발음한다?! 한 단어 안에 주목을 받는 강세가 있는 것처럼, 있는 듯 없는 듯 무시해서 발음해야 하는 소리들도 있습니다. 이로 인해 영어 발음이 훨씬 더 자연스러워질 수 있지요. 사라지는 소리들은 주로 강세를 받지 못하는 모음 [ə]에서 많이 일어나게 됩니다. 따라서 tomorrow[təmɔ́:rou]는 [투마로우]가 아니라 [터마r러우]처럼 발음해야 합니다. 자, 이제 [ə] 발음을 바르게 표현하는 법을 배우고 연습해 볼까요?

사라지는 모음 [ə]

· 한 단어 안에서 음절에 강세가 없을 때, 힘이 완전히 빠진 약한 소리로 발음한다. 이때 한국어 '으' 또는 '어'에 가깝게 소리 낸다. 특히, 첫 음절에 [ə]가 있을 때에는 훨씬 더 약하게 소리 낸다.
· tomorrow는 [투마로우]가 아니라 [터마r러우]에 가깝게 발음한다.
  accept는 [억셉트]가 아니라 [(억)셉ㅌ]에 가깝게 발음한다.

사운드를 들으며 다음 단어들을 소리 내어 따라 해보세요.

account	[(어)카운트]	[əkáunt]	설명, 계산
afraid	[(어)f프r레이드]	[əfréid]	두려워하여, 걱정하여
agree	[(어)그r리이]	[əgríː]	동의하다
political	[펄리리커어ㄹ]	[pəlítikəl]	정치의, 정치적인
together	[터게ðㄷ더r]	[təgéðər]	같이, 함께
o'clock	[(어)클락ㅋ]	[əklák]	~시
abroad	[(어)브r러어드]	[əbrɔ́ːd]	국외로
ahead	[(어)헤ㄷ]	[əhéd]	앞쪽에, 앞으로
about	[(어)바웃ㅌ]	[əbáut]	~에 관하여

Track 34

🎧 다음 단어를 듣고, 받아 적은 후 큰 소리로 따라 말해 보세요. (음성은 두 번 들려 줍니다.)

1 _____

2 _____

3 _____

4 _____

5 _____

6 _____

7 _____

8 _____

9 _____

10 _____

🎧 다음 문장을 듣고, 빈칸을 채운 후 큰 소리로 따라 말해 보세요. (음성은 두 번 들려 줍니다.)

11 I find math to be a very _____ .

12 The professor presented a great _____ .

13 It _____ Pluto and Saturn are different.

14 The man is planning to _____ in politics.

15 She records his lectures so she can _____ later.

정답 p.334

각양각색 강세 익히기

Track 35

Listen & Speak

Susan is a **historian**. 수잔은 역사가이다.

She studies **history**. 그녀는 역사를 연구한다.

무궁무진한 강세의 세계! 그만큼 우리를 혼란스럽게 만들기도 합니다. 자, 이제 토플 스피킹 답안에서 유용하게 쓰일 수 있는 다양한 단어들의 강세를 배우고 연습해 볼까요?

다양한 강세 익히기

- 고유 명사의 경우 새로운 단어를 배울 때마다 강세를 파악하고 훈련해야 한다.
- 학문과 그에 해당하는 학자를 나타내는 단어들의 강세에 주의한다.
- 같은 단어가 동사도 되고 명사도 될 때, 강세가 각각 다른 곳에 올 수 있다. 이때, 동사로 쓰일 경우 주로 뒷 음절에 강세를 주고, 명사로 쓰일 경우 주로 앞 음절에 강세를 준다. 그리고 이 강세의 위치에 따라 전체 발음도 달라진다.
- ee가 있을 경우 항상 ee에 강세를 준다.
- historian은 [히스토리안]이 아니라 [히스떠어r리안]으로, history는 [히스토리]가 아니라 [히스떠리]로 발음한다.

사운드를 들으며 다음 단어들을 소리 내어 따라 해보세요.

고유 명사	**Sahara**	[서해애러러]	[səhǽrə]	사하라 사막
	Islam	[이슬라암]	[islá:m]	이슬람교
	Hollywood	[할리우워드]	[háliwùd]	할리우드
학문 vs 학자	**politics**	[팔러틱ㅅ]	[pálətìks]	정치학
	politician	[팔러티션]	[pàlətíʃən]	정치가
	economics	[에커나믹ㅅ]	[èkənámiks]	경제학
	economist	[이카너미스ㅍ]	[ikánəmist]	경제학자
동사 vs 명사	**subject**	[섭젝ㅌ]	[səbdʒékt]	복종(종속)시키다
	subject	[섭젝ㅌ]	[sʌ́bdʒikt]	주제
	record	[r리커어r드]	[rikɔ́:rd]	기록하다
	record	[r레커r드]	[rékərd]	기록
[~ee~]	**guarantee**	[(으)개r런티이]	[gæ̀rəntí:]	보증, 보증하다
	engineer	[엔줘니어r]	[èndʒiníər]	기술자
	pioneer	[파이어니어r]	[pàiəníər]	개척자, 선구자

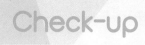

Hackers **TOEFL** Speaking Basic

Track 36

🎧 다음 단어를 듣고, 받아 적은 후 강세가 있는 곳에 밑줄을 그어 보세요. 답을 확인한 후 큰 소리로 말해 보세요. (음성은 두 번 들려 줍니다.)

1 _____
2 _____
3 _____
4 _____
5 _____
6 _____
7 _____
8 _____
9 _____
10 _____

🎧 다음 문장을 듣고, 빈칸을 채운 후 큰 소리로 말해 보세요. (음성은 두 번 들려 줍니다.)

11 They had a discussion on the _____.

12 I am _____ at University of Oxford.

13 A college degree _____ future success.

14 Many scientists study the _____.

15 There still remain _____.

정답 p.334

Week 1 Day 5 굴곡이 살아있는 영어 강세 69

Track 37

Q 다음 문장을 듣고, 빈칸에 알맞은 강세를 골라 보세요. 답을 확인한 후 큰 소리로 말해 보세요.
(음성은 두 번 들려 줍니다.)

01 The library is going to be closed _____ .
    ⓐ tomorrow   ⓑ tomorrow   ⓒ tomorrow

02 _____ to a big city, the countryside is safer.
    ⓐ Compared   ⓑ Compared

03 The course is taught by a well-known _____ .
    ⓐ physicist   ⓑ physicist   ⓒ physicist

04 Punishing the class by giving everyone a low grade is _____ .
    ⓐ unjust   ⓑ unjust

05 The theory of evolution has not been _____ .
    ⓐ disproved   ⓑ disproved

06 The professor gave clear _____ of GDP and GNP.
    ⓐ definitions   ⓑ definitions   ⓒ definitions   ⓓ definitions

07 The scientist is a _____ in biotechnology.
    ⓐ pioneer   ⓑ pioneer   ⓒ pioneer

08 He _____ that she take a vacation.
    ⓐ recommended   ⓑ recommended   ⓒ recommended   ⓓ recommended

Q 간단한 질문과 그에 대한 답변이 이어집니다. 답변을 듣고 빈칸을 채운 후 큰 소리로 말해 보세요.
(음성은 두 번 들려 줍니다.)

09 What is your favorite subject?

   🎤 I like _____ because I want to be a great chemist.

10 What country do you think is interesting and why?

   🎤 I think Greece is interesting because of _____.

11 Would you rather study alone or with other students?

   🎤 I prefer to study alone because I can _____.

12 Do you prefer exercising indoors or outdoors and why?

   🎤 I _____ because I can breathe fresh air.

13 If you could be good at something, what would that be?

   🎤 I'd like to be _____.

14 In your viewpoint, what is a good age to get married and why?

   🎤 People who marry after the age of 30 _____.

15 Should a school focus on physical education or academic subjects?

   🎤 I think _____ prepare for the future.

정답 p.335

Day 6
리듬이 살아있는 영어 문장

영어는 리듬의 언어입니다. 특정한 부분에서 끊어 말하고, 강조해야
할 부분을 강하게 말하면 자연스럽게 소리의 리듬이 생겨납니다. 특
히, 이를 자유자재로 구사할 수 있다면 훨씬 더 명료하게 자신의 의사
를 전달할 수 있습니다.

Track 38

Listen & Speak

Preparing for a group presentation / requires cooperation.
그룹 발표를 준비하는 것은 협동심을 요구한다.

I think / **I should cooperate with my classmates.**
나는 반 친구들과 협동해야 한다고 생각한다.

쉬지 않고 말하는 것이 능사는 아니다?! 영어로 말할 때, 자신의 의견을 정확히 전달하기 위해서는 의미 단위를 기준으로 끊어서 말해야 합니다. 아무 곳에서 끊어 말하거나 같은 의미 단위 안에서 끊어 말하면, 듣는 상대방이 쉽게 이해하지 못하게 됩니다. 자, 이제 의미 단위 중 주어와 목적어 단위를 기준으로 끊어 말하기를 배우고 연습해 볼까요?

주어 뒤 또는 목적어 앞에서 끊어 말하기

· 주어나 목적어는 문장 내에서 하나의 의미 단위가 될 수 있다.
· 한 문장 내에서 주어가 비교적 길면 주어 뒤에서 끊어 말한다.
  한 문장 내에서 목적어가 비교적 길면 목적어 앞에서 끊어 말한다.
· 'Preparing for a group presentation requires cooperation.'에서는 긴 주어 'Preparing for a group presentation' 뒤에서 끊어 말한다.
  'I think I should cooperate with my classmates.'에서는 긴 목적어 'I should cooperate with my classmates' 앞에서 끊어 말한다.

사운드를 들으며 다음 단어들을 소리 내어 따라 해보세요.

긴 주어 뒤	**Renovating the dorms** / will cost a lot. 기숙사를 수리하는 것은 비용이 많이 들 것이다.
	My family and I / love hiking. 나의 가족과 나는 하이킹을 좋아한다.
	Couples without children / can go out easily. 자녀가 없는 부부들은 쉽게 외출할 수 있다.

긴 목적어 앞	I understand / the importance of my new assignment. 나는 새로운 과제의 중요성을 이해한다.
	I don't know / where the computer lab is. 나는 컴퓨터실이 어디에 있는지 모른다.
	She heard / that he passed the exam. 그녀는 그가 시험을 통과했다고 들었다.

Track 39

다음 문장을 듣고, 빈칸을 채운 후 끊어 말하기에 유의하여 큰 소리로 말해 보세요.
(음성은 두 번 들려 줍니다.)

1. Students with old computers / _____ new ones.

2. She believes / that _____ the old student center.

3. One solution the woman offered / is _____.

4. I think / that he should _____ immediately.

5. My opinion is / that she should _____.

6. Separate dormitories for males and females / are a _____.

7. Providing more computers / will be _____ to the students.

8. The report _____ / had several errors.

9. He complained / that tuition would _____ 10 percent.

10. The kitchen staff _____ / prepares delicious meals.

11. Working at the computer center / _____ for my tuition.

12. I know / that the professor is _____.

13. I'm not sure about / _____.

정답 p.336

Track 40

Listen & Speak

She can't focus on studying / **due to her part-time job.**
그녀는 아르바이트 때문에 공부에 집중할 수 없다.

If I were in her position, / I would study more.
내가 만약 그녀의 입장이라면, 나는 더 공부하겠다.

구와 절도 끊어 말하기를 위한 기준이 될 수 있다?! 주어와 목적어 의미 단위를 기준으로 한 끊어 말하기 이외에도, 문장 내에서 구나 절 단위로 끊어 읽을 수 있습니다. 여러 개의 구나 절로 이루어진 문장일수록 길이가 길며, 이때 끊어 말하기를 통해 정보를 명확하게 전달할 수 있습니다. 자, 이제 의미 단위 중 구와 절 단위를 기준으로 한 끊어 말하기를 배우고 연습해 볼까요?

구와 절 단위로 끊어 말하기

· 구와 절도 하나의 의미 단위를 이룬다.
· 구 또는 절 앞에서 끊어 말한다.
· 'She can't focus on studying due to her part-time job.'에서는 전치사구 'due to her part-time job' 앞에서 끊어 말한다.
· 'If I were in her position, I would study more.'에서는 주절 'I would study more' 앞에서 끊어 말한다.

사운드를 들으며 다음 단어들을 소리 내어 따라 해보세요.

I like learning languages, / such as French and Chinese.
나는 프랑스어나 중국어와 같은 언어를 배우는 것을 좋아한다.

In my opinion, / he should look for a tutor.
내 의견으로는, 그는 개인 교사를 구해야 한다.

I have a friend / studying economics.
나는 경제학을 공부하는 친구가 한 명 있다.

I prefer public transportation / because it saves time.
시간을 절약해주기 때문에 나는 대중교통을 선호한다.

I want to go to the concert, / but tickets are sold out.
나는 콘서트에 가고 싶지만, 표가 매진이다.

The cost seems reasonable / when we consider the usefulness of the product.
상품의 유용함을 고려했을 때 그 가격은 합당해 보인다.

Track 41

다음 문장을 듣고, 빈칸을 채운 후 끊어 말하기에 유의하여 큰 소리로 말해 보세요.
(음성은 두 번 들려 줍니다.)

1. From my perspective, / _____ is important.

2. If I were _____, / I would try to finish the course.

3. According to the professor, / people have _____.

4. In other words, / _____ is unhealthy.

5. First of all, / it was the result of _____.

6. I spent all day at the library, / _____.

7. My brother _____ / when it comes to physics.

8. _____, / universities in big cities offer more entertainment options.

9. When the _____, / people tend to get headache.

10. He had to go back home / because he _____.

11. Most of the time, / I like to study _____.

12. If I _____ to study anything, / I would study history.

13. In order to stay healthy, / people need to eat _____.

정답 p.337

하고 싶은 말만 강조해도 다 들린다?!

Track 42

Listen & Speak

I signed up for **Psychology 202**. 나는 심리학 202를 신청했다.

I really liked the **course**. 나는 그 과목을 정말 좋아했다.

유창하게 영어를 말하는 또 한 가지 방법은 하고 싶은 말만 강조해서 말하는 것입니다. 자연스러운 영어를 구사하기 위해서 화자는 주된 내용을 전달하는 내용어를 강조해야 하며, 문법적인 요소인 기능어를 약하게 말하는 것이 좋습니다. 그리고 이를 통해 자연스러운 리듬이 생겨나게 되지요. 자, 이제 강약을 살려 말하는 법을 배우고 연습해 볼까요?

강약을 살려 말하기

· 화자가 생각하는 가장 중요한 정보나 내용을 담고 있는 내용어를 강조한다. 따라서 문장의 내용어인 명사, 동사, 형용사, 부사 등을 강조하며, 또 특별히 강조하고 싶은 내용이 있을 때 이를 강조할 수 있다.

· 문법적인 요소와 품사 등은 약하게 말한다. 따라서 be동사, 조동사, 전치사, 대명사, 관사 등은 약하게 말한다.

· 'I signed up for Psychology 202.'에서 동사 'signed up'과 고유 명사 'Psychology 202'를 강조하여 말하고, 대명사 'I', 전치사 'for'는 약하게 말한다.

· 'I really liked the course.'에서 부사 'really'와 동사 'liked', 명사 'course'를 강조하여 말하고, 대명사 'I'와 관사 'the'는 약하게 말한다.

사운드를 들으며 다음 단어들을 소리 내어 따라 해보세요.

I agree **with his** opinion **of the** cafeteria's menu. 나는 카페테리아 메뉴에 관한 그의 의견에 동의한다.

He doesn't agree **with the** school's new tuition policy. 그는 학교의 새로운 등록금 정책에 동의하지 않는다.

He's the one **who** founded **the** student council. 그가 바로 학생회를 설립한 사람이다.

Living **in a** dorm **is** very convenient. 기숙사에 사는 것은 매우 편리하다.

That's because she needs **to** rest. 그것은 그녀가 휴식을 필요로 하기 때문이다.

I prefer casual dress **to** formal suits. 나는 정장 차림보다 캐주얼한 의상을 선호한다.

I would rather rest **at** home. 나는 차라리 집에서 쉬겠다.

Track 43

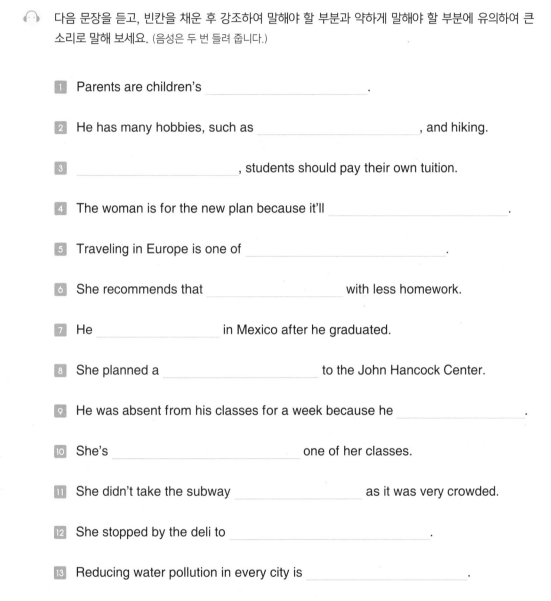

다음 문장을 듣고, 빈칸을 채운 후 강조하여 말해야 할 부분과 약하게 말해야 할 부분에 유의하여 큰 소리로 말해 보세요. (음성은 두 번 들려 줍니다.)

1. Parents are children's _____ .

2. He has many hobbies, such as _____ , and hiking.

3. _____ , students should pay their own tuition.

4. The woman is for the new plan because it'll _____ .

5. Traveling in Europe is one of _____ .

6. She recommends that _____ with less homework.

7. He _____ in Mexico after he graduated.

8. She planned a _____ to the John Hancock Center.

9. He was absent from his classes for a week because he _____ .

10. She's _____ one of her classes.

11. She didn't take the subway _____ as it was very crowded.

12. She stopped by the deli to _____ .

13. Reducing water pollution in every city is _____ .

정답 p.337

Daily Test

Q 다음 문장을 듣고, 빈칸을 채운 후 강조하여 말해야 할 부분과 끊어서 말해야 할 부분에 유의하여 큰 소리로 말해 보세요. (음성은 두 번 들려 줍니다.)

01 What he liked about the class / was the _____ with others.

02 Exercising in the morning / is an _____ boost metabolism.

03 Some people say / that _____ are not effective.

04 Without her contributions, / the _____ fail the project.

05 The first suggestion / is to _____ extra credit homework.

06 The woman's problem is / that she has _____ to do.

07 He believes / that everyone should _____ course.

08 He has to work / because _____ .

Q 간단한 질문과 답변을 듣고, 빈칸을 채운 후 강조하여 말해야 할 부분과 끊어서 말해야 할 부분에 유의하여 큰 소리로 말해 보세요. (음성은 두 번 들려 줍니다.)

09 What does the student think of the new policy?

🎙 She is glad / that the _____ / for the cafeteria.

10 Does the student agree or disagree with the new policy of banning plagiarism?

🎙 She _____ / because it encourages honesty.

11 What has the committee decided to do?

🎙 The committee has decided / _____ for the library.

12 What will happen during exam week?

🎙 The computer lab in the lecture hall / will _____ 3 a.m.

13 What does the student think about the professor's idea?

🎙 She agrees with / the _____.

14 Where would you like to travel? Explain why.

🎙 I would like to travel to Africa / because of its _____.

15 How does a professor explain 19th century art?

🎙 She describes / the magnificent _____.

정답 p.338

2nd

Week

스피킹을 위한 문법 내 것으로 만들기

2주 <스피킹을 위한 문법 내 것으로 만들기>에서는 토플 스피킹 시험에서 자신의 생각을 정확한 문장으로 말하는 데 필요한 문법을 배운다. 실제 시험에서 사용할 수 있는 문장들로 구성된 문제들을 통해 품사별 올바른 사용법과 영어 문장의 구조를 학습하여 토플 스피킹에 대비해 보자.

Day 1

영어식 사고의 기초: 사고방식을 전환하라!

영어로 말하는 실력을 향상하기 위해 가장 필요한 것은 무엇일까요? 바로 사고의 틀을 전환하는 것입니다. 원어민의 사고방식과 이를 통해 문장을 만들어 내는 구조를 이해하게 되면, 영어로 말하는 것이 한결 더 쉽게 느껴질 것입니다.

영어식 순서대로 줄을 서보자

Track 1

Listen & Speak

The man likes the woman. 그 남자는 그 여자를 좋아한다.

He is a college student. 그는 대학생이다.

영어 문장을 유창하고 정확하게 말하기 위해서는 영어의 어순으로 생각하고 말하는 훈련이 필요합니다. 우리말 어순은 결론에 해당하는 내용, 즉 동사가 뒤에 오지만, 영어에서는 동사가 주어 바로 다음에 나오는 것이 가장 큰 차이점이지요. 따라서 '그 남자는 그 여자를 좋아한다.'라는 말을 할 때 '그 남자는 좋아한다'에 해당하는 'The man likes'를 먼저 말한 다음, '그 여자를'에 해당하는 'the woman'을 뒤이어 말하게 됩니다. 영어의 어순에 익숙해지는 것이 영어 말하기의 첫걸음임을 꼭 기억하세요. 자, 이제 영어의 어순을 배우고 연습해 볼까요?

영어의 어순으로 말하기

영어의 어순으로 말할 때에는 결론에 해당하는 내용을 앞에 말합니다. 따라서 '~가 ~한다'에 해당하는 말, 즉, 주어와 동사를 먼저 말하고, '~을'에 해당하는 목적어를 나중에 말합니다. '~에서, ~와, ~ 후, ~으로'와 같은 전치사구도 주어와 동사를 말한 후에 말합니다.

한국어 어순의 예	영어 어순의 예
여자는 수영을 연습한다.	➔ 여자는 / 연습한다 / 수영을 The woman / practices / swimming.
나는 밀크티를 좋아한다.	➔ 나는 / 좋아한다 / 밀크티를 I / like / milk tea.
그는 도서관에서 공부한다.	➔ 그는 / 공부한다 / 도서관에서 He / studies / at the library.
그녀는 그녀의 친구와 운동한다.	➔ 그녀는 / 운동한다 / 그녀의 친구와 She / works out / with her friend.

Track 2

영어식 어순에 맞게 쓰여진 우리말을 보고, 다음을 알맞게 배열하여 말해 보세요.

1   나는 / 있었다 / 카페테리아에 / 나의 친구들과 함께

   ⓐ I   ⓑ with my friends   ⓒ at the cafeteria   ⓓ was

   ➡ _____.

2   그녀는 / 보인다 / 행복해

   ⓐ happy   ⓑ looks   ⓒ she

   ➡ _____.

3   교수는 / 언급한다 / 전시회에 대해

   ⓐ mentions   ⓑ the professor   ⓒ the exhibit

   ➡ _____.

4   남자는 / 되었다 / 대학 신문사의 편집장이

   ⓐ the man   ⓑ the editor of the university newspaper   ⓒ became

   ➡ _____.

5   나는 / 존경한다 / 나의 수학 선생님을

   ⓐ respect   ⓑ I   ⓒ my math teacher

   ➡ _____.

6   그의 영어 말하기 실력은 / 향상되었다 / 대단히

   ⓐ greatly   ⓑ has improved   ⓒ his ability to speak English

   ➡ _____.

7   교수는 / 주었다 / 학생들에게 / 과제를

   ⓐ gave   ⓑ an assignment   ⓒ the professor   ⓓ the students

   ➡ _____.

정답 p.340

못하는 것이 없다, 영어 패턴 5형제!

Track 3

Listen & Speak

The price of meal tickets rose. 식권의 가격이 올랐다.

Meal tickets became expensive. 식권이 비싸졌다.

모든 영어 문장은 아무리 짧거나, 아무리 길어도 5가지 패턴 안에서 구성됩니다. 이 패턴을 결정하는 것은 동사이지요. 예를 들어, '~되다'라는 뜻의 동사 'become'은 보어를 필요로 하는 동사이므로 [주어 + 동사 + 보어]로 구성되는 문장, 'Meal tickets became expensive.'를 만들게 됩니다. 이처럼 [주어 + 동사]를 기본 뼈대로 하고, 동사가 좋아하는 패턴을 선택하는 것이 영어 말하기의 기본이 되지요. 자, 이제 영어의 5가지 패턴으로 말하는 것을 배우고 연습해 볼까요?

영어의 5가지 패턴으로 말하기	
패턴 1	'주어는 ~한다'를 말할 때에는 패턴 1 [주어 + 동사]를 이용하며, 이 패턴을 선택하는 동사로는 be, go, come, rise, stay 등이 있습니다. **She stayed at the student center.** 그녀는 학생회관에 머물렀다.
패턴 2	'주어는 ~이다'를 말할 때에는 패턴 2 [주어 + 동사 + 보어]를 이용하며, 이 패턴을 선택하는 동사로는 be, become, look, sound, smell, seem 등이 있습니다. **Her brother is a soccer player.** 그녀의 남동생은 축구 선수이다.
패턴 3	'주어는 ~을 -하다'를 말할 때에는 패턴 3 [주어 + 동사 + 목적어]를 이용하며, 이 패턴을 선택하는 동사로는 discuss, describe, mention, solve, explain, enter 등이 있습니다. **He solved the math problem.** 그는 그 수학 문제를 풀었다.
패턴 4	'주어는 ~에게 …을 -하다'를 말할 때에는 패턴 4 [주어 + 동사 + 간접목적어 + 직접목적어]를 이용하며, 이 패턴을 선택하는 동사로는 give, send, show, buy, tell, teach 등이 있습니다. **My father bought me a laptop.** 아버지는 나에게 노트북 컴퓨터를 사주셨다.
패턴 5	'주어는 ~을 -하게 하다'를 말할 때에는 패턴 5 [주어 + 동사 + 목적어 + 보어]를 이용하며, 이 패턴을 선택하는 동사로는 make, have, find, consider, let, see 등이 있습니다. **The woman finds biology difficult.** 그 여자는 생물학이 어렵다고 생각한다.

Track 4

우리말을 보고 다음을 영어식 어순에 알맞게 배열하여 문장을 말해 보세요. 이때 영어의 5가지 패턴에 유의하세요.

1 그는 도서관에 있다.

in the library / is

He _____ .

2 그 음식에서 나쁜 냄새가 난다.

bad / smells

The food _____ .

3 교수는 새로운 주제를 논의했다.

a new topic / discussed

The professor _____ .

4 수지는 그녀의 친구에게 깜짝 선물을 주었다.

gave / a surprise gift / her friend

Suzie _____ .

5 나는 그것이 좋은 아이디어라고 생각한다.

it / a good idea / consider

I _____ .

6 그는 나에게 중국어를 가르쳐 주었다.

me / Chinese / taught

He _____ .

7 새로운 성적 시스템은 모든 학생들을 화나게 만들었다.

every student / made / angry

The new grading system _____ .

정답 p.340

Daily Test

 우리말을 보고 다음을 영어식 어순에 알맞게 배열하여 문장을 말해 보세요. 이때 영어의 5가지 패턴에 유의하세요.

01 과학책들은 도서관 3층에 있다.

are / the science books / on the third floor of the library

_____ .

02 학생은 그녀의 성적에 실망한 것 같다.

disappointed / the student / seems / with her grades

_____ .

03 대학은 이번 학기에 등록 절차를 개선할 것이다.

the university / registration procedures / this semester / will improve

_____ .

04 교수는 반 학생들에게 자료를 조사하는 방법 하나를 가르쳐 준다.

the professor / the class / teaches / one way to conduct research

_____ .

05 나는 언제나 그를 캡틴이라고 불렀다.

called / I always / captain / him

_____ .

06 그녀는 학생에게 참고 도서 목록을 보여 주었다.

the student / the list of reference books / showed / she

_____ .

07 여자는 그에게 그녀의 보고서에 대한 조언을 부탁한다.

asks / the woman / for advice about her report / him

_____ .

Q 간단한 질문과 그에 대한 짧은 답변이 이어집니다. 우리말 답변을 영어로 바꾸어 말해 보세요.

2nd Week

Day 1

Day 2

Day 3

Day 4

Day 5

Day 6

08 Describe your best friend.

그녀는 말을 잘 들어주며 재미있는 사람이다.

🎤 _____.

＊ 말을 잘 들어주는 사람 good listener

09 What transportation do you take to school?

빠르기 때문에 나는 지하철을 이용한다.

🎤 _____.

＊ 지하철을 이용하다 take the subway

10 What charities do you support?

나는 고아원들을 위한 기금 모금 행사들에 참석한다.

🎤 _____.

＊ 고아원 orphanage   ＊ 기금 모금 행사 fund-raising event   ＊ 참석하다 attend

11 What is the hardest thing about university life?

나는 보고서를 쓰는 것이 가장 어려운 부분이라고 생각한다.

🎤 _____.

＊ 가장 어려운 (the) hardest

12 Would you rather live in a traditional house or a modern apartment building?

더 안전하기 때문에 현대식 아파트가 낫다.

🎤 _____.

＊ 안전한 secure   ＊ 현대식 아파트 modern apartment

정답 p.341

Day 2

동사, 이럴 때는 이렇게 쓰인다

문장의 핵심이 되는 동사! 이 동사를 제대로 쓸 수 있다면 자신의 의사를 정확하게 표현하는 데 큰 도움이 됩니다. 시제와 주어에 따라 알맞은 동사를 쓰는 것부터 다양한 조동사를 문맥에 맞게 쓰는 것까지 익혀 자유자재로 구사해 봅시다.

1분 1초 달라지는 의미, 시제가 결정한다!

Track 6

Listen & Speak

She **goes** to college. 그녀는 대학에 다닌다.

She **is going** to the college now. 그녀는 지금 대학에 가고 있다.

영어의 시제를 정확히 이해하면, 동사의 형태만 바꾸어 다양한 의미를 전달할 수 있습니다. 그러나 만약 동사의 시제를 잘못 표현하게 되면 듣는 사람이 내가 하는 말을 전혀 다른 뜻으로 이해할 수도 있겠지요. '그녀는 대학에 다닌다.(She goes to college.)'라는 내용을 'She is going to the college.'라고 말해버리면, 듣는 사람은 분명 '지금 그녀는 대학 쪽으로 가고 있다.'라고 생각할 것입니다. 자, 이제 이러한 실수를 하지 않도록 동사의 시제를 올바르게 사용하는 법을 배우고 연습해 볼까요?

올바른 시제 말하기	
~한다/이다 [현재]	일정하게 반복되는 상황이나 사실은 현재형 동사인 [동사(+ s/es)]로 말합니다. **He takes chemistry classes.** 그는 화학 수업을 듣는다.
~하고 있다/ ~하는 중이다 [현재 진행]	진행되는 동작이나 상황은 [be동사 + -ing]로 말합니다. **He is taking a chemistry class.** 그는 화학 수업을 듣고 있는 중이다.
~했다/~이었다 [과거]	이미 끝난 동작이나 상황은 동사의 과거형인 [동사 + ed 또는 불규칙 동사의 과거형]으로 말합니다. **He took a chemistry class last semester.** 그는 지난 학기에 화학 수업을 들었다.
~해오고 있다/ ~한 적이 있다 [현재 완료]	과거에 시작되어 현재까지 계속되고 있는 상황 또는 경험은 [have/has + 동사의 과거분사형]으로 말합니다. **He has taken a chemistry class before.** 그는 전에 화학 수업을 들은 적이 있다.

Track 7

🎧 초록색으로 주어진 우리말 표현에 유의하여 주어진 동사를 시제에 맞게 바꾸어 말해 보세요.

1️⃣ 그녀는 아침마다 테니스를 친다. (play)

She ＿＿＿＿＿＿＿＿＿ tennis in the mornings.

2️⃣ 나는 어린 시절에 애완동물을 기르는 것을 즐겼다. (enjoy)

I ＿＿＿＿＿＿＿＿＿ having pets in my childhood.

3️⃣ 나는 서울에서 5년 동안 살아오고 있다. (live)

I ＿＿＿＿＿＿＿＿＿ in Seoul for five years.

4️⃣ 그들은 전시회를 방문하려고 계획 중이다. (plan)

They ＿＿＿＿＿＿＿＿＿ to visit the exhibit.

5️⃣ 그녀는 주말마다 산을 오른다. (hike)

She ＿＿＿＿＿＿＿＿＿ a mountain every weekend.

6️⃣ 그는 더 큰 대학으로 옮겼다. (transfer)

He ＿＿＿＿＿＿＿＿＿ to a bigger university.

7️⃣ 그 교수는 많은 다른 학교들을 방문해오고 있다. (visit)

The professor ＿＿＿＿＿＿＿＿＿ many different schools.

8️⃣ Kiku와 Doris는 오늘 영화를 보았다. (see)

Kiku and Doris ＿＿＿＿＿＿＿＿＿ a movie today.

정답 p.341

Course 2 동사는 수에 민감해 ~

Track 8

Listen & Speak

She **likes** the math course. 그녀는 수학 수업을 좋아한다.

He and she **like** the same course. 그와 그녀는 같은 수업을 좋아한다.

의미는 같아도 모양은 다르게! 영어 동사들은 주어의 수에 따라 자신의 형태를 바꾸게 됩니다. 위에서 보듯이, 우리말은 주어의 수가 달라도 '좋아한다'라는 같은 형태로 말하는 데 반해, 영어는 주어의 수에 따라 'likes'와 'like'로 구별하여 말하고 있지요. 이런 기본적인 규칙들을 잘 지켜 말할 때 영어 말하기의 진정한 강자가 될 수 있다는 점을 잊지 마세요! 자, 이제 주어의 수에 따라 동사의 형태를 바꾸어 말하기를 배우고 연습해 볼까요?

주어의 수에 따른 알맞은 동사로 말하기

단수동사로 말해야 할 때	주어가 3인칭 단수일 때에는 단수동사로 말합니다. 따라서 주어가 단수명사, 동명사구, 명사절, every + 명사, each + 명사 등일 때에는 단수동사로 말해야 합니다. **A new policy bans** smoking on campus. 새로운 정책은 교내에서의 흡연을 금지한다. **Reading books helps** you to gain knowledge. 책을 읽는 것은 당신이 지식을 얻을 수 있도록 돕는다. **What you see in a museum teaches** you a lot. 네가 박물관에서 보는 것은 너에게 많은 것을 가르쳐 준다. **Every freshman lives** in a dorm. 모든 신입생은 기숙사에 산다.
복수동사로 말해야 할 때	주어가 복수일 때에는 복수동사로 말합니다. 따라서 주어가 복수명사, 명사 and 명사, both/many/several + 명사 등일 때에는 복수동사로 말해야 합니다. **Researchers study** the origin of the universe. 연구원들은 우주의 기원을 연구한다. **My friends and I have to cooperate** to win the competition. 내 친구들과 나는 대회에서 이기기 위해 협동해야 한다. **Both my brother and sister go** to college. 내 남동생과 여동생 둘 다 대학에 다닌다.

Track 9

주어와 동사의 수 일치에 유의하여 초록색으로 주어진 우리말 표현을 영어로 바꾸어 말해 보세요.

1 모든 4학년생들은 졸업식 리허설에 참석한다. (attend)

Every senior _____ the graduation rehearsal.

2 그녀와 그녀의 친구는 도서관에서 많은 시간을 보낸다. (spend)

She and her friend _____ a lot of time at the library.

3 내 여동생과 나는 둘 다 교환학생 프로그램에 지원하기를 원한다. (want)

Both my sister and I _____ to apply to the exchange student program.

4 그녀는 아침에 항상 졸려 보인다. (look)

She always _____ sleepy in the morning.

5 교수는 반의 모든 학생들을 격려한다. (encourage)

The professor _____ every student in the class.

6 사람들은 그의 어려운 상황을 이해한다. (understand)

People _____ his difficult situation.

7 대학은 공매를 통해 기금을 모은다. (raise)

The university _____ funds with public auction.

8 대학은 조교 아르바이트 일자리를 제공한다. (offer)

The college _____ part-time assistant-teaching jobs.

정답 p.341

동사의 영원한 동반자, 조동사!

Track 10

Listen & Speak

He **should** buy a new car. 그는 새 차를 사야 한다.

She **can** buy a new car. 그녀는 새 차를 살 수 있다.

동사를 도와준다는 뜻을 가진 조동사! 위에서 보듯이 should, can과 같은 조동사를 이용하여 'He buys a new car.(그는 새 차를 산다.)'라는 기본 문장을 다양한 의미로 바꾸어 전달할 수 있습니다. 자, 이제 차근차근 한 가지씩 조동사를 표현하는 법을 배우고 연습해 볼까요?

다양한 조동사로 말하기

~하겠다 [would]	의지를 나타낼 때에는 [would + 동사원형]으로 말합니다. **I would travel** around Eastern Europe. 나는 동유럽을 여행하겠다.
~해야 한다 [should]	기대, 제안, 조언을 말할 때에는 [should + 동사원형]으로 말합니다. She **should apply** for a scholarship. 그녀는 장학금을 신청해야 한다.
~할 수도 있다 [could]	가능성을 말할 때에는 [could + 동사원형]으로 말합니다. She **could help** him. 그녀는 그를 도와줄 수도 있다.
~할 것이다 [will/be going to]	미래의 일을 말할 때에는 [will/be going to + 동사원형]으로 말합니다. He **will attend** the job fair. 그는 취업 박람회에 참가할 것이다. The school **is going to adopt** a new scholarship policy. 학교는 새로운 장학 정책을 채택할 것이다. ＊will은 단순히 미래에 일어날 일을 말할 때 주로 쓰이고, be going to는 계획되고 예정된 일을 말할 때 주로 쓰입니다.
~할 수 있다 [can/be able to]	능력이나 허락을 말할 때에는 [can/be able to + 동사원형]으로 말합니다. I **can / am able to adjust** to other cultures quickly. 나는 다른 문화에 빨리 적응할 수 있다. Students **can / are able to use** the parking lot. 학생들은 주차장을 이용할 수 있다.

Track 11

초록색으로 주어진 우리말 표현에 유의하여 밑줄 친 부분에 알맞은 조동사를 채워 말해 보세요.

1 만약 시간이 있다면 나는 오늘 등록하겠다.

I _____ enroll today if I had time.

2 연습하지 않는다면 그 팀은 경기에서 질 수도 있다.

The team _____ lose the game if they don't practice.

3 그녀는 인터넷 서핑을 하는 데 시간을 덜 소비해야 한다.

She _____ spend less time surfing the Internet.

4 대학은 온라인 등록을 제공할 것이다.

The university _____ offer online registration.

5 나는 일과 공부를 동시에 할 수 있다.

I _____ work and study at the same time.

6 나는 학교에서 멀리 떨어진 아파트로 이사 가겠다.

I _____ move to an apartment far from the campus.

7 그녀는 왜 그녀가 결석했는지 교수님께 설명해야 한다.

She _____ explain to the professor why she was absent.

8 도서관 연체료는 다음 학기에 오를 수도 있다.

Library late fees _____ rise next semester.

정답 p.342

Daily Test

 초록색으로 주어진 우리말 표현을 영어로 바꾸어 말해 보세요.

01 경험을 통한 학습은 배움의 최고의 방법이다.
Learning by experience _____ to learn.

02 나는 어제 아침에 아침 식사로 우유와 함께 시리얼을 먹었다.
I _____ for breakfast yesterday morning.

03 학생들은 대학 관계자들에게 기숙사 시설의 향상을 요구하고 있다.
Students _____ to improve dorm facilities.

04 나의 가족과 나는 주말마다 외식하는 것을 좋아한다.
My family and I _____ on weekends.

05 그가 또 결석을 한다면 그 수업에 낙제할 수도 있다.
He _____ if he is absent again.

06 대학은 작년에 1,500명의 학생을 받아들였다.
The college _____ last year.

07 남자는 마감 기한 내에 보고서를 제출할 수 있다.
The man _____ by the deadline.

08 학장은 강당에서 연설을 하고 있다.
The dean _____ at the auditorium.

09 그들은 다음 주의 견학을 취소해야 한다.
They _____ for next week.

10 부모들은 자녀들이 그들의 학업을 마칠 수 있도록 도와야 한다.
Parents _____ their studies.

Q 간단한 질문과 그에 대한 짧은 답변이 이어집니다. 우리말 답변을 영어로 바꾸어 말해 보세요.

11 What are you going to do this summer vacation?

나는 플로리다에 갈 것이다.

🎙 _____ .

∗ 플로리다 (미국 남동부 끝에 있는 주) Florida

12 What would you do to learn on your own?

나는 많은 책과 학술지를 읽겠다.

🎙 _____ .

∗ 많은 책을 읽다 read a lot of books ∗ 학술지 academic journal

13 What do you think the university should do about mobile phones?

대학은 휴대폰에 대한 새로운 규칙을 정해야 한다.

🎙 _____ .

∗ 휴대폰 mobile phone ∗ 규칙을 정하다 make a rule

14 What do you think of desk jobs?

대부분의 사무직들은 지루하고 건강에 좋지 않다.

🎙 _____ .

∗ 사무직 desk job ∗ 지루한 boring

15 Describe a member of your family.

나의 여동생은 재미있고 활발하다.

🎙 _____ .

∗ 여동생 younger sister ∗ 활발한 lively

정답 p.342

Day 3

동사의 모양이 바뀌면 표현이 풍부해진다

요리조리 모양을 바꿀 수 있는 동사! 영어 동사의 다양한 활용법을 알아두면 내가 말할 수 있는 표현이 더욱더 풍부해집니다. 동사의 모양을 바꾸어 다양한 내용을 전달하는 것을 이곳에서 익혀 봅시다.

동사가 명사로 쓰인다구!

Track 13

Listen & Speak

The man postponed **enrolling** in his biology class.
그 남자는 생물학 수업에 등록하는 것을 연기했다.

The woman decided **to enroll** in her biology class.
그 여자는 생물학 수업에 등록하기로 결심했다.

'수업에 등록하는 것' 또는 '수업에 등록하기'와 같은 말을 영어로 해보고 싶다고요? 이러한 표현들은 동사의 형태를 간단히 변화시키는 것만으로 가능합니다. '등록하다'라는 뜻을 가진 동사 enroll을 enrolling 또는 to enroll로 바꿔 말하면 '등록하기'라는 의미가 되어 명사 역할을 할 수 있게 되지요. 자, 이제 동사를 명사의 의미로 바꾸어 말하는 법을 배우고 연습해 볼까요?

동명사와 부정사의 명사적 용법 말하기

~하는 것/~하기

동명사 또는 부정사의 형태로 '~하는 것/~하기'를 말할 수 있습니다.

Studying English / To study English is fun.
영어를 공부하는 것은 재미있다.

My dream is helping other people / to help other people.
나의 꿈은 다른 사람들을 돕는 것이다.

I like taking trips / to take trips.
나는 여행하는 것을 좋아한다.

＊주어로 쓰일 때에는 흔히 부정사보다 동명사로 말합니다.

동사에 따라 동명사 목적어로 말할지 부정사 목적어로 말할지가 결정됩니다.

· 동명사 목적어를 취하는 동사 : 중단, 꺼림, 부인, 피함 등의 의미를 지닌 동사
 stop, consider, mind, give up, avoid, quit, enjoy, finish 등

 I <u>enjoy</u> watching movies with my friends.
 나는 친구들과 함께 영화 보는 것을 즐긴다.

· 부정사 목적어를 취하는 동사 : 결심, 계획, 의도, 기대 등의 의미를 지닌 동사
 decide, expect, mean, hope, want, afford, prepare 등

 She <u>expects</u> to get a high grade in math.
 그녀는 수학에서 높은 성적을 얻기를 기대한다.

 ＊love, hate, like, start, begin 등과 같은 동사는 동명사와 부정사 목적어를 둘 다 쓸 수 있습니다.

 He <u>hates</u> eating out / to eat out.
 그는 외식하는 것을 싫어한다.

Track 14

🎧 초록색으로 주어진 우리말 표현을 영어로 바꾸어 문장을 말해 보세요.

1. 책을 읽는 것은 나의 취미 중 하나이다.

   _____ books is one of my hobbies.

2. 나는 학급 견학을 가는 것을 즐긴다.

   I enjoy _____ on class field trips.

3. 나의 계획은 다음 주에 콘서트를 보는 것이다.

   My plan is _____ a concert next week.

4. 그녀는 시험에서 더 높은 점수를 받을 것을 예상했다.

   She expected _____ a higher score on her test.

5. 좋은 아침밥을 먹는 것은 나에게 중요하다.

   _____ a good breakfast is important to me.

6. 그의 제안은 버스를 타는 것이다.

   His suggestion is _____ the bus.

7. 나는 나의 컴퓨터를 업그레이드 하는 것을 할 여유가 없다.

   I cannot afford _____ my computer.

8. 그녀의 과제는 논문을 쓰는 것이다.

   Her assignment is _____ a thesis.

9. 도서관에서 이야기를 하는 것은 다른 학생들을 방해한다.

   _____ in the library disturbs other students.

정답 p.343

동사가 낳은 팔방미인 부정사 ~

Track 15

Listen & Speak

She has a report **to finish**.
그녀는 끝내야 할 보고서가 있다.

He studies hard **to get** good grades.
그는 좋은 성적을 받기 위해 열심히 공부한다.

동사가 낳은 팔방미인 부정사! 단순히 명사 역할만 할 수 있는 것이 아니었군요! '끝내야 할 보고서'라는 말을 하고 싶을 때, 명사 report 뒤에 부정사 to finish만 더해준 'report to finish'라는 표현으로 쉽게 말할 수 있습니다. 이 다재다능한 부정사를 이용해 명사나 동사, 혹은 문장 전체 등을 꾸며주는 내용을 말할 수 있답니다. 자, 이제 부정사의 형용사적 용법과 부사적 용법을 배우고 연습해 볼까요?

부정사 말하기

| ~할, ~해야 할
[형용사적 용법] | '~할 명사, ~해야 할 명사'를 말할 때에는 [명사 + 부정사]로 말합니다. 이때, 영어의 어순은 우리말과 반대입니다.
ex) 참석할 회의 → a meeting + to attend
　　　　　　　　　　회의　　　　참석할

He doesn't have time to exercise.
그는 운동할 시간이 없다.

The group has a lot of issues to talk about.
그 그룹은 이야기할 쟁점들을 많이 가지고 있다. |
| ~하기 위해
[부사적 용법] | '~하기 위해'를 말할 때에는 부정사를 사용합니다. 이때, in order to를 쓰기도 합니다.

I go to parks to hang out with my friends.
나는 친구들과 어울리기 위해 공원에 간다.

She takes the subway in order to avoid the rush hour traffic.
그녀는 러시아워의 교통혼잡을 피하기 위해 지하철을 탄다. |

tip

'~을 하지 않기 위해'를 말할 때에는 부정사 앞에 not을 붙여 말하거나, 'in order not to'를 써서 말합니다.

ex) 수업에 빠지지 않기 위해 그는 스케줄을 재조정해야 한다.
　　→ He should rearrange his schedule **(in order) not to miss the class.**

Track 16

🎧 우리말을 보고 부정사에 유의하여 다음을 알맞게 배열해 문장을 말해 보세요.

1 나는 달성해야 할 큰 목표가 있다.

I / to reach / have / a big goal

_____ .

2 그는 버스를 잡기 위해 빨리 뛰었다.

to catch the bus / he / ran fast

_____ .

3 교수님은 우리에게 읽어야 할 긴 도서 목록을 주셨다.

gave us / a long list of books / the professor / to read

_____ .

4 그녀는 시험 준비를 하기 위해 어제 밤을 새웠다.

stayed up last night / she / to prepare for an exam

_____ .

5 그녀는 지켜야 할 약속이 있다.

she / an appointment / has / to keep

_____ .

6 남자는 서점에 팔기 위해 오래된 교과서를 모았다.

collected / to sell to the bookstore / old textbooks / the man

_____ .

7 나는 집을 장만하기 위해 수입의 십 퍼센트를 저축한다.

to buy a house / ten percent of my income / I / save

_____ .

정답 p.343

동사에 꼬리가 붙으면 형용사가 된다!

Track 17

Listen & Speak

A **working** student is always busy.
일하는 학생은 항상 바쁘다.

Motivated students want to have good grades.
의욕적인 학생들은 좋은 성적을 받기 원한다.

동사에 꼬리가 붙으면 형용사가 된다고? work라는 동사에 ing라는 꼬리만 더하면 '일하는'이라는 뜻의 분사 working이 되지요. 이 working으로 명사 student를 꾸며줄 수 있으니 동사가 형용사 역할을 할 수 있게 됩니다. 자, 이제 동사의 또 다른 변신, 분사를 이용해서 말하기를 배우고 연습해 볼까요?

분사 말하기

~하는/~한 [현재분사]	'~하는/~한'을 말할 때에는 현재분사(동사 + ing)를 써서 말합니다. **The man told us an amazing story.** 그 남자는 우리에게 놀라운 이야기를 해주었다. **The woman listens to him speaking.** 그 여자는 그가 말하는 것을 듣는다. **The lecture is interesting.** 그 강의는 흥미롭다. **The result of the election is surprising.** 그 선거의 결과는 놀랍다.
~된/~당한 [과거분사]	'~된/~당한'을 말할 때에는 과거분사(동사 + ed 또는 불규칙 동사의 과거분사형)를 써서 말합니다. **She likes baked potatoes.** 그녀는 구운 감자를 좋아한다. **He feels tired every day because of lots of homework.** 그는 많은 숙제로 인해 매일 피곤하다. **He is interested in the lecture.** 그는 그 강의에 흥미가 있다. **I was surprised at his success.** 나는 그의 성공에 놀랐다.

Track 18

🎧 초록색으로 주어진 우리말 표현에 유의하여 알맞은 분사를 골라 문장을 말해 보세요.

1️⃣ 학생들은 지루한 강의 내내 졸았다.

The students slept through the (boring / bored) lecture.

2️⃣ 그녀는 웨이터 때문에 짜증이 났다.

She was (annoying / annoyed) by the waiter.

3️⃣ 반 학생들은 피아니스트가 공연하는 것을 보았다.

The class watched the pianist (performing / performed).

4️⃣ 그녀는 그 결과에 실망했다.

She was (disappointing / disappointed) with the result.

5️⃣ 어리둥절한 학생들은 계속 질문을 했다.

The (confusing / confused) students kept asking questions.

6️⃣ 나는 그가 농구를 하는 것을 보았다.

I saw him (playing / played) basketball.

7️⃣ 교내의 부서진 의자들은 교체되어야만 한다.

(Breaking / Broken) benches on campus should be replaced.

8️⃣ 새로운 언어를 배우는 것은 즐겁다.

It is (pleasing / pleased) to learn a new language.

9️⃣ 텔레비전에서 무서운 장면을 보는 것은 불편하다.

It is uncomfortable to watch (terrifying / terrified) scenes on TV.

정답 p.344

Daily Test

Q   초록색으로 주어진 우리말 표현에 유의하여 주어진 동사를 알맞게 바꾸어 문장을 말해 보세요.

01   그의 룸메이트는 빨아야 할 옷들이 많다. (wash)

His roommate has a lot of _____.

02   그 교수의 설명은 혼란스럽다. (confuse)

The professor's _____.

03   나는 건강을 유지하기 위해 아침 일찍 조깅을 한다. (stay)

I jog early in the morning _____.

04   나는 공원에서 걷는 것이 가장 좋은 운동이라고 생각한다. (walk)

I consider _____ the best exercise.

05   그는 그 문제를 혼자 힘으로 풀려고 노력했다. (solve)

He _____ the problem by himself.

06   복사된 소책자들은 도서관에서 구할 수 있다. (photocopy)

_____ are available at the library.

07   여자는 쉬운 선택과목을 등록하기를 원한다. (enroll)

The woman _____ in an easy elective.

08   그녀는 반 친구들이 웃는 것을 보았다. (laugh)

She saw her _____.

09   남자는 등록금을 내기 위해 아르바이트를 구했다. (pay)

The man got a part-time job _____.

10   대학은 새로운 도서관을 짓기 위해 등록금을 인상했다. (build)

The university raised tuition _____.

Q 간단한 질문과 그에 대한 짧은 답변이 이어집니다. 우리말 답변을 영어로 바꾸어 말해 보세요.

11 Do you prefer to work for a company or run your own business?

나는 경험을 쌓기 위해 회사에서 일하고 싶다.

🎤 _____ .

＊ 경험을 쌓다 gain experiences ＊ 회사에서 일하다 work for a company

12 What do you think is the most important skill a person should have?

나는 의사소통이 가장 중요한 기술이라고 생각한다.

🎤 _____ .

＊ 의사소통 communication ＊ 기술 skill

13 Describe an ideal job you would like to have.

나는 나의 창의력을 이용할 수 있게 해주는 직업을 원한다.

🎤 _____ .

＊ 창의력 creativity ＊ ~할 수 있게 하다 allow

14 What is your favorite food?

나는 맛있는 야채 수프를 먹는 것을 좋아한다.

🎤 _____ .

＊ 맛있는 delicious ＊ 야채 수프 vegetable soup

15 What is the most important thing you have done?

돈을 기부한 것이 내가 한 일 중 가장 중요한 일이었다.

🎤 _____ .

＊ 돈을 기부하다 donate money

정답 p.344

Day 4

너무 유용해서 쓸모가 많은 형용사와 부사

자동차에 대해서 이야기할 때, 빠른 자동차 혹은 빨리 달리는 자동차 등과 같이 자세하게 수식해 줄 수 있는 말을 함께 이야기할 수 있습니다. 이와 같이 내가 하고 싶은 말을 수식할 때 유용하게 쓸 수 있는 형용사와 부사의 다양한 쓰임새를 익혀 봅시다.

얼마나 많은지 말해볼까?

Listen & Speak

He has **a few** coins. 그는 동전이 조금 있다.

He has **few** coins. 그는 동전이 거의 없다.

'a' 하나가 만드는 엄청난 차이! '동전이 조금 있다'라는 말을 하고 싶은데 'few coins'라고 말한다면, 듣는 사람은 나의 의도와는 반대로 '동전이 거의 없다'라고 생각할 거예요. 말하기 시험에서 이러한 실수를 해서는 안 되겠지요? 자, 이제 '수'나 '양'을 나타내는 형용사에 관한 기본적인 내용부터 하나하나 배우고 연습해 볼까요?

수량 형용사 말하기

조금, 약간, 몇몇	'조금', '약간', 또는 '몇몇'을 말할 때, 셀 수 있는 명사는 a few와 함께 말하고, 셀 수 없는 명사는 a little과 함께 말합니다. **A few students** are awarded. 몇몇 학생들이 상을 받는다. I drink **a little milk** for breakfast every day. 나는 매일 아침으로 우유를 조금 마신다.
거의 없는	'거의 없는'을 말할 때, 셀 수 있는 명사는 few와 함께 말하고, 셀 수 없는 명사는 little과 함께 말합니다. There were **few students** in the class. 그 수업에는 학생들이 거의 없었다. There is **little sugar** left in the jar. 병에는 설탕이 거의 남지 않았다.
많은	'많은'을 말할 때, 셀 수 있는 명사는 many와 함께 말하고, 셀 수 없는 명사는 much와 함께 말합니다. a lot of 또는 lots of는 두 가지 경우에 다 쓸 수 있습니다. She has **many friends**. 그녀는 친구가 많다. There wasn't **much food** to eat at the party. 그 파티에는 먹을 음식이 많이 없었다. There was **a lot of food** to eat at the party. 그 파티에는 먹을 음식이 많이 있었다. * 'much'가 형용사로 쓰일 때에는 주로 부정문에서 쓰이며, 긍정문에서는 a lot of 혹은 lots of가 '많은' 이라는 뜻으로 쓰입니다.

Track 21

🎧 초록색으로 주어진 우리말 표현에 알맞은 것을 골라 문장을 말해 보세요.

1. 그녀의 펜에는 약간의 잉크가 남아 있다.

   She has (a few / a little) ink left in her pen.

2. 많은 학생들이 인턴십에 지원했다.

   (Many / Much) students have applied for the internship.

3. 긴 역사 소설을 읽는 것을 즐기는 사람은 거의 없다.

   (Few / Little) people enjoy reading long historical novels.

4. 나는 내 여동생과 보낼 시간이 많이 없었다.

   I didn't have (much / many) time to spend with my sister.

5. 교수는 제시간에 보고서를 제출하는 학생이 거의 없다고 말했다.

   The professor said (few / little) students submit papers on time.

6. 그 교실에는 학생들을 위한 자리가 거의 없다.

   The classroom has (few / little) seats for students.

7. 많은 학생들이 그 수업에 등록했다.

   (Much / Many) students enrolled in the class.

8. 그 기사는 많은 정보를 담고 있지 않다.

   The article doesn't contain (much / many) information.

9. 너는 보고서를 마무리할 시간이 많이 남지 않았다.

   You don't have (much / many) time to complete the report.

10. 나는 19세기 미국 문학에 대하여 조금 알고 있다.

    I know (a few / a little) about nineteenth-century American literature.

정답 p.345

형용사와 부사의 화려한 외출

Track 22

Listen & Speak

He was **tired enough to go** to bed right away.
그는 바로 자러 갈 만큼 충분히 피곤했다.

She was **too tired to pay** attention.
그녀는 너무 피곤해서 집중할 수 없었다.

피곤하다? tired! 너무 피곤하다? very tired! 그렇다면 '너무 피곤해서 집중할 수 없다'는? 이때에는 부사 too와 to 부정사를 이용해 'too tired to pay attention'이라고 간단히 표현할 수 있답니다. 자, 이제 형용사와 부사를 적절히 사용하여 위와 같은 표현들을 자연스럽게 구사하는 법을 배우고 연습해 볼까요?

	enough to / too ~ to / so ~ that 구문 말하기
~할 만큼 충분히 -한/-하게 [enough to 구문]	'~할 만큼 충분히 -한/-하게'는 [형용사/부사 + enough + to 부정사]의 구조로 말합니다. The teacher's explanation was **satisfying enough to understand.** 선생님의 설명은 이해할 만큼 충분히 만족스러웠다. My older sister sang a song **loudly enough to wake me up.** 나의 언니는 나를 깨울 만큼 충분히 크게 노래를 불렀다.
너무 ~해서 -할 수 없는 [too ~ to 구문]	'너무 ~해서 -할 수 없는'은 [too + 형용사/부사 + to 부정사]의 구조로 말합니다. The box is **too heavy to carry.** 그 상자는 너무 무거워서 운반할 수 없다. He eats **too much to stay in shape.** 그는 너무 많이 먹어서 건강을 유지할 수 없다.
아주 ~해서 -하다 [so ~ that 구문]	'아주 ~해서 -하다'는 [so + 형용사/부사 + that + 주어 + 동사]의 구조로 말합니다. The movie was **so interesting that it appealed to lots of people.** 그 영화는 아주 흥미로워서 많은 사람들의 관심을 끌었다. The professor came **so late that he couldn't finish the lecture on time.** 교수는 아주 늦게 와서 수업을 제시간에 끝내지 못했다.

Track 23

초록색으로 주어진 우리말 표현이 되도록 주어진 단어를 이용하여 말해 보세요.

1 그는 너무 바빠서 그녀와 영화를 볼 수 없었다. (busy)

He was _____ watch a movie with her.

2 교통이 아주 복잡해서 나는 수업에 늦었다. (heavy)

The traffic was _____ I was late for class.

3 음악은 내 귀를 아프게 할 만큼 충분히 시끄러웠다. (loud)

The music was _____ hurt my ears.

4 내 남동생은 너무 게을러서 아침에 일찍 일어날 수 없다. (lazy, wake up)

My brother is _____ early in the morning.

5 그는 아주 일찍 도착해서 한 시간 동안 기다려야 했다. (early)

He arrived _____ he had to wait for an hour.

6 시험은 한 시간 내에 끝마칠 만큼 충분히 쉬웠다. (easy, complete)

The test was _____ in less than an hour.

7 그녀는 이해될 만큼 충분히 천천히 이야기했다. (slowly)

She spoke _____ be understood.

8 그는 그 과목이 아주 어려워서 취소했다. (difficult)

The course was _____ he dropped it.

9 나의 친구는 너무 조금 공부해서 시험을 통과할 수 없었다. (little, pass)

My friend studied _____ the exam.

10 그녀는 승진할 만큼 충분히 열심히 일했다. (hard, get)

She worked _____ a promotion.

정답 p.345

Track 24

Listen & Speak

Riding a bicycle is **easier than** driving.
자전거를 타는 것은 운전하는 것보다 더 쉽다.

Riding a bicycle is **the easiest way** to get to the campus.
자전거를 타는 것은 학교에 가는 가장 쉬운 방법이다.

형용사와 부사의 변신은 무죄?! 형용사 easy에 꼬리를 더해 'easier'라고 말하면 '더 쉬운', 'easiest'라고 말하면 '가장 쉬운'이라는 표현이 됩니다. 이렇게 형용사와 부사의 비교급과 최상급을 자유자재로 말할 수 있다면 영어 표현력이 훨씬 더 풍부해지겠지요. 자, 이제 비교급과 최상급을 표현하는 방법을 배우고 연습해 볼까요?

비교급과 최상급 말하기	
~보다 더 -한/-하게 [비교급]	'~보다 더 -한/-하게'를 말할 때에는 [형용사/부사의 비교급 + than ~]으로 말합니다. He is **smarter than** his older brother. 그는 그의 형보다 더 똑똑하다. He runs **faster than** her. 그는 그녀보다 더 빨리 달린다.
가장 ~한/~하게 [최상급]	'가장 ~한'을 말할 때에는 [the + 형용사의 최상급]으로 말하고, '가장 ~하게'를 말할 때에는 [부사의 최상급]으로 말합니다. He is **the smartest** in his class. 그는 그의 반에서 가장 똑똑하다. He runs **fastest** in his class. 그는 그의 반에서 가장 빨리 달린다. ＊부사의 최상급을 말할 때에는 the를 생략할 수 있습니다.

'훨씬 더'라는 의미로 강조하고 싶을 때에는 비교급 앞에 much, far, even, still, a lot 등을 붙여서 말해 줍니다.
(very를 붙여서 말하면 안 돼요. 실수하지 마세요!)

ex) 그는 그녀보다 훨씬 더 빨리 달린다. → He runs **much faster than** her.

Check-up

Track 25

초록색으로 주어진 우리말 표현에 유의하여 주어진 단어를 알맞게 바꾸어 말해 보세요.

1. 그녀의 에세이는 그의 에세이보다 더 짧다. (short)

   Her essay is _____ than his essay.

2. 그는 농구팀에서 키가 제일 큰 선수이다. (tall)

   He is _____ player on the basketball team.

3. 도넛들은 평소보다 더 달다. (sweet)

   The doughnuts are _____ than usual.

4. 철학은 보고서를 쓰기에 가장 어려운 주제이다. (hard)

   Philosophy is _____ subject to write a report on.

5. 기말고사 기간에, 나의 공부량은 평소보다 더 빡빡하다. (heavy)

   During final exams, my workload is _____ than normal.

6. 그는 책상에 놓기 위해 가능한 가장 밝은 램프를 사고 싶어 한다. (bright)

   He wants to buy _____ lamp possible for his desk.

7. 우리가 만났을 때, 나는 그녀가 실제로 더 좋은 사람이라는 것을 알게 되었다. (nice)

   When we met, I realized that she was _____ in person.

8. 나의 룸메이트는 내가 참을 수 있는 것보다 훨씬 더 시끄럽게 음악을 튼다. (loud)

   My roommate plays music _____ than I can handle.

9. 그는 셔츠의 색깔이 남색보다 더 밝기를 원한다. (light)

   He wants the color of the shirt to be _____ than navy.

10. 넥타이는 더 길어야 한다. (long)

    The tie should be _____.

정답 p.345

Daily Test

Track 26

Q 초록색으로 주어진 우리말 표현을 영어로 바꾸어 문장을 말해 보세요.

01 그녀는 너무 피곤해서 한 발짝도 더 걸을 수 없다.

She is _____ take another step.

02 나는 집 주변에 있는 좋은 음식점 몇 군데를 가봤다.

I have been to _____ around my neighborhood.

03 그 영화는 그가 생각했던 것보다 더 길다.

The movie is _____ he thought.

04 그는 그가 기숙사에서 제일 나이가 많은 학생이라고 생각한다.

He thinks that _____ in the dormitory.

05 방학 동안에는 도서관에 학생들이 거의 없다.

There are _____ during the vacation.

06 새로운 강당은 10,000명의 학생을 수용할 만큼 충분히 크다.

The new hall _____ hold 10,000 students.

07 나는 노인들이 젊은 사람들보다 느리지만, 훨씬 더 지혜롭다고 생각한다.

I think old people _____ young people.

08 남자는 그녀에게 몇 가지 질문을 하길 원한다.

The man wants to _____.

09 그녀는 사치품을 살 돈이 거의 없다.

She has _____ on luxuries.

10 나이아가라 폭포는 내가 방문해 본 곳 중 가장 아름다운 곳이다.

Niagara Falls _____ I have visited.

Q 간단한 질문과 그에 대한 짧은 답변이 이어집니다. 우리말 답변을 영어로 바꾸어 말해 보세요.

11 Who is your most memorable teacher and why?

다른 선생님들보다 훨씬 더 친절하셨기 때문에, 나의 1학년 때 선생님이 인상적이었다.

🎤 _____ .

    * 1학년 first grade   * 인상적인 memorable

12 What do you plan to do after you graduate?

나는 부모님 댁에서 몇 주 동안 쉴 것이다.

🎤 _____ .

    * 몇 주 동안 for a few weeks   * ~에서 쉬다 rest at

13 What transportation do you prefer when traveling long distances?

여행하기에 가장 빠른 방법이기 때문에, 나는 비행기를 선호한다.

🎤 _____ .

    * 방법 way

14 What is a food that is popular in your country?

불고기는 가장 유명한 한국 음식이다.

🎤 _____ .

    * 유명한 famous

15 What is the most memorable city you have been to?

도시가 매우 깨끗했기 때문에, 싱가포르가 꽤 인상적이었다.

🎤 _____ .

    * 싱가포르 Singapore

정답 p.346

Day 5

주어를 뒤로 보내자!

구구절절, 자세한 이야기는 뒤에서 하는 영어의 성질! 이로 인해, '~가 있다'라는 말을 할 때, 또는 주어가 길 때에는 주어의 역할을 하는 말들을 문장의 뒤에서 말해야 합니다. 이와 같이 우리에게는 익숙하지 않아 많은 연습이 필요한 구문을 이곳에서 익혀 봅시다.

긴 주어 대신 앞에 선 가짜 주어 it!

Listen & Speak

It is good **to have a happy family**.
행복한 가족이 있다는 것은 좋은 것이다.

It doesn't matter **how rich you are**.
당신이 얼마나 부자인지는 중요하지 않다.

우리말은 긴 머리를 좋아하지만 영어는 긴 꼬리를 좋아합니다. 무슨 말이냐고요? '행복한 가족이 있다는 것은 좋은 것이다.'에서 보듯이 우리말에서는 긴 주어를 써도 아무런 문제가 없지요. 하지만 영어로 말할 때에는 긴 주어를 뒤로 보내버리고 'It is good to have a happy family.'라고 가짜 주어를 먼저 말해준답니다. 자, 이제 긴 진짜 주어를 뒤로 보내고 가짜 주어 'it'을 사용하여 말하는 법을 배우고 연습해 볼까요?

가주어 it 구문 말하기

'< >은 ~하다'는 [It + 동사 + < >]로 말합니다. 이때 < >은 to 부정사구나 that절입니다.

To show IDs is mandatory.
➔ **It** is mandatory **to show IDs.**
신분증을 보여주는 것은 의무적이다.

That students show their IDs is mandatory.
➔ **It** is mandatory **that students show their IDs.**
학생들이 그들의 신분증을 보여주는 것은 의무적이다.

< >은 ~하다

How high your grade is doesn't matter.
➔ **It** doesn't matter **how high your grade is.**
너의 성적이 얼마나 높은지는 중요하지 않다.

의미상 주어를 말할 때에는 [for ~]로 말합니다.

For students to show their IDs is mandatory.
➔ **It** is mandatory **for students to show their IDs.**
학생들이 그들의 신분증을 보여주는 것은 의무적이다.

---

tip

목적어가 길 경우(to 부정사구, that절)에도 그 자리에 it을 남기고 목적어를 뒤로 보냅니다. 주로 make, think, find 등의 동사를 말할 때 해당됩니다.

ex) The school made **it** mandatory **to show IDs.** 학교는 신분증을 보여주는 것을 의무적으로 만들었다.

Track 28

🎧 초록색으로 주어진 우리말 표현에 유의하여 주어진 단어를 이용해 문장을 말해 보세요.

1. 그녀가 언제 올 것인지는 불확실하다. (uncertain)

   _____ when she will come.

2. 하루의 마지막에 음악을 듣는 것은 긴장을 풀어준다. (relaxing)

   _____ to listen to music at the end of the day.

3. 일곱 과목을 한 학기에 듣는 것은 힘들다. (difficult)

   _____ to take seven courses in a single semester.

4. 그가 가방을 잃어버렸다는 것은 불행한 일이다. (unfortunate)

   _____ that he lost his bag.

5. 첫 주에 그렇게 많은 학생들이 수업을 취소하는 것을 보는 것은 놀랍다. (surprising)

   _____ to see so many students drop classes in the first week.

6. 그녀가 시험에 통과했다는 것은 믿을 수 없다. (unbelievable)

   _____ that she passed the exam.

7. 그들이 결혼을 하는 것은 좋은 일이다. (nice)

   _____ that they are getting married.

8. 집안일을 하는 것은 지친다. (tiring)

   _____ to do housework.

정답 p.347

있을 때나 없을 때나 There is, There are ~

Track 29

Listen & Speak

There is a computer lab. 컴퓨터실이 있다.

There is no computer lab. 컴퓨터실이 없다.

영어로 '컴퓨터실이 있다.'라는 말을 할 때, 'A computer lab exists(있다, 존재하다).'라고 말해 본 경험이 누구나 한 번쯤은 있을 겁니다. 한국말의 단어를 그대로 영어로 옮겨 말하는 데에서 생기는 실수이죠. 사실, 더 쉽고 간단하게 이 말을 표현할 수 있는 방법이 있답니다. 바로 There is를 이용해서 'There is a computer lab.'이라고 말해 주는 것이죠. 자, 이제 There is, There are를 사용하여 '~가 있다'라는 말을 표현하는 법을 배우고 연습해 볼까요?

There is, There are 구문 말하기	
~가 있다	'~가 있다'는 [There + be동사 + ~]의 구조로 말합니다. 이때, 동사의 수에 유의해서 말해야 합니다. **There is a reason** for it. 그것에 관한 한 가지 이유가 있다. **There are two reasons** for it. 그것에 관한 두 가지 이유가 있다. **There are several reasons** for it. 그것에 관한 몇 가지 이유가 있다.
~가 없다	'~가 없다'는 [There + be동사 + no ~]의 구조로 말합니다. **There is no reason** for it. 그것에 관한 이유가 없다. **There are no seats** in the classroom. 교실에 자리가 없다.

tip

[There + be동사] 다음에는 부정명사로 말해야 합니다. 즉, a/some/many/no/one/two/three + 명사 등을 써 줍니다. 일반적으로 the로 한정되는 명사는 쓰지 않습니다.

ex) There is **the classroom**. (×) → There is **a classroom**. (○)

Track 30

초록색으로 주어진 우리말 표현을 영어로 바꾸어 문장을 말해 보세요.

1　도서관에는 그녀가 필요한 책이 한 권 있다.

_____ she needs in the library.

2　도서관에는 그녀가 필요한 책이 몇 권 있다.

_____ she needs in the library.

3　도서관에는 그녀가 필요한 책이 없다.

_____ she needs in the library.

4　기숙사에는 빈 방이 하나 있다.

_____ in the dormitory.

5　기숙사에는 빈 방이 몇 개 있다.

_____ in the dormitory.

6　기숙사에는 빈 방이 없다.

_____ in the dormitory.

7　책상 위에 검은색 노트북 컴퓨터 한 대가 있다.

_____ on the desk.

8　책상 위에 검은색 노트북 컴퓨터 두 대가 있다.

_____ on the desk.

9　책상 위에 검은색 노트북 컴퓨터가 없다.

_____ on the desk.

정답 p.347

Daily Test

 초록색으로 주어진 우리말 표현을 영어로 바꾸어 문장을 말해 보세요.

01 가족 구성원들이 우리의 삶에 가장 많은 영향을 준다는 것은 사실이다.

_____ family members affect us most in life.

02 내가 수업을 빠졌을 때 따라잡기는 힘들다.

_____ when I miss a class.

03 1층에는 전화기가 두 대 있다.

_____ on the first floor.

04 우리의 감정을 표현하는 것은 중요하다.

_____ our feelings.

05 그녀의 기숙사에는 각 방마다 욕실이 없다.

_____ in her dormitory.

06 늦은 밤에 혼자 거리를 걷는 것은 무섭다.

_____ the streets alone late at night.

07 내가 그곳에 도착했을 때 식당에는 아무도 없었다.

_____ when I got there.

08 학교에서 새로운 사람을 만나는 것은 흥미롭다.

_____ at school.

09 문 앞에서 두 사람이 기다리고 있다.

_____ in front of the door.

10 텔레비전에서 코미디 쇼를 보는 것은 재미있다.

_____ comedy shows on TV.

간단한 질문과 그에 대한 짧은 답변이 이어집니다. 우리말 답변을 영어로 바꾸어 말해 보세요.

11 Do you think the Internet is useful?

그렇다, 왜냐하면 인터넷에서 정보를 얻는 것은 쉽기 때문이다.

🎤 _____ .

* 인터넷 Internet   * 정보를 얻다 get information

12 Describe a room in your house.

나의 거실에는 소파와 탁자가 있다.

🎤 _____ .

* 거실 living room

13 Why do you prefer bringing your own meals from home?

직접 음식을 싸오는 것이 카페테리아에서 먹는 것보다 더 건강에 좋다.

🎤 _____ .

* 음식을 싸오다 bring one's own meals   * 카페테리아에서 먹다 eat in the cafeteria

14 Which country would you like to visit most and why?

역사적인 장소들이 많이 있기 때문에 나는 그리스를 방문하고 싶다.

🎤 _____ .

* 역사적인 장소 historic place   * 그리스 Greece

15 Do you think students should have part-time jobs?

그렇다, 나는 학생들이 근무 경험을 쌓는 것이 중요하다고 생각한다.

🎤 _____ .

* 근무 경험 work experience

정답 p.347

Day 6

세련된 영어를 말할 수 있게 해주는 접속사

책에 대해서 이야기할 때, 내가 읽은 책, 그가 쓴 책 등과 같이 더 자세하고 많은 정보를 함께 말할 수 있습니다. 이때, 영어로는 접속사의 도움으로 관계절을 만들어서 말할 수 있지요. 접속사를 사용한 절을 자유자재로 구사해 보는 것을 이곳에서 익혀 봅시다.

접속사의 힘 – A냐 B냐, 그것이 문제로다!

Track 32

Listen & Speak

His class requires **a test and an essay**.
그의 수업은 시험과 에세이를 요구한다.

Her class requires **a test or an essay**.
그녀의 수업은 시험 또는 에세이를 요구한다.

'시험과 에세이', '시험 또는 에세이'와 같은 내용을 말하는 것만큼 쉬운 것이 또 있을까요? and 또는 or 등의 접속사만 알고 있다면 'a test and an essay', 'a test or an essay'와 같이 자연스럽게 말할 수 있죠. 자, 이제 이러한 접속사들을 배우고 연습해 볼까요?

등위/상관 접속사 말하기	
A와 B	'A와 B'는 [A and B]의 구조로 말합니다. **I enjoy swimming and running.** 나는 수영과 달리기를 즐긴다.
A 또는 B	'A 또는 B'는 [A or B]의 구조로 말합니다. **I run three or four miles a day.** 나는 하루에 3 또는 4 마일을 뛴다.
A와 B 모두	'A와 B 모두'는 [both A and B]의 구조로 말합니다. **She studies both French and Spanish.** 그녀는 프랑스어와 스페인어 모두 공부한다.
A 또는 B 둘 중 하나	'A 또는 B 둘 중 하나'는 [either A or B]의 구조로 말합니다. **You should study either French or Spanish.** 너는 프랑스어 또는 스페인어 둘 중 하나를 공부해야 한다.
A 뿐만 아니라 B도	'A 뿐만 아니라 B도'는 [not only A but also B]의 구조로 말합니다. **He is not only smart but also nice.** 그는 똑똑할 뿐만 아니라 친절하기도 하다.

tip

등위/상관 접속사로 연결된 [A]와 [B]의 품사는 통일시켜야 하며, 동등한 의미관계를 형성해야 합니다.
ex) smart and nicely (×) → **smart and nice** [품사의 통일]
　　swimming or sports (×) → **swimming and running** [동등한 의미관계]

Track 33

초록색으로 주어진 우리말 표현을 영어로 바꾸어 문장을 말해 보세요.

1. 내가 가장 좋아하는 취미는 독서와 자전거 타기이다.

   My favorite hobbies are reading _____ bicycling.

2. 그는 그녀에게 중국어 또는 일본어 수업에 등록하라고 제안한다.

   He suggests that she enroll in a Chinese _____ Japanese class.

3. 그녀는 소설과 시 모두에 관심이 있다.

   She is interested in _____ novels _____ poetry.

4. 교수는 그에게 발표 또는 보고서 둘 중 하나를 준비하라고 요구했다.

   The professor asked him to prepare _____ a presentation _____ a report.

5. 그 카페테리아의 음식은 맛있을 뿐만 아니라 저렴하기도 하다.

   The food at the cafeteria is _____ tasty _____ cheap.

6. 그녀 또는 나 둘 중 하나는 팀 프로젝트의 아웃라인을 만들어야 한다.

   _____ she _____ I have to make an outline for the team project.

7. 이번 학기에 그녀의 가장 힘든 과목은 물리와 미적분학이다.

   Her hardest subjects this semester are physics _____ calculus.

8. 아침 식사로, 나는 주로 시리얼 또는 버터 토스트를 먹는다.

   For breakfast, I usually have cereal _____ buttered toast.

9. 나는 겨울 방학 동안 프랑스와 이탈리아 모두 가볼 계획이다.

   I am planning to go to _____ France _____ Italy during my winter vacation.

10. 기숙사에 사는 것은 편리할 뿐만 아니라 싸기도 하다.

    Living in a dormitory is _____ convenient _____ cheap.

정답 p.348

접속사의 힘 – 긴 문장, 명사절로 다시 태어나다

Listen & Speak

The important thing is **that the experience was memorable.**
중요한 것은 그 경험이 인상적이었다는 것이다.

You will remember **who was with you.**
당신은 누가 당신과 함께 있었는지 기억할 것이다.

접속사만 있으면 문장 속 역할이 바뀐다?! '그 경험이 인상적이었다는 것'이라는 표현을 말하기 위해서는 '그 경험이 인상적이었다'라는 뜻의 'the experience was memorable'과 '~는 것'을 표현해 주는 접속사 that이 필요합니다. 자, 이제 접속사를 이용해서 명사절을 표현하는 법을 배우고 연습해 볼까요?

명사절 말하기	
-하는 것/ -하는지	'~하는 것'을 말할 때에는 [that + 주어 + 동사]의 구조로 말합니다. **She agrees that the gym should be open to locals.** 그녀는 체육관이 지역주민에게 개방되어야 한다는 것에 찬성한다. --- [누가/언제/무엇을/어디서/어떻게/왜 ~하는 것/~하는지]를 말할 때에는 [의문사(who/ when/what/where/how/why) + (주어) + 동사]의 구조로 말합니다. **She knows where the job fair is taking place.** 그녀는 어디서 취업 박람회가 열리는지 알고 있다. *종속절의 주어가 주절의 주어와 동일할 경우에는 [의문사(who/when/what/where/how/why) + to 부정사]로 간단하게 말하기도 합니다. I have to decide what I will do. → I have to decide **what to do.** 나는 무엇을 할지 결정해야 한다.

tip

what과 who를 명사절의 주어 역할로 쓰게 되면, 바로 뒤에 동사를 말합니다.

ex) The student knows **who will give the speech.**

'~하는 것'이라는 명사절을 말할 때에는 what과 that을 둘 다 사용할 수 있지만, what의 경우에는 그 자체가 '것'이라는 명사 기능을 할 수 있기 때문에 what 다음에는 주어나 목적어, 보어 중 하나가 빠진 불완전한 문장을 말해야 합니다. 반면, that은 접속사 역할만을 하기 때문에 that 다음에는 완전한 문장을 말해야 합니다.

ex) He knows what **she did last semester.** → 목적어가 빠진 불완전한 문장

The important thing is that **the experience was memorable.** → 완전한 문장

Track 35

🎧 초록색으로 주어진 우리말 표현을 영어로 바꾸어 문장을 말해 보세요.

1. 그는 왜 그가 그렇게 낮은 성적을 받았는지 이해하지 못한다.

   He does not understand _____ received such a low grade.

2. 그녀는 어디서 세미나가 개최되는지 잊어버렸다.

   She forgot _____ will be held.

3. 남자는 언제 수업이 시작하는지 확인해야 한다.

   The man has to check _____ will begin.

4. 학생들은 누가 새로운 학장이 될지 궁금해한다.

   The students are wondering _____ will be.

5. 학교에 셔틀버스가 있는 것은 이점이다.

   _____ the campus has a shuttle is a plus.

6. 그녀는 면접을 위해 무엇을 입을지 고려 중이다.

   She is considering _____ for the interview.

7. 그녀와 그녀의 친구는 어디서 저녁을 먹을지 결정하지 못했다.

   She and her friend have not decided _____.

8. 그는 언제가 등록 마지막 날인지 알고 싶어 한다.

   He wants to know _____ of enrollment is.

9. 여자는 다음 학기에 어떻게 등록금을 낼지 걱정한다.

   The woman is worried about _____ her tuition next semester.

10. 그녀는 보고서가 내일까지 마감이라는 것을 몰랐다.

    She did not know _____ the report was due tomorrow.

정답 p.349

Track 36

Listen & Speak

He is **the man who wrote the book.**
그는 그 책을 쓴 남자이다.

She wrote a report on **the book which she read.**
그녀는 그녀가 읽은 책에 관한 보고서를 썼다.

중요한 것을 먼저 말하고 부가적인 정보를 뒤에 말하는 영어의 성질, 기억하고 있겠지요? '그 책을 쓴 남자'라고 말하고 싶을 때에는 '남자(the man)'를 먼저 말하고 '그 책을 썼다(wrote the book)'를 뒤에서 말해 줍니다. 이때 이 둘 사이를 관계대명사 who로 연결해주지요. 자, 이제 다양한 형용사절을 자유롭게 쓸 수 있는 법을 배우고 연습해 볼까요?

형용사절 말하기

'~하는 –'을 말할 때에는 [명사 + 관계대명사 + (주어) + 동사] 또는 [명사 + 관계부사 + 주어 + 동사]의 구조로 말합니다. 관계대명사에는 who, whom, whose, which, that이 있고, 관계부사에는 when, where, why, how가 있습니다.

He is talking about **the woman who he met** yesterday.
그는 그가 어제 만난 여자에 대해서 말하고 있다.

~하는 –

Mobile phones which were once expensive are now cheap.
한때 비쌌던 휴대폰이 지금은 저렴하다.

I like going to **parks where I can relax.**
나는 내가 쉴 수 있는 공원에 가는 것을 좋아한다.

* 관계대명사 다음에는 주어나 목적어가 빠진 불완전한 절이 오고, 관계부사 다음에는 완전한 절이 옵니다.

tip

목적격 관계대명사와 관계부사는 생략해서 말할 수도 있습니다!

ex) He is taking **the class that she recommended.** → He is taking **the class she recommended.**
She explains **the reason why she left early.** → She explains **the reason she left early.**

Track 37

관계대명사와 관계부사를 이용하여 초록색으로 주어진 우리말 표현을 영어로 바꾸어 문장을 말해 보세요.

1 그는 작년에 사회학을 가르친 교수이다.

He is _____ sociology last year.

2 나는 베스트셀러가 된 책을 읽었다.

I read _____ a best seller.

3 그녀는 중고책을 파는 서점을 자주 방문한다.

She often visits _____ used books.

4 나는 좋은 서점을 가지고 있는 쇼핑몰에 가는 것을 좋아한다.

I love going to _____ a great bookstore.

5 그는 그의 할머니를 다시 보게 될 날을 고대한다.

He looks forward to _____ his grandmother again.

6 그녀는 전화한 사람을 만나러 갈 것이다.

She is going to meet _____ .

7 남자는 현대적인 시설을 가지고 있는 기숙사로 옮겼다.

The man moved into _____ modern facilities.

8 나는 아름다운 풍경을 가지고 있는 공원에서 산책하는 것을 좋아한다.

I like taking a walk in _____ beautiful scenery.

정답 p.349

접속사의 힘 - 긴 문장, 부사절로 다시 태어나다

Listen & Speak

He got good grades **because he studied hard.**
열심히 공부했기 때문에 그는 좋은 성적을 받았다.

Although she studied hard, she didn't get good grades.
비록 열심히 공부했지만, 그녀는 좋은 성적을 받지 못했다.

다양한 부사절을 이용하여 주절의 의미를 보완하고 수식해주는 내용을 말할 수 있습니다. '그는 열심히 공부했기 때문에'를 영어로 말해 본다면, '그는 열심히 공부했다'라는 뜻의 'he studied hard' 앞에 '~하기 때문에'라는 뜻의 접속사 because를 붙여 표현할 수 있습니다. 자, 이제 여러 가지 내용을 전달할 때 유용하게 쓸 수 있는 부사절에 대해 배우고 연습해 볼까요?

부사절 말하기	
~하기 때문에	'~하기 때문에'는 [because/since + 주어 + 동사]의 구조로 말합니다. **I had to study at the dorm because the library was closed.** 도서관이 문을 닫았기 때문에 나는 기숙사에서 공부해야 했다.
비록 ~지만	'비록 ~지만'은 [although + 주어 + 동사]의 구조로 말합니다. **Although I finished the report,** I still have a test to study for. 비록 보고서는 끝냈지만, 나는 아직 공부해야 할 시험이 있다.
만일 ~라면	'만일 ~라면'은 [if + 주어 + 동사]의 구조로 말합니다. **If he gets the scholarship,** his parents will be proud of him. 만일 그가 장학금을 탄다면, 그의 부모는 그를 자랑스러워 할 것이다.
~할 때/~할 때마다	'~할 때/~할 때마다'는 [when/whenever + 주어 + 동사]의 구조로 말합니다. He couldn't study **when his roommate was home.** 그의 룸메이트가 집에 있었을 때 그는 공부할 수 없었다. **Whenever he watches TV,** his brother plays loud music. 그가 텔레비전을 볼 때마다, 그의 남동생은 시끄러운 음악을 튼다.

Track 39

🎧 초록색으로 주어진 우리말 표현을 영어로 바꾸어 문장을 말해 보세요.

1️⃣ 그는 그의 자전거에서 떨어졌기 때문에 수업에 결석했다.

He was absent from class _____ his bicycle.

2️⃣ 비록 그녀는 그 책을 빌렸지만, 그것을 읽을 기회가 없었다.

_____ the book, she did not get to read it.

3️⃣ 만약 그녀가 시험에 떨어지면, 그녀는 시험을 다시 쳐야 할 것이다.

_____ the test, she will have to take it again.

4️⃣ 주차장이 만원이었기 때문에, 그는 학교 밖에 주차했다.

_____ was full, he parked off campus.

5️⃣ 시험을 볼 때마다, 그녀는 긴장한다.

_____ a test, she gets nervous.

6️⃣ 그가 발표를 마쳤을 때, 한 학생이 질문을 했다.

_____ the presentation, a student asked a question.

7️⃣ 그녀는 수업을 이해할 수 없었기 때문에 좌절했다.

She was frustrated _____ the lesson.

8️⃣ 비록 기숙사는 조용하지만, 그는 잠을 자는 데 어려움이 있다.

_____ is quiet, he has a hard time sleeping.

정답 p.349

Daily Test

Track 40

 Q 초록색으로 주어진 우리말 표현을 영어로 바꾸어 문장을 말해 보세요.

01 그녀는 그가 말한 것에 동의하지 않았다.
She didn't agree with _____.

02 여자는 보충 시험을 금요일 또는 토요일 둘 중 하나에 볼 것이다.
The woman will take a make-up test on _____.

03 그는 교수님께 그가 왜 시험을 놓쳤는지 설명해야 한다.
He should explain to the professor _____.

04 그는 용돈이 충분하지 않기 때문에 아르바이트를 구했다.
He got a part-time job _____.

05 비록 남자는 그녀를 오랫동안 기다렸지만, 그녀는 나타나지 않았다.
_____, she didn't show up.

06 내가 그를 방문할 때마다, 나는 그가 독서하고 있는 것을 발견한다.
_____, I find him reading.

07 새로운 건물은 컴퓨터실뿐만 아니라, 강의실도 가지고 있다.
The new building has _____.

08 그녀는 교수님이 언제 그녀의 시험지를 돌려줄 것인지 알고 싶어 한다.
She wants to know _____.

09 그녀의 다리가 부러졌기 때문에, 그녀는 몇 달 동안 침대에 있어야 한다.
_____, she has to stay in bed for months.

10 나는 영화를 보는 것과 책을 읽는 것 모두 좋아한다.
I like _____.

140 토플 인강·말하기 연습 프로그램 HackersIngang.com

Q 간단한 질문과 그에 대한 답변이 이어집니다. 우리말 답변을 영어로 바꾸어 말해 보세요.

11 What is a habit you find hard to break?

나는 너무 늦게 잠들고 피곤한 채로 일어난다.

🎤 _____ .

* 일어나다 wake up

12 What place do you enjoy going to relax?

나는 비디오 게임을 하며 쉴 수 있는 인터넷 카페에 가는 것을 즐긴다.

🎤 _____ .

* 비디오 게임을 하다 play video games   * 쉬다 relax

13 What are you going to do during the summer?

나는 여행을 가는 것과 인턴으로 일하는 것 둘 중 하나를 할 것이다.

🎤 _____ .

* 여행을 가다 go on a trip   * 인턴으로 일하다 work as an intern

14 What are your reasons for getting a higher education?

나의 주된 이유는 심리학에 관심이 있기 때문이다.

🎤 _____ .

* 주된 이유 main reason   * 심리학 psychology

15 Describe your hometown.

나의 고향은 한국에서 최고의 사과가 자라는 곳이다.

🎤 _____ .

* 고향 hometown   * 자라다 grow

정답 p.350

3rd

Week

스피킹을 위한 표현 익히기

3주 <스피킹을 위한 표현 익히기>에서는 토플 스피킹 시험에서 답변할 때 적재적소에 응용할 수 있는 표현들을 배운다. 토플 스피킹 유형별 표현과 시험에 자주 등장하는 주제별 표현을 학습하여 토플 스피킹에 대비해 보자.

Day 1

유형별 표현 1: 의견, 이유, 문제점, 제안 말하기

'나는 그의 의견에 찬성한다.'와 같은 의견을 전달하는 것은 말하기의 핵심적인 능력입니다. 의견을 말할 때 쓸 수 있는 표현들과 더불어 의견을 뒷받침하기 위한 이유, 특정 상황의 문제점, 그리고 그에 대한 제안을 말할 때 유용하게 응용할 수 있는 표현들을 배워 봅시다.

자신 있게 의견 말하기

Track 1

▶ 의견을 말할 때 쓸 수 있는 표현

01 **~라고 생각한다**
주어 **think [believe, feel] that** ~

남자는 교내에 새로운 공원을 만드는 것이 좋은 아이디어라고 생각한다.
The man **thinks that** a new park on campus is a great idea.

02 **내 생각에는**
In my opinion

내 생각에는, 여자가 그 문제를 그녀의 교수와 논의해야 한다.
In my opinion, the woman should discuss the matter with her professor.

03 **~에 찬성한다**
주어 **agree with** 명사(구) / 주어 **agree that** ~

학생은 그 편지를 쓴 사람에 찬성한다.
The student **agrees with** the letter's author.

나는 대학이 더 많은 기금을 조성해야 한다는 것에 찬성한다.
I **agree that** the university should raise more funds.

04 **~에 반대한다**
주어 **disagree with** 명사(구) / 주어 **disagree that** ~

여자는 학교의 결정에 반대한다.
The woman **disagrees with** the school's decision.

학생은 1학년들이 기숙사에 살아야 한다는 것에 반대한다.
The student **disagrees that** freshmen should live in a dorm.

05 **~라는 의견을 좋아한다**
주어 **like the idea of** ~

나는 도서관을 수리한다는 의견을 좋아한다.
I **like the idea of** renovating the library.

06 그 계획[정책]이 좋은 아이디어라고 생각한다(생각하지 않는다)

주어 **(don't) think the plan [policy] is a good idea**

여자는 그 계획이 좋은 아이디어라고 생각한다.
The woman **thinks the plan is a good idea**.

학생은 그 정책이 좋은 아이디어라고 생각하지 않는다.
The student **doesn't think the policy is a good idea**.

▶ 선호를 말할 때 쓸 수 있는 표현

07 B보다 A를 선호한다

주어 **prefer A to [over] B**

나는 데스크톱 컴퓨터보다 노트북 컴퓨터를 선호한다.
I **prefer** a laptop **to** a desktop.

08 −하는 것보다 ~하는 것을 선호한다

주어 **prefer [like] to ~ rather than to −**

그는 운전하는 것보다 버스 타는 것을 선호한다.
He **prefers to** take the bus **rather than to** drive.

＊버스를 타다 take the bus

09 −하는 것보다 ~이 낫다

It is better to ~ than to −

자신의 음식을 준비하는 것보다 외식하는 것이 낫다.
It is better to eat out **than to** prepare your own meals.

10 A가 B보다 낫다

A is better than B

대도시에 사는 것이 작은 마을에 사는 것보다 낫다.
Living in a big city **is better than** living in a small town.

Track 2

초록색으로 주어진 우리말 표현을 영어로 바꾸어 말해 보세요.

1. 학생은 신문사에서 일하는 의견을 좋아한다.

   The student _____ of working for a newspaper.

2. 나는 음악을 듣는 것보다 책을 읽는 것을 선호한다.

   I _____ read a book _____ listen to music.

3. 책에서 사실들을 찾아 보는 것보다 인터넷을 사용하는 것이 낫다.

   _____ look up facts in books.

   ＊인터넷을 사용하다 use the Internet

4. 2학년들은 그 계획이 좋은 아이디어라고 생각하지 않는다.

   Sophomores _____.

5. 나는 패스트푸드보다 집에서 만든 음식을 선호한다.

   I _____ home-cooked food _____ fast food.

6 그녀는 학생들이 아르바이트를 해서는 안 된다는 것에 반대한다.

She _____ students should not do part-time work.

7 나는 교환학생 프로그램이 도움이 된다고 생각한다.

_____ the exchange student program is helpful.

8 나는 캠퍼스가 모든 방문객들에게 개방되어야 한다는 것에 찬성한다.

I _____ the campus should be open to all visitors.

9 내 생각에는, 대학은 더 큰 강당이 필요하다.

_____, the university needs a bigger auditorium.

10 기숙사에서 사는 것이 캠퍼스 밖에서 사는 것보다 낫다.

Living in the dormitory _____ living off campus.

정답 p.351

조목조목 이유 말하기

Track 3

> ▶ 이유를 말할 때 쓸 수 있는 표현

01 ~이기 때문에, ~이므로
Because [Since] ~

많은 스키 리조트를 가지고 있기 때문에 스위스는 멋지다.
Switzerland is nice **because** it has many ski resorts.

그 수업이 너무 어려우므로, 그는 바꾸어야 한다.
Since the class is too hard, he should switch.

02 ~하는 데에는 몇 가지 이유가 있다
There are several reasons why ~

내가 혼자 공부하는 것을 선호하는 데에는 몇 가지 이유가 있다.
There are several reasons why I prefer studying alone.

03 몇 가지 이유로
For several reasons

교수는 몇 가지 이유로 시험을 연기했다.
The professor postponed the exam **for several reasons**.
＊연기하다 postpone

04 그것은 ~ 때문이다
That's because ~

그 여자는 지쳤다. 그것은 그녀가 어젯밤에 늦게까지 공부했기 때문이다.
The woman is tired. **That's because** she studied until late last night.

05 그 이유는 ~ 때문이다
The reason is that ~

그 이유는 그가 그녀에게 수학을 가르쳐 줄 수 있기 때문이다.
The reason is that he can teach her math.
＊수학 math

3rd Week

Day 1

Day 2

Day 3

Day 4

Day 5

Day 6

Hackers **TOEFL** Speaking Basic

▶ 여러 개의 이유를 열거할 때 쓸 수 있는 표현

06 **한 가지 [또 다른] 이유는 ~ 때문이다**
One [Another] reason is that ~

한 가지 이유는 그것이 나를 행복하게 만들기 때문이다.
One reason is that it makes me happy.

07 **첫 번째 [두 번째] 이유는 ~ 때문이다**
The first [second] reason is that ~

첫 번째 이유는 그녀가 제시간에 에세이를 제출해야 하기 때문이다.
The first reason is that she has to turn in her essay on time.

두 번째 이유는 내가 돈을 조금 절약할 수 있기 때문이다.
The second reason is that I can save some money.

08 **첫째로 [또한] ~라고 말한다**
주어 first [also] say that ~

여자는 첫째로 남자가 개인 교사를 구해야 한다고 말한다.
The woman **first says that** the man should get a tutor.

그는 또한 그가 주말에 일해야만 할 것이라고 말한다.
He **also says that** he will have to work on weekends.

09 **첫째로 [무엇보다도]**
First [First of all]

첫째로, 자동차들은 삶을 더 쉽게 만든다.
First, cars make life easier.

10 **둘째로**
Second

둘째로, 개별 지도 서비스는 비용이 많이 들 것이다.
Second, the tutoring service will cost a lot.

Track 4

🎧 초록색으로 주어진 우리말 표현을 영어로 바꾸어 말해 보세요.

1 첫째로, 새로운 도서관을 짓는 것은 등록금 인상을 야기할 것이다.

      _____, building the new library will cause an increase in tuition.

2 그 과목은 수요가 높기 때문에, 두 개의 수업이 개설될 것이다.

      _____ the course is in high demand, two classes will be opened.

3 또 다른 이유는 내가 저녁에 공부할 시간이 없기 때문이다.

      _____ I have no time to study in the evenings.

4 그 학생은 결석했다. 그것은 그가 독감에 걸렸기 때문이다.

The student is absent. _____ he caught the flu.

5 내가 기숙사에서 나가려고 하는 데에는 몇 가지 이유가 있다.

_____ I am going to move out of the
dormitory.

3rd Week

Day 1

Day 2

Day 3

Day 4

Day 5

Day 6

Hackers **TOEFL** Speaking Basic

6 둘째로, 식당에서 외식하는 것은 많은 돈이 든다.

_____ , eating out in restaurants costs a lot of money.

7 그는 첫째로 공부에 집중하는 것이 중요하다고 말한다.

He _____ it is important to focus on studying.

8 그 이유는 지하철이 훨씬 더 빠르기 때문이다.

_____ the subway is much faster.

9 첫 번째 이유는 내가 지난주에 사회학 수업을 빠졌기 때문이다.

_____ I missed the sociology class last week.

10 나는 몇 가지 이유로 교환학생 프로그램에 지원했다.

I applied to the student exchange program _____ .

정답 p.351

Track 5

> ▶ 문제점을 말할 때 쓸 수 있는 표현

01 −의 문제는 ~이다

One's problem is that ~

그의 문제는 그의 룸메이트가 항상 시끄럽다는 것이다.
His problem is that his roommate is always loud.

＊시끄러운 loud

02 ~하는 데 문제가 있다

주어 **have a problem ~ing**

학생은 수업에 등록하는 데 문제가 있다.
The student **has a problem** register**ing** for classes.

＊수업에 등록하다 register for classes

03 ~ 때문에 곤란하다

주어 **is in trouble because ~**

그는 중간고사에서 낙제한 것 때문에 곤란하다.
The man **is in trouble because** he failed his midterm exam.

＊낙제하다 fail

04 ~하는 데 어려움이 있다

주어 **have a hard time ~ing**

나는 시끄러운 카페에서 집중하는 데 어려움이 있다.
I **have a hard time** concentrat**ing** in noisy cafés.

＊집중하다 concentrate

05 ~를 하고 싶어 하지만, −한다

주어 **want to ~, but −**

그녀는 여행을 가고 싶어 하지만, 일해야만 한다.
She **wants to** go on a trip, **but** she has to work.

＊여행을 가다 go on a trip

3rd Week

Day 1

Day 2

Day 3

Day 4

Day 5

Day 6

Hackers TOEFL Speaking Basic

▶ 제안을 말할 때 쓸 수 있는 표현

06 **(또한) ~를 제안한다**

주어 **(also) suggest ~ing**

그는 반 친구의 교과서를 빌리는 것을 제안한다.
He **suggests** borrow**ing** a classmate's textbook.

그는 또한 새로운 교과서를 사는 것을 제안한다.
He **also suggests** buy**ing** a new textbook.

07 **(그런 후) ~하라고 제안한다**

(Then) 주어 **suggest that ~**

그녀는 그에게 의사에게 가보라고 제안한다.
She **suggests that** he go to the doctor.

그런 후, 그녀는 그에게 지하철을 타라고 제안한다.
Then, she **suggests that** he take the subway.

08 **(또한) ~에게 −하라고 조언한다**

주어 **(also) advise ~ to −**

그의 지도 교사는 그에게 작문 수업을 들으라고 조언한다.
His tutor **advises** him **to** take a writing course.

그는 또한 그에게 매일 무언가를 써보라고 조언한다.
He **also advises** him **to** write something every day.

09 **−의 첫 번째 [두 번째] 제안은 ~하라는 것이다**

One's first [second] suggestion is to ~

그녀의 첫 번째 제안은 따뜻한 차를 마시라는 것이다.
Her first suggestion is to drink hot tea.

그녀의 두 번째 제안은 휴식을 취하라는 것이다.
Her second suggestion is to take a rest.

＊휴식을 취하다 take a rest

Track 6

🎧 초록색으로 주어진 우리말 표현을 영어로 바꾸어 말해 보세요.

1 나는 아침에 일어나는 데 어려움이 있다.

I _____ in the morning.

* 일어나다 get up

2 나는 매일 한 챕터씩 복습하는 것을 제안한다.

I _____ a chapter every day.

* 복습하다 review

3 그의 첫 번째 제안은 다른 선택 과목을 수강하라는 것이다.

_____ take a different elective.

4 학생은 그의 과제를 하지 않은 것 때문에 곤란하다.

The student _____ he didn't do his assignment.

5 그는 인터넷에 접속하는 데 문제가 있다.

He _____ online.

* 인터넷에 접속하다 get online

3rd Week

Day 1

Day 2

Day 3

Day 4

Day 5

Day 6

Hackers **TOEFL** Speaking Basic

6 그녀의 문제는 그녀가 신분증을 집에 두고 왔다는 것이다.

_____ she left her ID card at home.

7 그는 그녀에게 온라인 수업을 들어보라고 제안한다.

_____ she take online courses.

8 그는 파티에 참석하고 싶지만, 시험 공부를 해야 한다.

He _____, _____ study for the exam.

＊파티에 참석하다 attend the party

9 그녀는 그에게 학교에 일찍 오라고 조언한다.

_____ to come to school early.

10 교수는 수업 시간에 집중할 것을 제안한다.

_____ in the class.

＊집중하다 focus

정답 p.352

Daily Test

Track 7

Q 다음 우리말을 보고 영어로 말해 보세요.

01 둘째로 / 클럽에 가입하는 것은 / 돕는다 / 내가 좀 더 사교적일 수 있도록

_____.

＊클럽에 가입하다 join a club   ＊사교적인 sociable

02 학생은 결석했으므로 / 그의 발표는 / 연기될 것이다

_____.

＊결석하다 be absent   ＊연기되다 be postponed

03 첫째로 / 아르바이트는 / 가르쳐준다 / 책임감을

_____.

＊아르바이트 part-time job   ＊책임감 responsibility

04 교수는 화가 났다 / 그것은 / 때문이다 / 아무도 읽기를 하지 않았기

_____.

＊읽기를 하다 do the readings

05 몇 가지 이유가 있다 / 그가 가입한 데에는 / 스포츠 클럽에

_____.

＊가입하다 join   ＊스포츠 클럽 sports club

06 대학은 바꿀 것이다 / 교육과정을 / 그것이 너무 오래되었기 때문에

_____.

＊교육과정 curriculum

07 나는 반대한다 / 그 남자의 연설에

    .

＊연설 speech

08 그는 찬성한다 / 대학이 제공해야 한다는 것에 / 무선 인터넷을

    .

＊제공하다 provide　　＊무선 인터넷 wireless Internet

09 나는 선호한다 / 집에서 먹는 것을 / 식당에서 식사를 하는 것보다

    .

＊~에서 식사하다 dine in

10 학생은 생각한다 / 대학이 낮춰야 한다고 / 등록금을

    .

＊낮추다 reduce　　＊등록금 tuition

11 그는 제안한다 / 그녀에게 신청하라고 / 학자금 대출을

    .

＊~을 신청하다 apply for　　＊학자금 대출 college loan

12 그 이유는 / 때문이다 / 내가 경험할 수 있기 / 다른 문화들을

    .

＊경험하다 experience

정답 p.352

Day 2

유형별 표현 2: 토픽, 인용, 예시, 세부사항 말하기

'이 강의의 토픽은 무엇이다', 또는 '교수는 무엇을 예로 들고 있다'와
같은 내용을 말할 수 있는 능력은 스피킹 시험을 위해 꼭 필요합니다.
이와 같이 토픽, 인용, 예시, 세부사항 등을 말할 때 유용하게 쓰이는
표현들을 배워 봅시다.

Track 8

> ▶ 토픽을 말할 때 쓸 수 있는 표현

01 **강의 [지문, 공지]의 주제는 ~이다**
The topic of the lecture [reading, announcement] is ~

강의의 주제는 허리케인의 발달이다.
The topic of the lecture is the development of a hurricane.

＊발달 development

02 **강의 [지문, 공지]는 ~에 관한 것이다**
The lecture [reading, announcement] is about ~

강의는 인구 증가에 관한 것이다.
The lecture is about population growth.

03 **공지 [강의, 지문]에 따르면**
According to the announcement [lecture, reading]

공지에 따르면, 학교는 또 다른 도서관을 지을 것이다.
According to the announcement, the school will build another library.

04 **~를 설명한다**
주어 explain [describe] ~

교수는 인간이 동물과 어떻게 다른지를 설명한다.
The professor **explains** how humans are different from animals.

＊인간 human

05 **~에 대하여 이야기한다**
주어 talk about ~

교수는 미국 원주민의 역사에 대하여 이야기한다.
The professor **talks about** the history of Native Americans.

＊미국 원주민 Native American

3rd Week

Day 1

Day 2

Day 3

Day 4

Day 5

Day 6

Hackers **TOEFL** Speaking Basic

06 **~를 설명하기 위해 예를 든다**
주어 **give (an) example(s) to explain ~**

교수는 동물들의 동면을 설명하기 위해 예를 든다.
The professor **gives examples to explain** animal hibernation.

＊동면 hibernation

07 **~하기 위한 두 가지 방법이 있다**
There are two ways to ~

건강을 유지하기 위한 두 가지 방법이 있다.
There are two ways to keep in shape.

＊건강을 유지하다 keep in shape

▶ 인용을 할 때 쓸 수 있는 표현

08 **~라고 말한다**
주어 **say that ~**

교수는 심리학이 정신에 대한 연구라고 말한다.
The professor **says that** psychology is the study of the mind.

＊심리학 psychology

09 **주어가 말하듯이**
As 주어 **say**

교수가 말하듯이, 많은 사람들이 불면증에 시달리고 있다.
As the professor **says**, a lot of people suffer from insomnia.

＊불면증 insomnia

10 **교수[남자(여자)]에 따르면**
According to the professor [the (wo)man]

교수에 따르면, 다이아몬드는 탄소로 구성되어 있다.
According to the professor, diamonds are made of carbon.

＊탄소 carbon

Track 9

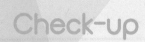 초록색으로 주어진 우리말 표현을 영어로 바꾸어 말해 보세요.

1 공지의 주제는 주차장 이용이다.

_____ the use of the parking lot.

2 공지에 따르면, 도서관은 이틀 동안 문을 닫을 것이다.

_____ , the library will be closed for two days.

3 지문은 어린이들이 어떻게 언어 능력을 발달시키는지에 대하여 이야기한다.

_____ how children develop language ability.

4 강의는 광합성의 과정에 관한 것이다.

_____ the process of photosynthesis.

5 지문은 송진이 어떻게 만들어지는지를 설명한다.

_____ how resin is made.

6 카페테리아의 서비스를 향상시키기 위한 두 가지 방법이 있다.

_____ improve the service in the cafeteria.

7 교수가 말하듯이, 두 종류의 조각술이 있다.

_____ , there are two types of sculptures.

8 교수에 따르면, 1500년대에 유럽의 인구는 증가했다.

_____ , the European population increased in the 1500s.

9 그녀는 그룹 발표가 협동심을 요구한다고 말한다.

_____ the group presentation requires cooperation.

10 교수는 우주 탐사를 설명하기 위해 예를 든다.

_____ space exploration.

정답 p.353

Track 10

> ▶ 예시를 말할 때 쓸 수 있는 표현

01 **예를 들어**
For example [For instance]

예를 들어, 나는 체육 수업의 활동들을 좋아한다.
For example, I like the activities in gym classes.

02 **첫 번째 [두 번째] 예는 ~이다**
The first [second] example is ~

첫 번째 예는 두 아동 간의 상호 작용이다.
The first example is the interaction between two children.

＊상호 작용 interaction

두 번째 예는 레오나르도 다빈치의 '모나리자'이다.
The second example is the *Mona Lisa* by Leonardo da Vinci.

03 **일례로**
For one

일례로, 프랑스는 음식으로 유명하다.
France, **for one**, is famous for its food.

04 **교수는 ~의 예를 든다**
The professor gives an example of ~

교수는 초식 동물의 예를 든다.
The professor gives an example of a herbivorous animal.

＊초식 동물 herbivorous animal

05 **교수가 든 한 [그] 예는 ~이다**
One [The] example the professor gives is ~

교수가 든 한 예는 태양계이다.
One example the professor gives is the solar system.

＊태양계 the solar system

06 **게다가**

Moreover [In addition]

여행은 독립심을 가르쳐준다. 게다가, 그것은 의사 결정 기술을 길러준다.

Traveling teaches independence. **Moreover**, it develops decision-making skills.

07 **반면에**

On the other hand

그는 조교로 일할 수 있다. 반면에, 그는 식당에서 아르바이트를 구할 수도 있다.

He can work as a teaching assistant. **On the other hand**, he can get a part-time job at a restaurant.

08 **하지만**

However

새로운 보안 시스템은 효과적이다. 하지만, 그것은 등록금의 인상을 초래할 것이다.

The new security system is effective. **However**, it will cause tuition to rise.

09 **~와는 대조적으로**

In contrast to ~

기숙사와는 대조적으로, 캠퍼스 밖에서 사는 것은 더 많은 자유를 제공한다.

In contrast to dormitories, off-campus housing offers more freedom.

10 **비록 ~하지만**

Although [Even though] ~

비록 시간이 더 걸리지만, 그는 차로 통근한다.

Although it takes longer, he commutes by car.

11 **더 나아가**

Furthermore

외식을 하는 것은 비싸다. 더 나아가, 그것은 건강에 좋지 않다.

Eating out is expensive. **Furthermore**, it is not healthy.

Track 11

초록색으로 주어진 우리말 표현을 영어로 바꾸어 말해 보세요.

1 나는, 예를 들어, 등산과 하이킹 같은 야외 활동을 좋아한다.

   I like outdoor activities, _____, climbing and hiking.

2 걷는 것은 심장에 좋다. 더 나아가, 그것은 살을 빼도록 도와줄 수 있다.

   Walking is good for the heart. _____, it can help a person lose weight.

3 이리 운하는 운반 시간을 단축시켰다. 게다가, 그것은 운송을 더 쉽게 만들었다.

   The Erie Canal reduced transport time. _____, it made shipping easier.

4 비록 많은 학생들이 카페테리아에서 식사를 하지만, 그들은 그곳의 음식을 좋아하지 않는다.

   _____ many students eat at the cafeteria, they do not like the food there.

5 오래된 기숙사와는 대조적으로, 새로운 기숙사는 훨씬 더 밝다.

   _____ the old dorms, the new dorms are much brighter.

3rd Week

Day 1

Day 2

Day 3

Day 4

Day 5

Day 6

Hackers **TOEFL** Speaking Basic

6 일례로, 시조새는 깃털과 파충류의 몸을 가지고 있었다.

The archaeopteryx, _____, had feathers and the body of a reptile.

7 첫 번째 예는 개인이 집을 사는 것이다.

_____ of an individual buying a house.

8 교수가 든 한 예는 새의 이동이다.

_____ bird migration.

9 1학년들은 새로운 기숙사로 옮길 수 있다. 반면에, 2학년들은 오래된 기숙사에 남아 있어야 한다.

Freshmen can move into new dorms. _____, sophomores have to stay in the old dorms.

10 그 정책은 교통량을 줄일 것이다. 하지만, 그것은 학생들이 수업에 가는 것을 더 힘들게 만들 것이다.

The policy will reduce traffic. _____, it will make it harder for students to get to classes.

정답 p.353

Daily Test

 다음 우리말을 영어로 말해 보세요.

01 대학 체육관은 / 예를 들어 / 필요하다 / 새로운 운동 기구가

_____.

＊운동 기구 sports equipment

02 공지에 따르면 / 수업이 없을 것이다 / 금요일에

_____.

03 지문의 주제는 / ~이다 / 어디에 새들이 / 짓느냐 / 그들의 둥지를

_____.

＊짓다 build   ＊둥지 nest

04 그 간판은 설명한다 / 길을 / 새로운 대학 건물로 가는

_____.

＊간판 sign   ＊~로 가는 길 way to get to

05 교수는 이야기한다 / 사람에 대하여 / 충분한 수면을 취하지 않는

_____.

＊충분한 수면을 취하다 get enough sleep

06 강의는 / ~이다 / 역사에 관한 / 대중매체의

_____.

＊대중매체 mass media

Day 1

Day 2

Day 3

Day 4

Day 5

Day 6

Hackers **TOEFL** Speaking Basic

07 풍력 터빈은 / 일례로 / 오염시키지 않는다 / 공기를

_____ .

　＊풍력 터빈 wind turbine　＊오염시키다 pollute

08 나의 반은 갈 것이다 / 견학을 / 내일 / 하지만 / 그것은 취소될 것이다 / 만약 / 비가 온다면

_____ .

　＊견학 field trip　＊취소되다 be canceled

09 대조적으로 / 해양 포유동물과는 / 인간은 / 머무를 수 없다 / 물 밑에서 / 오랫동안

_____ .

　＊해양 포유동물 marine mammals　＊물 밑에서 머무르다 stay under water

10 비록 / 그는 / 키가 작지만 / 그는 잘한다 / 농구를 / 아주

_____ .

11 반면에 / 나는 듣고 싶다 / 고고학이나 천문학 수업을

_____ .

　＊(수업을) 듣다 take　＊고고학 archaeology　＊천문학 astronomy

12 운동은 도와준다 / 사람들이 / 건강을 유지할 수 있도록 / 게다가 / 그것은 / 덜어준다 / 스트레스를

_____ .

　＊운동 exercise　＊건강을 유지하다 stay in shape　＊스트레스를 덜어주다 relieve stress

정답 p.354

Day 3

주제별 표현 1: 일상 생활 관련 표현 말하기

'어느 곳으로 휴가를 가고 싶습니까?'와 같은 개인적인 의견 또는 선호를 묻는 질문에는, '내가 휴가를 가고 싶은 곳은 스위스이다.'와 같은 대답을 할 수 있습니다. 이와 같은 대답을 할 때 유용하게 쓸 수 있는 표현들을 이곳에서 배워 봅시다.

Track 13

▷ 인물의 역할에 대해 말할 때 쓸 수 있는 표현

01 **조언자**
a mentor

나의 어머니는 나에게 조언자이시다.
My mother is **a mentor** to me.

02 **역할 모델**
a role model

그는 많은 젊은 골프 선수들의 역할 모델이다.
He is **a role model** for many young golfers.
＊골프 선수 golfer

03 **가장 영향력 있는 사람**
the most influential person

나의 아버지는 나의 인생에서 가장 영향력 있는 분이시다.
My father is **the most influential person** in my life.
＊~의 인생에서 in one's life

04 **기억에 남는 선생님**
a memorable teacher

그분의 멋진 성격은 그를 기억에 남는 선생님으로 만들었다.
His great personality made him **a memorable teacher**.
＊성격 personality

05 **평생 친구**
a friend for a lifetime

Matt는 항상 내 곁에 있어 줄 평생 친구이다.
Matt is **a friend for a lifetime** who will always be with me.

3rd Week

Day 1

Day 2

Day 3

Day 4

Day 5

Day 6

Hackers TOEFL Speaking Basic

06 내가 가장 존경하는 사람

the person who(m) I admire most

내가 가장 존경하는 사람은 나의 6학년 때 선생님이다.
The person who(m) I admire most is my sixth grade teacher.

07 좋은 관계

a good relationship

나는 나의 동료들과 좋은 관계에 있다.
I have **a good relationship** with my colleagues.

＊동료 colleague

▶ 인물의 특징에 대해 말할 때 쓸 수 있는 표현

08 놀라운 업적

an outstanding achievement

책을 쓰는 것은 놀라운 업적이다.
Writing a book is **an outstanding achievement**.

09 멋진 성격

a great personality

나는 오프라 윈프리의 멋진 성격 때문에 그녀를 좋아한다.
I like Oprah Winfrey for her **great personality**.

10 긍정적인 시각

a positive outlook

대부분의 성공한 사람들은 긍정적인 시각을 가지고 있다.
Most successful people have **a positive outlook**.

＊성공한 successful

Check-up

Track 14

초록색으로 주어진 우리말 표현을 영어로 바꾸어 말해 보세요.

1 많은 학생들은 그녀를 기억에 남는 선생님으로 생각한다.

Many students consider her to be _____.

2 내가 가장 존경하는 사람은 마하트마 간디이다.

_____ is Mahatma Gandhi.

3 그녀는 노벨상을 탄 것이 그녀의 가장 놀라운 업적이라고 생각했다.

She considered winning the Nobel Prize her most _____.

4 그녀가 멋진 성격을 가졌다는 것에 모두가 동의한다.

Everyone agrees that she has _____.

5 부모들은 항상 자식들에게 역할 모델이 되어야 한다.

Parents must always be _____ to their children.

6   어떤 사람들은 평생 친구를 가지기가 어렵다고 생각한다.

Some people find it difficult to have _____.

7   선생님들은 어린 학생들에게 좋은 조언자이다.

Teachers are _____ for young students.

8   나는 그의 긍정적인 시각 때문에 그를 가장 존경한다.

I admire him most because of his _____.

9   나는 한 나라에서 가장 영향력 있는 사람들은 그 나라의 정치인들이라고 생각한다.

I think _____ in a country are its politicians.

10   Joanna와 나는 어렸을 때부터 좋은 관계를 유지해오고 있다.

Joanna and I have maintained _____ since we were young.

정답 p.354

Track 15

> ▶ 일반적인 물건을 말할 때 쓸 수 있는 표현

01 **소중히 여기다**

treasure

나는 나의 반지를 아주 소중히 여긴다.
I **treasure** my ring so much.

02 **가장 중요한 물건**

the most important item

노트북 컴퓨터는 여행하는 사업가들에게 가장 중요한 물건이다.
A laptop is **the most important item** for traveling businessmen.

＊노트북 컴퓨터 laptop

03 **실용적인**

of practical use

소파는 침대로도 사용될 수 있기 때문에 실용적이다.
A sofa is **of practical use** because it can also be used as a bed.

＊소파 sofa

04 **유행에 뒤떨어진, 오래된**

outdated

그는 정말 유행에 뒤떨어진 옷을 입는다.
He wears really **outdated** clothes.

05 **~을 -로부터 물려받다**

inherit ~ from -

나는 내 피아노를 나의 어머니로부터 물려받았다.
I **inherited** my piano **from** my mother.

▷ 문화/여가와 관련해서 말할 때 쓸 수 있는 표현

06 내가 가장 좋아하는 영화 장르
my favorite movie genre

코미디는 스트레스를 덜어주기 때문에 내가 가장 좋아하는 영화 장르이다.
Comedy is **my favorite movie genre** because it relieves stress.

＊ 스트레스를 덜어주다 relieve stress

07 가장 감명 깊은 책
the most impressive book

'연금술사'는 내가 읽었던 것 중에서 가장 감명 깊은 책이다.
The Alchemist is **the most impressive book** I have ever read.

＊ 연금술사 alchemist

08 ~가 추천한
recommended by ~

나는 내 친구가 추천한 영화를 보러 갈 것이다.
I am going to see a movie **recommended by** my friend.

09 개인 소지품
personal belongings

나는 여행 중에 어떤 개인 소지품도 잃어버리지 않도록 노력했다.
I tried not to lose any **personal belongings** during my travels.

10 전통 음식
a traditional food

일본의 전통 음식은 스시이다.
A traditional food in Japan is sushi.

＊ 스시 sushi

Track 16

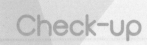 초록색으로 주어진 우리말 표현을 영어로 바꾸어 말해 보세요.

1. 내가 가장 좋아하는 영화 장르는 시간이 지나면서 바뀌어 왔다.

   _____ has changed over time.

2. 내가 올해 읽은 책 중 가장 감명 깊은 책은 제인 오스틴이 쓴 '오만과 편견'이다.

   _____ I read this year is *Pride and Prejudice* by Jane Austen.

3. 나는 나의 시계를 아버지로부터 받았기 때문에 그것을 소중히 여긴다.

   I _____ my watch because I got it from my father.

4. 내 컴퓨터는 나의 아파트에서 가장 중요한 물건이다.

   My computer is _____ in my apartment.

5. 그 가게는 실용적인 다양한 물건들을 가지고 있다.

   The shop has various items _____.

6 김치는 한국의 전통 음식이다.

Kimchi is Korea's _____.

7 나의 어머니의 취미 중 하나는 오래된 물건들을 수집하는 것이다.

One of my mother's hobbies is to collect _____ items.

8 나는 그 펜을 나의 할아버지로부터 물려받았다.

I _____ the pen _____ my grandfather.

9 나는 선생님이 추천하신 책을 읽을 것이다.

I am going to read the book _____ the teacher.

10 나는 많은 개인 소지품을 가지고 있다.

I have many _____.

정답 p.355

Track 17

▶ 기념일에 대해 말할 때 쓸 수 있는 표현

01 축하하다
celebrate

나의 아버지는 나의 고등학교 졸업을 축하하기 위해 식당을 예약하셨다.
My father booked a restaurant to **celebrate** my high school graduation.
＊예약하다 book

02 모이다
get together

나의 모든 고등학교 친구들은 동창회에 모였다.
All my high school friends **got together** at the reunion.
＊동창회 reunion

03 특별한 행사
a special occasion

나는 특별한 행사에 정장 차림을 한다.
I dress formally on **special occasions**.
＊정장 차림을 하다 dress formally

04 외식을 하다
go out to dinner

나의 가족은 종종 외식을 한다.
My family often **goes out to dinner**.

05 기념일
an anniversary

나는 모든 기념일을 기억하기 위해 달력을 이용한다.
I use a calendar to remember every **anniversary**.
＊달력 calendar

▶ 여행에 대해 말할 때 쓸 수 있는 표현

06　**~와 여행하다**
travel with ~

안전상의 이유로 친구와 여행하는 것이 권장된다.
It is recommended that you **travel with** a friend for safety reasons.
＊안전상의 이유　safety reason

07　**다양한 사람들을 만나다**
meet a variety of people

나는 여행하는 동안 전 세계에서 온 다양한 사람들을 만났다.
I **met a variety of people** from all over the world while traveling.

▶ 특별한 경험에 대해 말할 때 쓸 수 있는 표현

08　**즐거운 경험**
a pleasant experience

취업 박람회는 즐거운 경험이었다.
The job fair was **a pleasant experience**.

09　**잊을 수 없는 추억**
an unforgettable memory

나는 그 여행에 대한 잊을 수 없는 추억을 많이 가지고 있다.
I have many **unforgettable memories** from the trip.

10　**휴식을 취하다**
take a break

나는 휴식을 취하고 싶었기 때문에 일을 그만두었다.
I quit my job because I wanted to **take a break**.
＊그만두다　quit

Track 18

🎧 초록색으로 주어진 우리말 표현을 영어로 바꾸어 말해 보세요.

1 아프리카를 여행한 것은 잊을 수 없는 추억이었다.

Traveling through Africa was _____.

2 나는 혼자 여행하는 것보다 친구와 여행하는 것을 선호한다.

I prefer to _____ a friend rather than to travel alone.

3 두 달 동안 혼자서 여행한 것은 즐거운 경험이었다.

It was _____ to travel by myself for two months.

4 그녀는 대학에서 전 세계의 다양한 사람들을 만났다.

She _____ from around the world in college.

5 나의 친구들이 자주 모이는 것은 어렵다.

It is difficult for my friends to _____ often.

6 나의 승진을 위한 파티는 특별한 행사였다.

The party for my promotion was _____ .

7 외식을 자주 하는 것은 돈이 많이 든다.

_____ often costs a lot of money.

8 나는 부모님의 결혼기념일에 부모님께 선물을 드렸다.

I gave a present to my parents on their wedding _____ .

9 Kevin은 매우 열심히 일해 왔기 때문에 휴식을 가질 필요가 있다.

Kevin needs to _____ because he has been working so hard.

10 우리는 Sally의 집에서 그녀의 생일을 축하했다.

We _____ Sally's birthday at her house.

정답 p.355

Track 19

▶ 도시와 시골에 대해 말할 때 쓸 수 있는 표현

01 **복잡한 도시**
a crowded city

파리는 전 세계에서 온 관광객들로 복잡한 도시이다.
Paris is **a crowded city** with tourists from all over the world.

02 **경치**
the scenery

나는 경치 때문에 시골의 작은 마을들을 방문하는 것을 좋아한다.
I like to visit small towns in the countryside because of **the scenery**.
＊시골 countryside

03 **야외 활동**
outdoor activities

시골은 야외 활동을 하기에 좋은 장소이다.
Rural areas are good places for **outdoor activities**.
＊시골 rural area

▶ 우리나라에 대해 말할 때 쓸 수 있는 표현

04 **역사적인 장소**
a historic place

한국은 많은 역사적인 장소를 가지고 있다.
South Korea has many **historic places**.

05 **~로 유명한**
famous for ~

전주는 비빔밥으로 유명하다.
Jeonju is **famous for** bibimbap.

3rd Week

Day 1

Day 2

Day 3

Day 4

Day 5

Day 6

Hackers TOEFL Speaking Basic

06 꼭 가봐야 하는 곳
a must-see place

서울에서 꼭 가봐야 하는 곳은 경복궁이다.
A must-see place in Seoul is Gyeongbok Palace.

＊경복궁 Gyeongbok Palace

07 여가 활동
leisure activities

부모님 댁에서, 나는 독서나 텔레비전 보기와 같은 여가 활동을 하며 시간을 보낸다.
At my parents' house, I fill my time with **leisure activities**, such as reading or watching TV.

＊시간을 보내다 fill one's time

▶ 다른 나라에 대해 말할 때 쓸 수 있는 표현

08 이국적인 장소
an exotic place

하노이는 서울과는 다른 이국적인 장소이다.
Hanoi is **an exotic place** that is different from Seoul.

＊하노이(베트남의 도시) Hanoi

09 국제적인 지역
a cosmopolitan area

맨해튼은 뉴욕에서 가장 국제적인 지역이다.
Manhattan is the most **cosmopolitan area** of New York.

10 독특한 건축물
unique architecture

바르셀로나에는 가우디가 디자인한 독특한 건축물이 많다.
Barcelona has a lot of **unique architecture** designed by Gaudi.

＊가우디(스페인의 건축가) Gaudi

Track 20

🎧 초록색으로 주어진 우리말 표현을 영어로 바꾸어 말해 보세요.

1 　나는 세계의 많은 역사적인 장소를 가봤다.

I've been to many _____ around the world.

2 　나는 당신을 부산에서 꼭 가봐야 하는 곳으로 데려가고 싶다.

I'd like to take you to _____ in Busan.

3 　나는 복잡한 도시 서울로부터 벗어나고 싶다.

I want to escape from _____ of Seoul.

4 　나의 회사는 다음 주에 야외 활동을 하는 날을 잡았다.

My company scheduled a day for _____ next week.

5 　나의 취미 중 하나는 세계 전역의 이국적인 장소로 여행하는 것이다.

One of my hobbies is traveling to _____ throughout the world.

3rd Week

Day 1

Day 2

Day 3

Day 4

Day 5

Day 6

Hackers TOEFL Speaking Basic

6 나는 멋진 경치가 있는 곳에서 살고 싶다.

I would like to live in a place that has great _____ .

7 나의 호텔은 밴쿠버의 국제적인 지역에 위치해 있었다.

My hotel was located in _____ of Vancouver.

8 대도시는 다양한 여가 활동을 제공한다.

A big city offers a variety of _____ .

9 나의 고향은 전통 가옥들로 유명하다.

My hometown is _____ traditional houses.

10 나는 독특한 건축물의 사진을 찍는 데 대부분의 시간을 보냈다.

I spent most of my time taking pictures of _____ .

정답 p.355

Daily Test

Track 21

Q 다음 우리말을 보고 영어로 말해 보세요.

01 중요하다 / 가지는 것은 / 좋은 조언자를

_____ .

02 나는 본받고 싶다 / 나의 아버지의 / 긍정적인 시각을 / 인생에 대한

_____ .

＊본받다 imitate

03 그 가방은 / 오래되었다 / 하지만 / 나는 아직 / 가지고 있다 / 그것을

_____ .

04 직원은 / 공항에 있는 / 검사했다 / 모든 / 나의 개인 소지품을

_____ .

＊공항에 있는 직원 the official at the airport

05 나는 좋아한다 / 사진을 찍는 것을 / 기억하기 위해 / 즐거웠던 경험을

_____ .

＊사진을 찍다 take pictures

06 나의 가족은 모였다 / 축하하기 위해 / 나의 할머니의 생신을

_____ .

07 졸업식은 / 특별한 행사이다 / 많은 학생들에게

.

＊ 졸업식 graduation ceremony

08 나는 잊어버렸다 / 나의 부모님의 / 결혼기념일을 / 작년에

.

＊ 잊어버리다 forget

09 있다 / 항상 / 많은 관광객들이 / 역사적인 장소에는

.

＊ 관광객 tourist

10 공원은 / 가장 좋은 장소이다 / 야외 활동을 위한

.

＊ 공원 park

11 지낸 것은 / 조부모님 댁에서 / 작년에 / ~이다 / 잊을 수 없는 추억

.

＊ ~에서 지내다 stay at

12 항상 재미있다 / 여행하는 것은 / 친구들과

.

＊ 재미있는 fun

정답 p.356

Day 4

주제별 표현 2: 대학 생활 관련 표현 말하기

iBT 토플 스피킹 영역에서는 대학과 관련된 주제가 주로 등장합니다. 대학 생활과 관련된 영어 표현을 구사하는 것에 익숙해지면 내가 하고 싶은 말을 자유롭게 전달할 수 있습니다. 따라서 이곳에서는 대학 생활과 학업 활동에 관련된 필수적이고 다양한 표현들을 배워 봅시다.

Track 22

> ▶ 수업 시간에 대해 말할 때 쓸 수 있는 표현

01 **수업을 듣다**

take a course

학생들은 작문 수업을 듣도록 권고받는다.
Students are advised to **take a** writing **course**.

02 **노력하다**

make an effort

나는 좋은 성적을 받기 위해 노력했다.
I **made an effort** to get good grades.

03 **보고서를 제출하다**

submit one's report

교수는 학생들이 보고서를 이메일로 제출할 수 있도록 허락한다.
The professor allows students to **submit their reports** by e-mail.

＊A가 B하도록 허락하다 allow A to B

04 **토론에 참여하다**

participate in discussions

교수는 반 학생들이 토론에 참여하도록 격려했다.
The professor encouraged the class to **participate in discussions**.

＊격려하다 encourage

05 **생각을 발표하다**

present one's ideas

그는 사람들 앞에서 생각을 발표하는 데 능숙하다.
He is good at **presenting his ideas** in front of people.

＊사람들 앞에서 in front of people

▷ 수업 외 활동에 대해 말할 때 쓸 수 있는 표현

06 **경험을 통해 지식을 얻다**

gain knowledge by experience

경험을 통해 지식을 얻는 것은 가치 있다.
Gaining knowledge by experience is worthwhile.

∗ 가치 있는 worthwhile

07 **친구들을 사귀다**

make friends

Christine은 친구들을 사귀기 위해 몇몇 클럽에 가입했다.
Christine joined several clubs to **make friends**.

08 **~에게 도와달라고 요청하다**

ask somebody for help

나는 사서에게 책을 찾는 것을 도와달라고 요청했다.
I **asked the librarian for help** finding the book.

09 **유학하다**

study abroad

나는 교환학생으로서 유학할 기회가 있었다.
I had a chance to **study abroad** as an exchange student.

∗ 교환학생 exchange student

10 **시간이 많이 걸리는**

time-consuming

그룹 발표를 준비하는 것은 시간이 많이 걸린다.
It is very **time-consuming** to prepare for a group presentation.

∗ 그룹 발표 group presentation

Track 23

초록색으로 주어진 우리말 표현을 영어로 바꾸어 말해 보세요.

1 너는 경험을 통해 지식을 얻을 수 있다.

You can _____.

2 나는 한국사 수업을 듣기로 결정했다.

I decided to _____ on Korean history.

3 그는 그 시험에 통과하기 위해 노력했다.

He _____ to pass the exam.

4 학생들은 학교에서 친구들을 사귈 기회가 많이 있다.

There are many opportunities for students to _____
at school.

5 나는 룸메이트에게 나의 짐을 나르는 것을 도와달라고 요청했다.

I _____ carrying my baggage.

6 많은 한국 학생들은 영어를 배우기 위해 유학하기를 원한다.

Many Korean students wish to _____ to learn English.

7 나는 반 학생들에게 나의 생각을 발표하기 위해 손을 들었다.

I raised my hand to _____ to the class.

8 토론에 참여하는 것은 학습 과정의 중요한 부분이다.

_____ is an important part of the learning

process.

9 운이 좋게, 나는 마감 기한 전에 보고서를 제출했다.

Luckily, I _____ before the deadline.

10 논문을 쓰는 것은 시간이 많이 걸린다.

Writing a thesis is _____.

정답 p.356

Track 24

> ▶ 학자금/등록금/수업 관련 정책에 대해 말할 때 쓸 수 있는 표현

01   학자금 대출을 신청하다

apply for a college loan

올해에는 많은 학생들이 학자금 대출을 신청했다.

A lot of students **applied for college loans** this year.

＊올해 this year

02   정책이 시행되다

the policy goes into effect

대학의 새로운 정책이 곧 시행될 것이다.

The university's new **policy will go into effect** soon.

＊곧 soon

03   등록금을 인상하다

raise tuition

학생들은 등록금을 인상하려는 대학의 계획에 반대한다.

Students disagree with the university's plan to **raise tuition**.

04   과목을 취소하다

drop a course

나는 Tom에게 과목을 취소하기 전에 상담 선생님을 만나보라고 충고했다.

I advised Tom to see his counselor before **dropping the course**.

＊충고하다 advise

05   수업을 등록하다

register for classes

새로운 학생들은 내일 수업을 등록할 수 있다.

New students can **register for classes** tomorrow.

▷ 캠퍼스 시설 관련 정책에 대해 말할 때 쓸 수 있는 표현

06 캠퍼스 시설

campus facilities

대학은 캠퍼스 시설에 더 많은 돈을 쓸 것이다.

The university will spend more money on **campus facilities**.

07 건물을 증축하다

expand the building

학교는 건물을 증축하기 위해 기금을 조성할 것이다.

The school will raise funds to **expand the building**.

＊기금을 조성하다 raise funds

08 비용을 삭감하다, 지출을 줄이다

cut down on expenses

대학은 체육관과 관련된 비용을 삭감해야 한다.

The college should **cut down on expenses** related to the gym.

▷ 학교 프로그램 관련 정책에 대해 말할 때 쓸 수 있는 표현

09 취업 박람회

a job fair

대학은 매년 취업 박람회를 개최한다.

The university holds **a job fair** every year.

10 교환학생 프로그램

an exchange program

우리 대학은 교환학생 프로그램을 시작할 것이다.

My college is going to launch **an exchange program**.

＊시작하다, 개시하다 launch

Track 25

🎧 초록색으로 주어진 우리말 표현을 영어로 바꾸어 말해 보세요.

1 대학은 매년 등록금을 인상한다.

The college _____ every year.

2 나의 학교의 캠퍼스 시설은 매우 오래되었다.

The _____ at my school are very old.

3 그 정책은 연초에 시행될 것이다.

The _____ at the start of the year.

4 나의 친구는 지출을 줄이기 위해 집에서 식사를 준비한다.

My friend prepares her meals at home in order to _____.

5 교환학생 프로그램은 학생들이 다른 문화를 경험하도록 해준다.

_____ allows students to experience other cultures.

6 그녀는 다음 학기를 위해 학자금 대출을 신청했다.

She _____ for the next semester.

7 취업 박람회는 많은 학생들에게 좋은 기회이다.

_____ is a great opportunity for many students.

8 건물을 증축하기 위해 많은 돈이 투자되었다.

A lot of money was invested to _____ .

9 학생들은 첫 주에만 과목을 취소할 수 있다.

Students can only _____ in the first week.

10 대부분의 학생들은 온라인으로 수업을 등록한다.

Most students _____ online.

정답 p.357

Track 26

▶ 도서관에 대해 말할 때 쓸 수 있는 표현

01 책을 대출하다
check out books

학생들은 시험 전에 많은 책을 대출한다.
Students **check out** a number of **books** before the exam.
＊많은 a number of

02 책을 반납하다
return books

학생들은 제때 책을 반납해야 한다.
Students should **return books** on time.

03 대출 기간이 지난 책
overdue books

도서관은 이메일로 학생들에게 대출 기간이 지난 책에 대해 통보한다.
The library notifies students of **overdue books** by e-mail.

04 연체료를 부과하다
charge late fees

그는 도서관이 너무 많은 연체료를 부과한다는 것에 동의한다.
He agrees that the library **charges** too many **late fees**.

▶ 기숙사에 대해 말할 때 쓸 수 있는 표현

05 기숙사에 살다
live in the dormitory

나는 캠퍼스 밖보다 기숙사에서 살고 싶다.
I want to **live in the dormitory** rather than off campus.
＊캠퍼스 밖 off campus

06　안전 규칙
safety regulations

학생들은 기숙사 안전 규칙을 지켜야 한다.
Students have to follow the dormitory's **safety regulations**.

▶ 카페테리아에 대해 말할 때 쓸 수 있는 표현

07　식권
a meal card

그녀는 어제 지갑을 잃어버렸는데 거기에는 식권이 들어 있었다.
She lost her wallet yesterday and it had her **meal card** in it.

08　줄을 서서 기다리다
wait in line

그는 카페테리아에 들어가기 위해 오랫동안 줄을 서서 기다렸다.
He **waited in line** for a long time to enter the cafeteria.

▶ 체육관에 대해 말할 때 쓸 수 있는 표현

09　회비
membership fees

캠퍼스 체육관의 회비는 학생들에게 저렴하다.
The campus gym's **membership fees** are cheap for students.

10　새로운 것으로 교체되다
be replaced with new ones

체육관에 있는 러닝머신들은 새로운 것으로 교체되어야 한다.
The treadmills in the gym need to **be replaced with new ones**.

* 러닝머신 treadmill

Check-up

Track 27

초록색으로 주어진 우리말 표현을 영어로 바꾸어 말해 보세요.

1 나는 기숙사에 사는 것이 더 편리하다고 생각한다.

I think it is more convenient to _____ .

2 학생들은 책을 대출하기 위해 신분증이 필요하다.

Students need their IDs to _____ .

3 그는 항상 제때 책을 반납하려고 노력한다.

He always tries to _____ on time.

4 일부 대학 컴퓨터들은 새로운 것으로 교체되어야 한다.

Some campus computers need to _____ .

5 학생들이 안전 규칙을 지키는 것은 매우 중요하다.

It is very important for students to follow _____ .

6 그녀는 항상 카페테리아에 그녀의 식권을 가져가는 것을 잊어버린다.

She always forgets to take her _____ to the cafeteria.

7 나는 학교로 가는 버스에 타기 위해 30분 동안 줄을 서서 기다렸다.

I _____ for thirty minutes to get on the bus to school.

8 도서관은 연체료를 부과하기로 결정했다.

The library decided to _____.

9 학생들은 체육관의 비싼 회비에 대하여 불평하고 있다.

Students are complaining about the gym's expensive _____.

10 나는 반납해야 할 대출 기간이 지난 책이 많이 있다.

I have many _____ to return.

정답 p.357

Daily Test

Q 다음 우리말을 보고 영어로 말해 보세요.

01 듣는 것은 / 적어도 / 한 가지 수업을 / ~이다 / 기본적인 요구 사항 / 학생들에게

_____.

＊적어도 at least   ＊기본적인 요구 사항 basic requirement

02 나는 노력했다 / 알게 되기 위해 / 나의 새로운 / 반 친구들을

_____.

＊알게 되다 get to know

03 유학하는 것이 / 아니다 / 항상 / 최선의 방법은

_____.

＊최선의 방법 the best choice

04 1학년 때 / 나는 / 신청했다 / 학자금 대출을

_____.

＊1학년 freshman year

05 나는 등록했다 / 수업을 / 인터넷으로

_____.

＊인터넷으로 over the Internet

06 내일은 / 마감일이다 / 제출하는 / 나의 경제학 보고서를

_____.

＊마감일 due date   ＊경제학 economics

07 대학은 인상할 것이다 / 등록금을 / 재정적인 어려움 때문에

_____.

∗ 재정적인 어려움 financial difficulties

08 나는 사야 한다 / 식권을 / 다음 학기를 위해서

_____.

∗ 다음 학기 next semester

09 시간이 매우 많이 걸린다 / 걷는 것은 / 나의 집에서 / 학교까지

_____.

∗ 나의 집에서 학교까지 from my house to the school

10 대학은 제공한다 / 다양한 / 교환학생 프로그램을

_____.

∗ 다양한 a number of different

11 많은 학생들이 / 예상된다 / 갈 것으로 / 취업 박람회에

_____.

∗ ~할 것으로 예상되다 be expected to ~

12 대학은 / 계획이다 / 증축할 / 도서관 건물을

_____.

정답 p.358

Day 5

읽은 내용 말로 표현하기

iBT 토플 스피킹 영역에서는 대학 생활 관련 공고문이나 대학 교과서 속 지문과 같은 읽기 지문의 중심내용을 파악하고, 이를 듣기 지문의 내용과 연계하여 요약하는 과제가 등장합니다. 따라서 이곳에서는 먼저 읽기 지문을 읽고 그 내용을 직접 나의 말로 바꾸어 말하는 연습을 해봅시다.

새로운 강의실을 계획 중! – 대학 생활 관련 지문 읽고 말하기

대학 생활 중에는 캠퍼스 곳곳에서 인턴십 박람회 개최나 해외연수 등 다양한 정보에 대한 글을 읽을 수 있습니다. 토플 스피킹에서는 이와 같이 대학 생활에서 흔히 접할 수 있는 공고문이나 기고문이 자주 등장하죠. 이처럼 학교 생활과 관련된 내용을 읽은 후, 자신의 말로 바꾸어 말하는 연습을 해볼까요?

Example

Track 29

> Next fall, the university will begin construction of a new lecture hall.

Q. What does the university plan to do?

나의 말로 바꿔보기
the university will begin → the university plans
construction of a new lecture hall → build a new lecture hall

🎤 The university plans to build a new lecture hall.

·····

이렇게 해보세요!

추가 강의실 건축에 대한 학교 공지문 속의 한 문장이군요. 우선, 문장을 차근차근 읽고 정확히 이해하는 것이 중요합니다. 그리고 나서, 머릿속으로 완전히 이해한 내용을 자신의 말로 쉽게 바꾸어 말하기 위해서는 이렇게 한 번 해보세요.

1. 내가 알고 있는 더 쉬운 표현으로 바꾸어 말합니다.

   construction 건축, 건설 → build 건축하다

2. 질문 속의 주어와 동사를 응용하여 말합니다.

   질문 'What does the university plan to do?'의 주어(the university)와 동사(plan)
   → 답안에서 주어와 동사로 응용(The university plans ~.)

·····

해석
다음 가을부터, 대학은 새로운 강의실 건축을 시작할 것입니다.
Q. 대학은 무엇을 할 계획인가?
A. 대학은 새로운 강의실을 건축하는 것을 계획하고 있다.

Track 30

다음 문장을 읽고, 빈칸을 채워 질문에 답하세요.

1

The psychology department is inviting students to participate in a study on stress.

Q. What is the psychology department asking students to do?

나의 말로 바꿔보기
inviting → asking
participate in → take part in

🎤 It is _____ to _____ on stress.

2

The university announced that it will raise tuition next semester.

Q. When will the tuition increase?

나의 말로 바꿔보기
announced → the announcement
will raise tuition → the tuition will increase

🎤 According to _____, the tuition _____ next semester.

3

The administration has announced that classes before Thanksgiving will be canceled.

Q. What has the university decided?

나의 말로 바꿔보기
the administration has announced → the university decided
classes will be canceled → cancel the classes

🎤 The university _____ before Thanksgiving.

4

> Starting next week, students will have to show their ID cards when entering the library.

Q. What must students do beginning next week?

나의 말로 바꿔보기

have to show → will be required to show

entering the library → use the library

🎤 They _____ to use the library.

5

> The university intends to change its name in the year 2009.

Q. What does the university plan to do in 2009?

나의 말로 바꿔보기

the university → the school

intends → plans

🎤 The school _____ its name.

6

> The university will provide free shuttle service to help students get to classes on time.

Q. What does the school plan to do?

나의 말로 바꿔보기

the university will → the school plans

provide → offer

🎤 The school _____ to students.

7

> The Student Union's office will be closed for renovations during the summer vacation.

Q. What will happen during the summer vacation?

나의 말로 바꿔보기

renovation → be renovated

the summer vacation → the vacation

🎤 The Student Union's office ＿＿＿＿＿＿＿＿＿＿ during the vacation.

8

> The Freshman Club offers members tutorial services in math, history, and chemistry.

Q. What service does the Freshman Club provide to its members?

나의 말로 바꿔보기

offer → provide

math, history, and chemistry → certain subjects

🎤 It ＿＿＿＿＿＿＿＿＿＿＿＿＿ in certain subjects.

9

> Starting next semester, a new student newspaper will be published weekly on campus.

Q. What will happen beginning next semester?

나의 말로 바꿔보기

published → printed

a new student newspaper will be published weekly → a new weekly student newspaper

🎤 ＿＿＿＿＿＿＿＿＿＿＿＿＿ will be printed.

정답 p.358

지구 온난화의 영향은? – 대학 교과서 지문 읽고 말하기

대학 생활의 중심은 당연히 학문을 연마하는 것이겠죠? 토플 스피킹에서는 대학 교과서에서 볼 수 있는 다양한 주제의 학술적인 지문이 자주 등장합니다. 이처럼 대학 수업의 교과서, 혹은 논문 등과 같은 자료에서 접할 수 있는 내용을 읽은 후, 자신의 말로 바꾸어 말하는 연습을 해볼까요?

Example

Track 31

Global warming has reduced the size of glaciers around the world.

Q. What is one effect of global warming?

나의 말로 바꿔보기
reduced the size → made smaller
glaciers around the world → the world's glaciers

🎤 It has made the world's glaciers smaller.

이렇게 해보세요!

지구 온난화에 대해 설명하고 있는 과학 교과서의 한 대목이네요. 전문적인 개념이나 복잡한 표현들을 자신의 말로 쉽게 바꾸어 말하기 위해서는 이렇게 한 번 해보세요.

1. 내가 알고 있는 더 쉬운 표현으로 바꾸어 말합니다.
   reduced the size 크기를 감소시켰다 → made smaller 더 작게 만들었다

2. 긴 표현을 더 짧고 간단한 구조로 바꾸어 말합니다.
   glaciers around the world 지구상의 빙하들 → the world's glaciers 지구의 빙하들

해석
지구 온난화는 지구상의 빙하들의 크기를 감소시켰다.
Q. 지구 온난화의 한 가지 영향은 무엇인가?
A. 그것은 지구의 빙하들을 더 작게 만들었다.

Track 32

🎧 다음 문장을 읽고, 질문에 빈칸을 채워 답하세요.

1

> Krill look like shrimp except krill produce a yellow-green light.

Q. Explain a similarity and a difference between krill and shrimp.

나의 말로 바꿔보기
look like → are similar
yellow-green light → light

🎤 Krill and _____, but shrimp do not produce light.

2

> The body becomes dry when a person takes in too much salt.

Q. What happens to a person when he eats too much salt?

나의 말로 바꿔보기
becomes dry → loses water
takes in → eats

🎤 If someone eats too much salt, his or her body _____.

3

> A lot of people read comic books in America from 1938 to 1955.

Q. When were comic books popular in the United States?

나의 말로 바꿔보기
a lot of people read comic books → comic books were popular
from 1938 to 1955 → between 1938 and 1955

🎤 Comic books _____ between 1938 and 1955.

4

Detroit is called "Motor City" because it has many car makers.

Q. Why is Detroit called "Motor City"?

나의 말로 바꿔보기

many → a lot of

car makers → cars are produced

🎤 That's because _____ in Detroit.

5

In the past, people drank tea at tea parties, but many people drink tea today because they think it is healthy.

Q. Give a reason why people drink tea today.

나의 말로 바꿔보기

because → since

think it is healthy → it is believed to be good for their health

🎤 They drink it since _____ .

6

The country that produces the most cheese is the United States, and Germany comes next.

Q. According to the reading, what countries make the most cheese?

나의 말로 바꿔보기

produces → makes

Germany comes next → followed by Germany

🎤 The United States _____ , followed by Germany.

7

In a total solar eclipse, the sun disappears and the sky becomes completely dark.

Q. What happens in a total solar eclipse?

나의 말로 바꿔보기

the sun disappears → can't see the sun

completely → very

🎤 We can't see the sun and the sky _____ .

8

The humpback whale does not eat in the winter, so it has to burn its own fat for energy.

Q. What does the humpback whale use for energy in winter?

나의 말로 바꿔보기

burns → uses

for energy → to survive

🎤 The humpback whale _____ .

9

Radiation is a process in which energy is released from an object.

Q. What is radiation?

나의 말로 바꿔보기

process → way

energy is released from an object → an object releases energy

🎤 Radiation is one way that _____ .

정답 p.360

Daily Test

Q 다음의 짧은 지문을 읽고, 질문에 답해 보세요.

01
> Librarians are now available to answer students' questions about library materials, and the library also has a Web site available 24 hours a day.

Q. What assistance does the library provide?

🎤 _____ .

02
> The blues is a type of music that began in the United States and it expresses sadness or depression.

Q. What feeling does blues music communicate?

🎤 _____ .

03
> Students must have 18 credits in sociology to apply for a study abroad course in Canada.

Q. What is a requirement for enrolling in the study abroad course in Canada?

🎤 _____ .

04
> People had to hire a painter to make a portrait of them, but the painting was not always accurate.

Q. What was a disadvantage of having a portrait painted?

🎤 _____ .

05
> Sharks rarely attack human beings, while animals like alligators, crocodiles, and insects often attack humans.

Q. What animal does not usually attack human beings?

🎤 _____.

06
> Rembrandt's paintings of himself are honest; anyone can see the emotions and wrinkles on his face.

Q. What is a characteristic of Rembrandt's self-portraits?

🎤 _____.

07
> Professor Brooks is postponing the math exam for his class to Monday, November 4, because half the class has come down with the flu.

Q. Why is Professor Brooks changing the exam date to a later day?

🎤 _____.

08
> Since the cafeteria will be closed for two days, students must buy their meals at sandwich shops on campus.

Q. Where should students get something to eat?

🎤 _____.

정답 p.362

Day 6

들은 내용 말로 표현하기

우리는 앞에서 읽은 내용을 나의 말로 바꾸어 말하는 것을 배웠습니다. 이제 이곳에서는 iBT 토플 스피킹 영역에서 필수적인 듣기 지문의 중심내용 요약하여 말하기를 연습합니다. 특히, 대학 생활과 관련된 대화 또는 대학 강의의 일부를 듣고 그 내용을 나의 말로 바꾸어 말하는 것을 배워 봅시다.

기숙사 정책은 불공평해! – 대학 생활 관련 대화 듣고 말하기

캠퍼스 곳곳에서는 학생들이 다양한 주제에 대해 이야기하는 것을 들을 수 있습니다. 토플 스피킹에서는 이와 같이 대학 생활과 관련된 대화를 듣고, 그에 대해 말하는 문제가 등장합니다. 예를 들어, 학교의 표절 정책에 관하여 친구들이 하는 말을 듣고, '그는 그 정책이 좋다고 생각해.'라고 말할 수 있겠죠. 이처럼 학교 생활 중에 흔히 들을 수 있는 대화 내용을 듣고, 자신의 말로 바꾸어 말하는 연습을 해볼까요?

Example

Track 34

It's unfair for the university to let the freshmen get the newest dormitories.

Q. What does the speaker think of the university policy on dormitories?

나의 말로 바꿔보기
is unfair → isn't fair
for the university to let the freshmen get the newest dormitories → the school's dorm policy

The speaker thinks the school's dorm policy isn't fair.

....

이렇게 해보세요!
학교의 기숙사 이용 정책에 대해 말하는 대화 속의 한 문장이군요. 들은 내용을 완벽히 이해한 뒤에, 이를 자신의 말로 쉽게 바꾸어 말하기 위해서는 이렇게 한 번 해보세요.

1. 내가 알고 있는 더 쉬운 표현으로 바꾸어 말합니다.

   is unfair 불공평하다 → isn't fair 공평하지 않다

2. 내용을 모두 포괄하면서도 더 짧고 간단한 구조로 바꾸어 말합니다.

   for the university to let the freshmen get the newest dormitories 대학이 신입생들이 최신 기숙사를 이용하도록 하는 것 → the school's dorm policy 학교의 기숙사 정책

....

해석
대학이 신입생들이 최신 기숙사를 이용하도록 하는 것은 불공평해.
Q. 화자는 대학의 기숙사에 관한 정책에 대해서 어떻게 생각하는가?
A. 화자는 학교의 기숙사 정책이 공평하지 않다고 생각한다.

Track 35

🎧 다음 녹음 내용을 듣고 빈칸을 채워 넣은 후, 질문의 답을 완성해서 말해 보세요.

1

> 🎧 I think it's about time _____ the library.

Q. How does the speaker feel about the library renovation?

나의 말로 바꿔보기
think → feel
fixed up → renovate

> 🎙 The speaker feels _____ the library.

2

> 🎧 I heard that _____ more benches on the campus grounds.

Q. What has the school decided to do?

나의 말로 바꿔보기
is planning → has decided
on the campus grounds → on campus

> 🎙 The school _____ on campus.

3

> 🎧 I am not able to see the game because I have _____ on that day.

Q. Why is the speaker going to miss the game?

나의 말로 바꿔보기
not able to see the game → miss the game
on that day → on the same day

> 🎙 The speaker _____ because he has a class on the same day.

4

🎧 It's a good thing _____
during exam week.

Q. What will happen during exam week?

extending its hours → stay open longer
during → for

🎤 The library _____ for exam week.

5

🎧 I can't believe _____
beside the library.

Q. What is the speaker talking about?

closed the snack shop → the snack shop is closed
beside → near

🎤 The speaker is saying that _____ .

6

🎧 Did you hear that _____ until later this week?

Q. What is the speaker talking about?

postponed the seminar → the seminar was moved
later this week → a different day

🎤 The speaker is saying that _____ .

7

🎧 I think _____ would be great!

Q. How does the speaker feel about the lab?

나의 말로 바꿔보기

a new lab for the biology students → a new lab

great → good

🎤 The speaker feels that _____ for the biology students.

8

🎧 Well, I decided to _____ next semester.

Q. What did the speaker decide to do?

나의 말로 바꿔보기

decided → is going to

sign up for → take

🎤 The speaker is _____ next semester.

9

🎧 I don't understand _____ to take more physical education courses.

Q. What does the university require students to do?

나의 말로 바꿔보기

requires → wants

physical education → PE

🎤 The university wants _____ .

정답 p.363

다이아몬드의 특징은? – 대학 강의 듣고 말하기

대학 수업이나 토론 시간에 우리는 여러 가지 다양한 주제에 대한 강의를 듣게 됩니다. 토플 스피킹에서는 이와 같이 다양한 주제의 대학 강의를 듣고, 그 내용을 요약하여 말하는 문제가 등장합니다. 이처럼 학술적이고 전문적인 강의 내용을 듣고, 자신의 말로 바꾸어 말하는 연습을 해볼까요?

Example

Track 36

> Well, so far, scientists have not discovered any material harder than diamond.

Q. What does the speaker say about diamond?

나의 말로 바꿔보기
have not discovered → haven't found
any material harder than diamond → anything harder than it

🎤 The speaker says scientists haven't found anything harder than it.

이렇게 해보세요!

다이아몬드에 대한 강의의 일부분이군요. 복잡한 구조나 긴 설명을 자신의 말로 쉽게 바꾸어 말하기 위해서는 이렇게 한 번 해보세요.

1. 내가 알고 있는 더 쉬운 표현으로 바꾸어 말합니다.

   have not discovered 발견하지 못했다 → haven't found 찾지 못했다

2. 대명사를 활용하여 더 간단하게 바꾸어 말합니다.

   any material harder than diamond 다이아몬드보다 더 단단한 어떤 물질
   → anything harder than it 그것보다 더 단단한 어떤 것

해석
자, 지금까지, 과학자들은 다이아몬드보다 더 단단한 어떤 물질도 발견하지 못했습니다.
Q. 화자는 다이아몬드에 대해서 무엇이라고 말하는가?
A. 화자는 과학자들이 그것보다 더 단단한 어떤 것도 찾지 못했다고 말한다.

Track 37

🎧 다음 녹음 내용을 듣고 빈칸을 채워 넣은 후, 질문의 답을 완성해서 말해 보세요.

1

🎧 People know that _____ can cause tsunamis.

Q. What are two causes of tsunamis?

나의 말로 바꿔보기

people know → it is known

can cause tsunamis → tsunamis can result from

🎤 It is known that _____ underwater earthquakes or volcanic eruptions.

2

🎧 As you can see, _____, especially when there's no moisture in the trees.

Q. What can make forest fires difficult to stop?

나의 말로 바꿔보기

no moisture in the trees → dry plants

control → stop

🎤 Dry plants can make _____ .

3

🎧 For example, *Sesame Street* was really designed to _____ _____ .

Q. What was the purpose of the show *Sesame Street*?

나의 말로 바꿔보기

designed → made

teach → help

🎤 It was made to _____ .

4

🎧 In fact, many writers think that Shakespeare is _____
_____.

Q. What opinion do many writers have about Shakespeare?

나의 말로 바꿔보기

think → believe
the greatest → the best

🎤 They believe _____ in the English language.

5

🎧 However, pandas were _____
that anyone that killed a panda was punished.

Q. Why was anyone that killed a panda punished in China?

나의 말로 바꿔보기

pandas were considered in China → Chinese considered them
so → really

🎤 That's because the Chinese considered _____.

6

🎧 They didn't have _____, so fire
was used to direct ships.

Q. In the past, what did people use to guide ships and why?

나의 말로 바꿔보기

fire was used → they used fire
direct → guide

🎤 They _____ because there weren't any
lighthouses.

7

🎧 Cars made it _____ and for a huge
network of roads to connect them.

Q. What effect did cars have on cities?

나의 말로 바꿔보기
made it possible → allowed
connect → travel between

🎤 Cars allowed people _____ and to create a network
of roads to travel between them.

8

🎧 Plants are important _____ of all of the
world's food.

Q. Why are plants important?

나의 말로 바꿔보기
are the source of food → supply with food
all of the world → the whole world

🎤 Plants are important because they _____ .

9

🎧 All tropical cyclones produce powerful winds, _____
_____ .

Q. What are the characteristics of a tropical cyclone?

나의 말로 바꿔보기
powerful → strong
plenty of → lots of

🎤 A tropical cyclone has _____ , and
large waves.

정답 p.365

Daily Test

Q 다음 녹음 내용을 듣고 빈칸을 채워 넣은 후, 질문에 답해 보세요.

01
🎧 I'm so glad that _____
to chat with other students.

Q. What does the speaker like about the orientation?

🎤 _____.

02
🎧 A billboard is a large sign that is found outdoors; _____
_____ where cars often pass.

Q. Where can one see a lot of billboards?

🎤 _____.

03
🎧 This new tutoring service the university is offering is great, because the
university's fees for the service are _____ !

Q. What does the speaker say about the university's tutoring service?

🎤 _____.

04
🎧 I think many of you know that Coney Island was _____
_____ before World War II.

Q. What was Coney Island known for?

🎤 _____.

05

🎧 Some scientists still think there is life on Mars _____
_____ , and Mars is also similar to Earth.

Q. Why do some scientists think there is life on Mars?

🎤 _____ .

06

🎧 Umm . . . there is a bulletin board _____ ,
but students hardly ever go there!

Q. What does the speaker say about the bulletin board near the side door?

🎤 _____ .

07

🎧 I've always wanted to join the writing club, but I'll be very busy this semester
because _____ .

Q. What reason does the speaker give for not joining the writing club?

🎤 _____ .

08

🎧 When there is more solar activity, _____ , and
this cycle has an effect on Earth's weather.

Q. What happens during increased solar activity?

🎤 _____ .

정답 p.368

4th

Week

스피킹 실전 익히기

4주 <스피킹 실전 익히기>에서는 토플 스피킹 시험에서 출제되는 4개의 문제 유형에 대해 본격적으로 배운다. 실제 시험 구성에 맞추어 효과적으로 아웃라인과 노트를 작성하고 답변을 말하는 방법을 익혀 토플 스피킹에 대비해 보자.

Day 1

Q1 나의 선택 말하기

한 가지 문제에 대해 나와 상반되는 의견을 가진 사람들을 설득하려면 어떤 능력이 필요할까요? 나의 말이 설득력을 가지기 위해서는 의견을 분명히 전달해야 할 뿐만 아니라 타당한 근거를 제시해야 합니다. 1번 유형에서는 두 가지 상반되는 내용 중 자신의 선택을 얼마나 효과적으로 전달할 수 있는지 평가하게 됩니다.

아웃라인하기

두 가지 선택사항 중 한 가지를 선택하라는 문제가 제시되고, 준비시간 15초 동안 나의 답안을 위한 아웃라인을 만듭니다. 아웃라인은 나의 선택과 그에 대한 두 가지 이유, 그리고 이유에 대한 구체적 근거로 구성됩니다.

Step 1 ㅣ 나의 선택 적기

- 두 가지 상반되는 의견 중 한 가지를 정합니다.
- 아웃라인을 정리할 때에는 나의 선택을 노트 맨 위에 큰 제목으로 정리합니다.

Step 2 ㅣ 이유 적기

- 나의 선택을 뒷받침할 수 있는 이유 두 가지를 생각합니다.
- 아웃라인을 정리할 때에는 나의 선택 아래에 한 칸 들여 1, 2로 번호를 매기고 이유를 정리합니다.

Step 3 ㅣ 구체적 근거 적기

- 이유를 좀 더 자세하게 설명해 줄 수 있는 구체적 근거를 생각합니다. 이때, 예시를 들어 줄 수도 있고 다른 구체적인 설명을 해 줄 수도 있습니다.
- 아웃라인을 정리할 때에는 이유 아래에 칸을 들여 구체적 근거를 정리합니다.

질문의 예

- 액션 영화와 코미디 영화 중 어느 것을 선호하나요?
- 큰 도시에 있는 대학에 다니는 것과 작은 도시에 있는 대학에 다니는 것 중 어느 것을 선호하나요?
- 시험공부를 혼자 하는 것과 친구들과 함께 하는 것 중 더 좋은 방법은 무엇인가요?
- 'TV를 보는 것은 시간 낭비.'라는 진술에 동의하나요? 반대하나요?
- '학생들은 학교에서 휴대폰을 쓰면 안 된다.'라는 진술에 동의하나요? 반대하나요?
- '대학에 가기에 늦은 나이란 없다.'라는 진술에 동의하나요? 반대하나요?

아웃라인하기의 예

Some people like living with roommates, while others like living alone. Which do you prefer and why? Include details and examples to support your explanation.

어떤 사람들은 룸메이트와 함께 사는 것을 좋아하고, 다른 사람들은 혼자 사는 것을 좋아합니다. 당신은 어느 것을 선호하고 그 이유는 무엇인가요? 구체적인 근거와 예를 들어 답하세요.

아웃라인

나의 선택	roommates	룸메이트
이유 1	1. X feel lonely	외롭지 않음
구체적 근거	– can eat together/talk	함께 식사하거나 이야기할 수 있음
이유 2	2. cheaper	비용이 덜 듦
구체적 근거	– share rent & groceries	집세와 식료품비를 분담함

- 문제에서 제시하는 두 가지 대조되는 의견 중, 나의 선택 roommates를 큰 제목으로 정리합니다.
- 그것을 선택한 이유 두 가지, X feel lonely, cheaper를 나의 선택 아래에 번호를 매기고 정리합니다.
- 각각의 이유를 구체화하는 예시 혹은 세부설명, can eat together/talk와 share rent & groceries를 이유 아래에 칸을 들여 정리합니다.

Track 1

다음 문제를 읽고 아웃라인을 완성하세요.

[1] Some people prefer to take the leadership position in a group, while others prefer to follow. Which do you prefer and why? Include details and examples in your explanation.

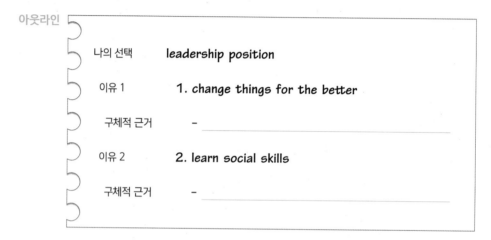

아웃라인

나의 선택	leadership position
이유 1	1. change things for the better
구체적 근거	–
이유 2	2. learn social skills
구체적 근거	–

[2] State whether you agree or disagree with the following statement. Then explain your reasons using specific details in your explanation. **A college education is necessary in order to succeed in life.**

아웃라인

나의 선택	disagree
이유 1	1. successful ppl. X go college
구체적 근거	–
이유 2	2.
구체적 근거	–

3 Some students prefer to learn in a classroom, while others prefer to learn outdoors. Which do you prefer and why? Include details and examples to support your explanation.

아웃라인

나의 선택   *in a classroom*

이유 1   **1.** _____

　구체적 근거   - _____

이유 2   **2.** _____

　구체적 근거   - _____

4 State whether you agree or disagree with the following statement. Then explain your reasons using specific details in your explanation. **Advertisements have too much influence on people's decisions.**

아웃라인

나의 선택   _____

이유 1   **1.** _____

　구체적 근거   - _____

이유 2   **2.** _____

　구체적 근거   - _____

정답 p.371

Course 2 아웃라인 바탕으로 말하기

아웃라인을 바탕으로 45초 동안 답안을 말할 수 있습니다. 이때 답안의 핵심이 되는 나의 선택 문장과 그에 대한 이유 문장 말하기를 배워 봅시다.

01: 나의 선택 말하기

답안을 말할 때에는 항상 자신의 선택을 먼저 밝히면서 시작하는 것이 좋습니다. 자신의 선택이 먼저 드러나면 답안의 논지가 분명해지기 때문입니다.

Step 1 선택 표현 고르기

• 나의 선택을 효과적으로 말하기 위해, 선택을 나타낼 때 쓸 수 있는 표현을 골라서 말합니다.

선택을 말할 때 쓸 수 있는 표현

I prefer A (to / over B)	나는 A를 (B보다) 선호한다
I agree [disagree] with the statement that ~	나는 ~라는 진술에 찬성한다 [반대한다]
I think A is better (than B)	A가 (B보다) 더 낫다고 생각한다
In my opinion	내 생각에는
I like A more than B	나는 A가 B보다 더 좋다
I think / believe / feel that ~	나는 ~라고 생각한다

Step 2 질문에 있는 표현 이용하기

• 질문에 있는 표현을 이용하면 쉽게 말할 수 있습니다.

Step 3 아웃라인 보고 말하기

• 아웃라인에 정리해 놓은 나의 선택 내용과 조합하여 말합니다.

나의 선택 말하기의 예

Track 2

Some people like living with roommates, while others like living alone. Which do you prefer and why? Include details and examples to support your explanation.

어떤 사람들은 룸메이트와 함께 사는 것을 좋아하고, 다른 사람들은 혼자 사는 것을 좋아합니다. 당신은 어느 것을 선호하고 그 이유는 무엇인가요? 구체적인 근거와 예를 들어 답하세요.

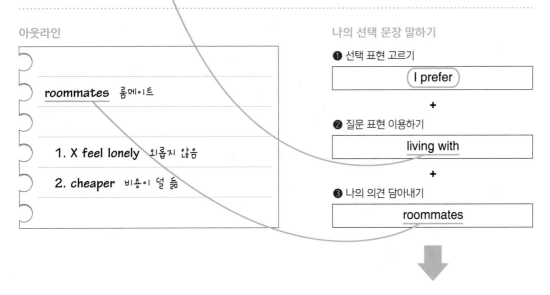

아웃라인

> **roommates** 룸메이트
>
> 1. X feel lonely 외롭지 않음
> 2. cheaper 비용이 덜 듦

나의 선택 문장 말하기

❶ 선택 표현 고르기

I prefer

\+

❷ 질문 표현 이용하기

living with

\+

❸ 나의 의견 담아내기

roommates

나의 선택 문장

(I prefer) living with roommates.

나는 룸메이트와 사는 것을 선호한다.

02: 이유 말하기

첫 문장에서 나의 선택을 밝혔다면, 이유 문장을 통해 나의 선택을 뒷받침해 줍니다.

Step 1 이유 표현 고르기

• 나의 선택을 뒷받침해 주는 두 가지 이유를 말합니다. 이때, 이유를 나타낼 때 쓸 수 있는 표현을 골라서 답을 합니다.

첫 번째 이유를 말할 때 쓸 수 있는 표현

First	첫째로
First of all	무엇보다도
One reason is that ~	한 가지 이유는 ~이다
The first reason is that ~	첫 번째 이유는 ~이다
That's because ~	그것은 ~ 때문이다

두 번째 이유를 말할 때 쓸 수 있는 표현

Second	둘째로
Also	또한
Another reason is that ~	또 다른 이유는 ~이다
The second reason is that ~	두 번째 이유는 ~이다

Step 2 아웃라인 보고 말하기

• 아웃라인에 정리해 놓은 각각의 이유 내용과 조합하여 말합니다.

이유 말하기의 예

Some people like living with roommates, while others like living alone. Which do you prefer and why? Include details and examples to support your explanation.

어떤 사람들은 룸메이트와 함께 사는 것을 좋아하고, 다른 사람들은 혼자 사는 것을 좋아합니다. 당신은 어느 것을 선호하고 그 이유는 무엇인가요? 구체적인 근거와 예를 들어 답하세요.

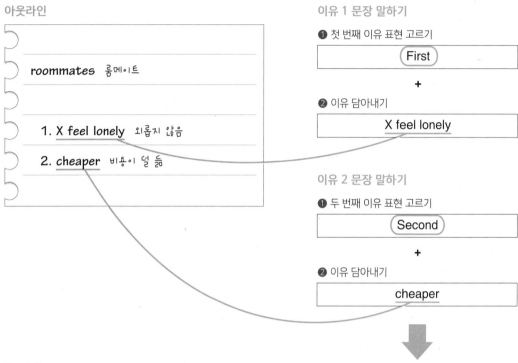

아웃라인

roommates 룸메이트

1. X feel lonely 외롭지 않음

2. cheaper 비용이 덜 듦

이유 1 문장 말하기

❶ 첫 번째 이유 표현 고르기

First

+

❷ 이유 담아내기

X feel lonely

이유 2 문장 말하기

❶ 두 번째 이유 표현 고르기

Second

+

❷ 이유 담아내기

cheaper

Track 3

이유 1 문장

First, I do not feel lonely with a roommate.

첫째로, 나는 룸메이트와 함께 있으면 외롭지 않다.

이유 2 문장

Second, it's cheaper to live with a roommate.

둘째로, 룸메이트와 함께 사는 것은 비용이 덜 든다.

03: 구체적 근거 말하기

특정한 예시나 자세한 설명을 들어 구체적 근거 문장을 말하면, 나의 선택과 그에 대한 이유를 확실하게 뒷받침할 수 있습니다.

Step 1 **구체적 근거 표현 고르기**

- 이유에 대한 구체적인 근거 문장을 만들 때, 예시나 부연 설명을 위해 사용할 수 있는 표현을 골라서 말합니다.

구체적 근거를 말할 때 쓸 수 있는 표현

For example / instance	예를 들어
To be specific	구체적으로
In particular	특히
For one	일례로
As a result	결과적으로
In other words	다시 말하면
Therefore	그러므로

Step 2 **아웃라인 보고 말하기**

- 아웃라인에 정리해 놓은 구체적 근거 내용과 조합하여 말합니다.

구체적 근거 말하기의 예

Some people like living with roommates, while others like living alone. Which do you prefer and why? Include details and examples to support your explanation.

어떤 사람들은 룸메이트와 함께 사는 것을 좋아하고, 다른 사람들은 혼자 사는 것을 좋아합니다. 당신은 어느 것을 선호하고 그 이유는 무엇인가요? 구체적인 근거와 예를 들어 답하세요.

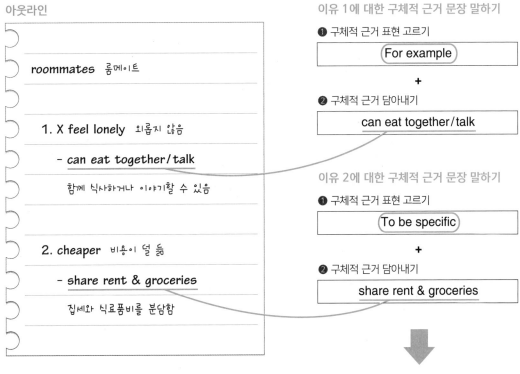

Track 4

이유 1에 대한 구체적 근거 문장

For example, we can eat together or talk to each other when we are both around.

예를 들어, 우리는 같이 있을 때 함께 식사를 하거나 서로 이야기할 수 있다.

이유 2에 대한 구체적 근거 문장

To be specific, we can share the costs of rent and groceries.

구체적으로, 우리는 집세와 식료품비를 분담할 수 있다.

Track 5

🎧 다음 아웃라인을 바탕으로 답안을 말해 보세요.

Some people prefer to take the leadership position in a group, while others prefer to follow. Which do you prefer and why? Include details and examples in your explanation.

나의 선택	**leadership position** 지도자 역할
이유 1	**1. change things for the better** 더 나은 쪽으로 바꿈
구체적 근거	**- unreasonable rule → better one** 비합리적인 규칙을 더 나은 것으로 바꿈
이유 2	**2. learn social skills** 사교적인 기술을 배움
구체적 근거	**- deal w/ a lot of ppl.** 많은 사람들을 대함

나의 선택 말하기

| I prefer | + | take a leadership position |

⬇

I prefer to _____ in a group.
나는 집단에서 지도자 역할을 맡는 것을 선호한다.

이유 1 말하기

| First | + | change things for the better |

⬇

First, I want to _____.
첫째로, 나는 상황을 더 나은 쪽으로 바꾸기를 원한다.

4th Week

Day 1

Day 2

Day 3

Day 4

Day 5

Day 6

Hackers **TOEFL** Speaking Basic

구체적 근거 말하기

| To be specific | + | unreasonable rule → better one |

To be specific, I would have the chance to replace an _____

_____.

구체적으로, 나는 비합리적인 규칙을 더 나은 것으로 바꿀 기회를 가질 수 있다.

이유 2 말하기

| Second | + | learn social skills |

Second, having a leadership position is a good way to _____.

둘째로, 지도자 역할을 하는 것은 사교적인 기술을 배우는 좋은 방법이다.

구체적 근거 말하기

| For example | + | deal w/ a lot of ppl. |

For example, I had to _____ when I was

the president of the student council.

예를 들어, 나는 학생회 회장이었을 때 많은 사람들을 대해야만 했다.

정답 p.372

Daily Test

Q 다음 문제를 읽은 후 아웃라인을 완성하여 답안을 말해 보세요.

01 Some people like spending time at home with their friends, while others prefer to meet them outside. Which do you prefer and why? Include details and examples in your explanation.

나의 선택	**at home** 집에서	
이유 1	1. _____	비용이 덜 듦
구체적 근거	- _____	음식을 준비함
이유 2	2. _____	더 편함
구체적 근거	- _____	편한 옷, 차려 입지 않음

나의 선택

_____ with friends.
나는 친구들과 집에서 시간을 보내는 것을 선호한다.

이유 1

First, _____.
첫째로, 그것은 나가는 것보다 비용이 덜 든다.

구체적 근거

_____, _____ prepare meals together.
구체적으로, 친구들과 나는 함께 음식을 준비할 수 있다.

이유 2

Second, _____.
둘째로, 집에서 사람들을 만나는 것은 더 편하다.

구체적 근거

For example, I _____

_____ dressing up.
예를 들어, 나는 편안한 옷을 입을 수 있고 차려 입을 걱정을 하지 않아도 된다.

02 State whether you agree or disagree with the following statement. Then explain your reasons using specific details in your explanation. **Teachers should encourage group discussions during classes.**

나의 선택	*agree* 동의함	
이유 1	1. _____	의사소통 능력을 개선함
구체적 근거	- _____	의견 표현하는 것을 연습함
이유 2	2. _____	준비하는 동안 많이 배움
구체적 근거	- _____	많은 지식을 얻음

나의 선택

I agree with the statement that _____.
나는 선생님들이 수업시간 동안 토론을 장려해야 한다는 진술에 동의한다.

이유 1

First, students can _____.
첫째로, 학생들은 그들의 의사소통 능력을 개선할 수 있다.

구체적 근거

To be specific, students can _____ clearly

during the discussions.
구체적으로, 학생들은 토론하는 동안 명확하게 그들의 의견을 표현하는 것을 연습할 수 있다.

이유 2

_____, students can _____ for the discussions.
둘째로, 학생들은 토론을 위해 준비하는 동안 많은 것을 배울 수 있다.

구체적 근거

_____, I _____ about history

when I reviewed materials for a discussion in my history class.
예를 들어, 나는 역사 수업 토론을 위해 자료를 복습할 때 역사에 대해 많은 지식을 얻었다.

정답 p.372

Day 2

Q2 읽고 듣고 말하기: 대학 생활

대학 생활 중에는 새로운 장학 정책의 시행, 기숙사 생활에 대한 새로운 학칙과 같은 내용의 정보를 학교 신문, 공지 게시판 등에서 얻게 됩니다. 또한 이에 대해서 자신의 의견을 이야기하는 사람들을 만날 수도 있습니다. 2번 유형은 학교 생활 중에 제시되는 이러한 정보들을 얼마나 잘 습득하여 나의 말로 전달할 수 있는지에 관한 말하기 능력을 알아보는 문제입니다.

Course 1   읽고 듣고 내용 정리하기
Course 2   노트 바탕으로 말하기

Daily Test

Course 1 | 읽고 듣고 내용 정리하기

2번 문제에서는 읽고 들은 내용을 바탕으로 답안을 구성하여 말해야 합니다. 먼저 읽기 지문에서는 문제 전체를 아우르는 토픽과 그에 대한 세부사항을 파악해야 하며, 이어 나오는 듣기 지문에서는 화자가 읽기 지문의 토픽에 대해 밝히는 의견과 그에 대한 이유를 찾아서 정리해야 합니다.

01: 읽고 내용 정리하기

2번 문제의 읽기 지문에서는 대학 생활에서 흔히 접할 수 있는 상황에 관한 정보가 제시됩니다. 예를 들어 학교의 새로운 정책 발표나, 특정 사안에 대해 개인의 의견을 표시하는 학교 신문의 사설, 기고, 혹은 이메일과 같은 형태의 글이 읽기 지문으로 등장합니다. 읽기 지문의 내용을 파악하는 것은 듣기 지문을 듣고 그 내용을 이해하는 데 많은 도움이 되므로 토픽이 무엇인지 잘 정리하도록 합니다.

Step 1 | 토픽 파악하여 적기
- 읽기 지문의 도입부에서 지문 전체의 중심 내용이 제시됩니다. 따라서 지문 상단에서 지문의 토픽을 파악하면서 읽어야 합니다.
- 읽기 노트를 정리할 때에는 지문의 토픽을 노트 맨 위에 큰 제목으로 적습니다.

Step 2 | 세부사항 파악하여 적기
- 지문의 토픽을 이해하고 난 후 그에 대한 구체적인 사항들을 파악하면서 읽어야 합니다.
- 읽기 노트를 정리할 때에는 토픽을 적어 둔 아래에 칸을 들여 세부사항을 적습니다. 이때, 지문에서 제시된 모든 세부사항을 전부 자세하게 정리할 필요는 없습니다.

tip

읽기 지문은 주로 제목과 함께 시작됩니다. 제목에는 글의 토픽이나 출처가 드러나 있으므로, 이를 파악하여 지문의 전반적인 내용을 미리 짐작해 볼 수 있습니다.

읽기 노트 정리하기의 예

읽기 지문

Campus TVs to be Removed

The university will be removing the televisions from most public places on campus. This will include the TVs in all student lounges. Televisions used for academic purposes will stay. The reason for this decision is that the televisions are very noisy. Therefore, the televisions may prevent students from focusing on their studies. The change is expected to be implemented next week.

● 토픽
교내의 텔레비전 제거

● 세부사항
시끄러움

● 세부사항
학업에 집중할 수
없게 함

어휘 **remove**[rimúːv] 제거하다　　**lounge**[laundʒ] 휴게실　　**implement**[ímpləmənt] 시행하다

해석 p.374

읽기 노트

토픽	**remove TVs on campus** 교내 TV 제거
세부사항	**- noisy** 시끄러움
	- X focus on studies 학업에 집중할 수 없음

- 지문의 첫 문장에서 파악한 읽기 지문의 토픽 remove TVs on campus를 읽기 노트 맨 위에 큰 제목으로 정리합니다.
- 토픽에 관한 세부사항인 noisy와 X focus on studies를 토픽 내용 아래 칸을 들여 정리합니다.

02: 들은 내용 정리하기

2번 문제의 듣기 지문은 두 명의 화자가 읽기 지문에 대해 나누는 대화입니다. 이 대화에서는 답안 말하기에 필요한 주요 포인트, 즉 화자의 의견과 이유가 제시됩니다. 따라서 이를 잘 파악하면서 듣기 지문을 정리하도록 합니다.

Step 1 화자의 의견 파악하여 적기

- 두 명의 화자 중 중심화자가 대화 도입부에서 읽기 지문의 토픽에 대한 자신의 의견, 즉 찬성 또는 반대를 밝힙니다. 따라서 듣기 지문 처음부터 집중하여 듣고 이를 파악해야 합니다.
- 듣기 노트를 정리할 때에는 중심화자의 의견을 노트 맨 위에 큰 제목으로 적습니다.

Step 2 이유 파악하여 적기

- 대화가 진행되면서 중심화자가 자신이 왜 찬성 또는 반대하는지에 대한 이유를 제시합니다. 대부분 두 가지의 이유를 제시하므로 이를 파악해야 합니다.
- 듣기 노트를 정리할 때에는 중심화자의 의견을 적어 둔 아래에 한 칸 들여 번호를 매기고 작은 제목으로 이유를 적습니다.

Step 3 구체적 근거 파악하여 적기

- 중심화자는 자세한 설명이나 구체적인 예시를 들어 자신의 이유를 뒷받침합니다. 이를 이유와 함께 연관지어 파악하도록 합니다.
- 듣기 노트를 정리할 때에는 이유를 적어 둔 아래에 칸을 들여 세부사항을 적습니다.

> **tip**
>
> 중심화자는 누구이며 어떻게 찾나요?
>
> 듣기 지문에는 두 명의 화자가 등장합니다. 이때, 대화의 대부분을 차지하면서 내용을 이끌어가는 한 명의 화자가 있는데, 이 화자가 듣기 지문의 중심화자입니다. 중심화자를 찾을 때에는 두 명의 화자 중 적극적으로 자신의 의견을 내세우거나 말의 어조가 강하며 분명한 태도를 보이는 사람을 찾습니다.

듣기 노트 정리하기의 예

M : I don't like the university's decision.

W : Why is that? There'll be less noise and more time to study once the TVs are taken away.

M : Students meet in the lounges to watch TV together and socialize. Without the TVs, they might just stay in their rooms, which means they'll interact with each other less.

W : Yes, I see your point. I didn't think about that.

M : Also, at the end of the day, students need to get rid of the stress from studying. If the university removes the TVs, it'll be taking away a good way to relieve stress.

●의견
학교의 결정이 마음에 들지 않음

●이유 1
함께 TV를 보기 위해 만남

●구체적 근거
TV가 없으면 더 적게 교류

●이유 2
스트레스를 풀 필요가 있음

●구체적 근거
TV를 없애면 스트레스 풀 방법을 뺏게 됨

어휘 **socialize**[sóuʃəlàiz] 어울리다, 사귀다   **interact**[intərǽkt] 교류하다   **relieve stress** 스트레스를 풀다

해석 p.374

듣기 노트

화자의 의견	M: X 남: 반대
이유 1	1. meet to watch TV together 함께 TV를 보기 위해 만남
구체적 근거	- w/o TV → interact ↓ TV가 없음 → 더 적게 교류함
이유 2	2. need to get rid of stress 스트레스를 풀 필요가 있음
구체적 근거	- take away way to relieve stress 스트레스 풀 방법을 뺏음

• 대화 도입부에서 중심화자가 자신의 의견을 밝힌 부분 M: X를 파악하여 듣기 노트 맨 위에 큰 제목으로 정리합니다.

• 학교의 결정에 반대하는 이유 두 가지, meet to watch TV together와 need to get rid of stress를 파악하여 1, 2로 번호를 매기고 작은 제목으로 정리합니다.

• 각각의 이유를 구체화하는 예시 혹은 설명, w/o TV → interact ↓와 take away way to relieve stress를 파악하여 이유 아래에 칸을 들여 정리합니다.

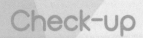

다음 지문을 읽고 노트를 완성하세요. 대화의 경우, 들으면서 빈 곳을 채우고 노트를 완성하세요.

읽기 지문

> ### New Policy on Dormitory Roommates
>
> The university has decided to implement a new dormitory roommate policy. Starting next year, a lottery system will be used to place students in the specific dormitories. The system is not totally random, however. It will ensure that all freshmen are assigned upper-year students as dorm mates.

어휘 **dormitory** [dɔ́:rmətɔ̀:ri] 기숙사 **implement** [ímpləmənt] 시행하다 **lottery system** 추첨제 **random** [rǽndəm] 무작위의
ensure [inʃúər] 보장하다 **assign** [əsáin] 배정하다 **upper-year student** 상급생

읽기 노트

> 토픽   new dorm. roommate policy
>
> 세부사항   - lottery system used
>
>   - _____

🎧 듣기 지문

M : What do you think about the new policy?

W : I think _____. Having assigned roommates will help

us learn how to _____.

M : What do you mean by that?

W : Oh, I mean _____ . . .

or one from _____.

M : I agree. That could be a good learning opportunity.

W : Also, it could be _____. They will have an older student as a

roommate. That would be great for new students who need _____

_____.

M : You're right, I'd love that.

어휘 **deal with** ~을 대하다, 다루다   **personality** [pə̀:rsənǽləti] 성격   **opportunity** [àpərtjú:nəti] 기회   **advice** [ædváis] 조언
guidance [gáidns] 안내

듣기 노트

화자의 의견	_____
이유 1	1. learn how to _____
구체적 근거	- _____
이유 2	2. _____
구체적 근거	- older roommate → _____

정답 p.374

노트 바탕으로 말하기

읽기 지문과 듣기 지문을 통해 정리한 노트를 바탕으로, 질문이 요구하는 답안을 말하게 됩니다. 이때 3번 문제에서 묻는 주요 포인트, 즉 읽기 지문의 토픽에 대한 화자의 의견과 이유를 효과적으로 말할 수 있어야 합니다.

01: 화자의 의견 말하기

답안을 말할 때, 중심화자가 읽기 지문 토픽에 대해 취하는 입장을 첫 문장에서 명확하게 밝혀 줍니다.

Step 1 의견 표현 고르기

• 듣기의 중심화자가 읽기의 토픽 내용에 대해 찬성하는지 반대하는지가 분명히 드러나도록 의견을 나타낼 때 쓸 수 있는 표현을 골라서 말합니다.

화자의 의견을 말할 때 쓸 수 있는 표현

> 주어 thinks it is a good idea
> 주어는 그것이 좋은 의견이라고 생각한다
>
> 주어 does not think it is a good idea
> 주어는 그것이 좋은 의견이라고 생각하지 않는다
>
> 주어 agrees [disagrees] with ~
> 주어는 ~에 찬성한다 [반대한다]
>
> 주어 says that ~
> 주어는 ~라고 말한다

Step 2 노트 보고 말하기

• 듣기 노트에 정리해 놓은 화자의 의견 내용과 조합하여 말합니다.

화자의 의견 말하기의 예

Track 9

The man expresses his opinion regarding the university's announcement. State his opinion and explain the reasons he gives for expressing that opinion.

남자는 대학의 공지에 대한 의견을 표명합니다. 남자의 의견을 말하고 그러한 의견을 표명하는 이유를 설명하세요.

읽기 노트

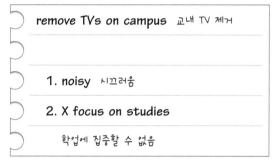

remove TVs on campus 교내 TV 제거

1. **noisy** 시끄러움

2. **X focus on studies**

학업에 집중할 수 없음

듣기 노트

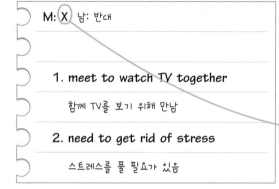

M: X 남: 반대

1. **meet to watch TV together**

함께 TV를 보기 위해 만남

2. **need to get rid of stress**

스트레스를 풀 필요가 있음

화자의 의견 말하기

The man (does not think) it is a good idea.

화자의 의견 문장

The man **does not think** it is a good idea.

남자는 그것이 좋은 의견이라고 생각하지 않는다.

---

tip

어떤 내용에 대한 의견인지 더 자세히 말하고자 할 때에는, 화자의 의견을 말하기 전에 읽기 지문의 주제를 요약하여 덧붙일 수 있습니다. 이때, '읽기 지문에 따르면, ~이다'라는 의미인 "According to the reading, 주어 + 동사"의 표현을 활용하여 읽기 노트의 내용을 바탕으로 말할 수 있습니다.

ex) 읽기 지문에 따르면, 대학은 교내 텔레비전을 제거할 것이다.

According to the reading, the university will remove the televisions on campus.

02: 이유 말하기

읽기 지문에 대한 화자의 의견을 말했다면, 화자가 의견을 뒷받침하기 위해 제시하는 두 가지 이유를 말해야 합니다. 노트에 이유로 정리해 놓은 내용을 문장으로 만들어 말해 봅니다.

Step 1 이유 표현 고르기

• 화자의 의견을 뒷받침해 주는 두 가지 이유를 말합니다. 이때, 이유를 나타낼 때 쓸 수 있는 표현을 골라서 답을 합니다.

첫 번째 이유를 말할 때 쓸 수 있는 표현

First	첫째로
First, 주어 says that ~	첫째로, 주어는 ~라고 말한다
One reason is that ~	한 가지 이유는 ~이다
주어's first reason is that ~	주어의 첫 번째 이유는 ~이다
That's because ~	그것은 ~ 때문이다

두 번째 이유를 말할 때 쓸 수 있는 표현

Second	둘째로
Second/Also, 주어 says that ~	둘째로 / 또한, 주어는 ~라고 말한다
Another reason is that ~	또 다른 이유는 ~이다
주어's second reason is that ~	주어의 두 번째 이유는 ~이다
The second reason is that ~	두 번째 이유는 ~이다

Step 2 노트 보고 말하기

• 듣기 노트에 정리해 놓은 화자의 이유 내용과 조합하여 말합니다.

이유 말하기의 예

The man expresses his opinion regarding the university's announcement. State his opinion and explain the reasons he gives for expressing that opinion.

남자는 대학의 공지에 대한 의견을 표명합니다. 남자의 의견을 말하고 그러한 의견을 표명하는 이유를 설명하세요.

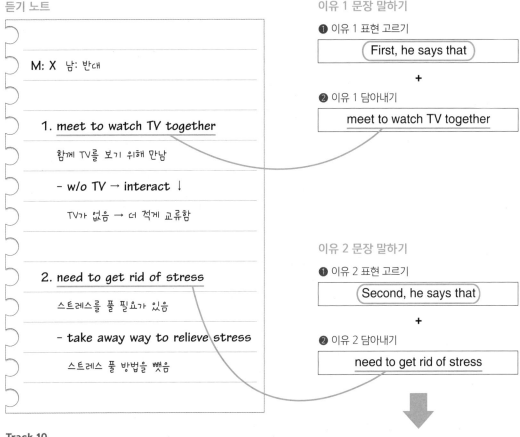

듣기 노트

M: X   남: 반대

1. meet to watch TV together

   함께 TV를 보기 위해 만남

   - w/o TV → interact ↓

   TV가 없음 → 더 적게 교류함

2. need to get rid of stress

   스트레스를 풀 필요가 있음

   - take away way to relieve stress

   스트레스 풀 방법을 뺏음

이유 1 문장 말하기

❶ 이유 1 표현 고르기

First, he says that

+

❷ 이유 1 담아내기

meet to watch TV together

이유 2 문장 말하기

❶ 이유 2 표현 고르기

Second, he says that

+

❷ 이유 2 담아내기

need to get rid of stress

Track 10

이유 1 문장

First, he says that students meet in the lounges to watch TV together.

첫째로, 그는 학생들이 함께 TV를 보려고 휴게실에서 만난다고 말한다.

이유 2 문장

Second, he says that students need to get rid of the stress from studying.

둘째로, 그는 학생들이 공부로 인한 스트레스를 풀 필요가 있다고 말한다.

03: 구체적 근거 말하기

화자의 의견에 대한 이유를 말했다면, 그에 이어서 화자가 자신의 이유를 뒷받침하기 위해 제시한 구체적 근거들을 노트를 보고 문장으로 말해 봅니다.

Step 1 구체적 근거 표현 고르기

• 구체적 근거나 예시를 말할 때 사용할 수 있는 표현을 골라서 나의 이유를 뒷받침합니다.

구체적 근거를 말할 때 쓸 수 있는 표현

So	따라서
Therefore	그러므로
Then	그러면
In other words	다시 말하면
For example / instance	예를 들어
Moreover	게다가
That's because ~	그것은 ~ 때문이다

Step 2 노트 보고 말하기

• 듣기 노트에 정리해 놓은 화자의 구체적 근거 내용과 조합하여 말합니다.

구체적 근거 말하기의 예

The man expresses his opinion regarding the university's announcement. State his opinion and explain the reasons he gives for expressing that opinion.
남자는 대학의 공지에 대한 의견을 표명합니다. 남자의 의견을 말하고 그러한 의견을 표명하는 이유를 설명하세요.

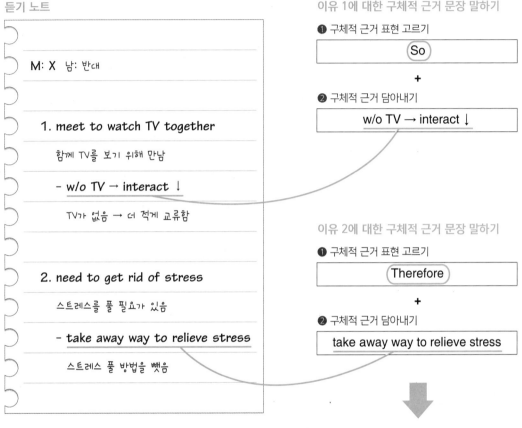

듣기 노트

M: X   남: 반대

1. meet to watch TV together
   함께 TV를 보기 위해 만남

   - w/o TV → interact ↓
   TV가 없음 → 더 적게 교류함

2. need to get rid of stress
   스트레스를 풀 필요가 있음

   - take away way to relieve stress
   스트레스 풀 방법을 뺏음

이유 1에 대한 구체적 근거 문장 말하기

❶ 구체적 근거 표현 고르기

(So)

+

❷ 구체적 근거 담아내기

w/o TV → interact ↓

이유 2에 대한 구체적 근거 문장 말하기

❶ 구체적 근거 표현 고르기

(Therefore)

+

❷ 구체적 근거 담아내기

take away way to relieve stress

Track 11

이유 1에 대한 구체적 근거 문장

(So,) without TVs, they'll interact with each other less.
따라서, TV가 없다면, 그들은 서로 더 적게 교류할 것이다.

이유 2에 대한 구체적 근거 문장

(Therefore,) if the university removes the TVs, it'll be taking away a good way to relieve stress.
그러므로, 대학이 TV를 없앤다면, 스트레스를 풀 좋은 방법을 뺏게 될 것이다.

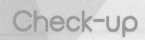
Track 12

🎧 다음 노트를 바탕으로 답안을 완성하여 말해 보세요.

Question: The woman expresses her opinion regarding the new policy. State her opinion and explain the reasons she gives for expressing that opinion.

읽기 노트

> 토픽   **new dorm. roommate policy** 새로운 기숙사 룸메이트 정책
>
> 세부사항   – **lottery system used** 추첨제가 사용됨
>
>   – **freshmen assigned upper-year as dorm mates**
>
>   신입생에게 상급생이 기숙사 룸메이트로 배정됨

듣기 노트

> 화자의 의견   **W: O** 여: 찬성
>
> 이유 1   **1. learn how to deal w/ diff. ppl.** 다른 유형의 사람들을 대하는 방법을 배움
>
> 구체적인 근거   – **diff. personality/another culture** 다른 성격 혹은 다른 문화
>
> 이유 2   **2. helpful for freshmen** 신입생에게 도움이 됨
>
> 구체적인 근거   – **older roommate → advice & guidance**
>
>   선배인 룸메이트 → 조언과 안내

화자의 의견 말하기

| The woman thinks | + | it is a good idea |

⬇

_____ it is a good idea.

여자는 그것이 좋은 의견이라고 생각한다.

이유 1 말하기

| First, she says that | + | learn how to deal w/ diff. ppl. |

⬇

_____ will help them learn how

to deal with different kinds of people.

첫째로, 그녀는 배정된 룸메이트를 갖는 것이 다른 유형의 사람들을 대하는 방법에 대해 배울 수 있도록 도와줄 것이라고
말한다.

구체적 근거 말하기

| For example | + | diff. personality / another culture |

⬇

For example, _____

or even one from another culture.

예를 들어, 그들은 굉장히 다른 성격의 룸메이트 혹은 심지어 다른 문화에서 온 룸메이트를 얻을 수도 있다.

이유 2 말하기

| Second, she says that | + | helpful for freshmen |

⬇

_____ helpful for freshmen.

둘째로, 그녀는 그것이 신입생들에게 도움이 된다고 말한다.

구체적 근거 말하기

| For instance | + | older roommate → advice & guidance |

⬇

For instance, _____ advice and guidance.

예를 들어, 선배인 룸메이트는 조언과 안내를 줄 수 있다.

정답 p.376

Daily Test

Track 13

Q 다음 지문을 읽고 대화를 들은 후, 노트를 완성하여 답안을 말하세요.

Listen to the directions.

Reading Time: 45 seconds

> Dear Editor,
>
> I think the Business Department should make a mandatory internship program in the service industry. One reason is that the service industry is growing very fast. So, many students will enter this industry after graduating. Another reason is that nearly all of the students tend to do their internships in finance. It is important for them to get various kinds of internship experience.
>
> Sincerely,
> Todd Brown

Listen to the dialogue.

Question: The woman expresses her opinion regarding the student's letter. State her opinion and explain the reasons she gives for expressing that opinion.

읽기 노트

토픽	＿＿＿＿＿＿＿＿＿＿＿＿＿＿＿ 서비스 산업에서의 의무적인 인턴십
세부사항	- **growing fast** 빠르게 성장하고 있음
	- **do intern. in finan.** 금융계 인턴을 함

듣기 노트

화자의 의견	＿＿＿＿＿＿ 여: 반대
이유 1	1. ＿＿＿＿＿＿＿＿＿＿＿＿ 경력과 관련된 인턴십 원함
구체적 근거	- X all interested in service ind. 모두가 서비스 산업에 관심 있지는 않음
이유 2	2. ＿＿＿＿＿＿＿＿＿＿＿＿ 이미 많은 경험이 있음
구체적 근거	- **service part-time → X need to do intern.**
	서비스 아르바이트 → 인턴십을 할 필요 없음

읽기 주제

According to the reading, the Business Department should make a mandatory internship program in the service industry.
읽기 지문에 따르면, 경영학부는 서비스 산업에서의 의무적인 인턴십 프로그램을 만들어야 한다.

화자의 의견

The woman _____.
여자는 그것이 좋은 의견이라고 생각하지 않는다.

이유 1

First, she says that _____

_____.
첫째로, 그녀는 경영학 전공자들이 그들의 경력 목표와 관련된 인턴십을 원한다고 말한다.

구체적 근거

In other words, _____.
다시 말하면, 모든 학생이 서비스 산업에서 일하는 것에 관심이 있는 것은 아니다.

이유 2

_____

_____ in the service industry.
둘째로, 그녀는 경영학 학생들이 이미 서비스 산업에서 많은 경험이 있다고 말한다.

구체적 근거

That's because many students already have service-related part-time jobs.

_____, _____.
그것은 많은 학생이 이미 서비스 관련 아르바이트를 하기 때문이다. 따라서, 그곳에서 꼭 인턴십도 할 필요는 없다.

정답 p.376

Day 3

Q3 읽고 듣고 말하기: 대학 강의

예술, 인문, 사회 과학, 자연 과학, 공학 등 대학에서는 여러 가지 다양한 학문적 주제를 공부할 수 있는 능력이 요구됩니다. 특히 영어권에서 공부하는 학습자들은 위와 같은 내용에 대한 글을 읽거나 듣고 소화할 수 있어야 합니다. 3번 유형에서는 이러한 학문적인 내용에 대한 정보를 얼마나 잘 이해하고 말할 수 있는지를 평가하게 됩니다.

3번 문제에 대한 간단한 설명에 이어 바로 읽기 지문이 제시됩니다. 읽기 지문은 대학 수업 교과서에서 접할 수 있는 학문적인 내용의 글이 주를 이룹니다. 읽기 지문을 읽는 데 45초 또는 50초의 시간이 주어지며, 이 시간 동안 지문의 내용을 정리해야 합니다. 이때, 읽기 지문의 토픽과 그에 대한 개념 위주로 내용을 정리합니다. 읽기가 끝나면 바로 듣기 지문을 듣게 됩니다. 듣기 지문은 읽기 지문 토픽에 대한 강의 내용입니다. 이 강의 속에는 읽기 지문에서 소개된 토픽에 대한 예시와 그에 대한 구체적인 설명이 나오므로 이를 파악하며 지문 내용을 정리합니다.

01: 읽고 내용 정리하기

3번 문제 읽기 지문의 핵심적인 내용인 토픽과 그에 대한 개념이 설명된 부분을 파악하여 정리합니다.

Step 1 토픽 파악하여 적기
- 지문의 제목은 읽기 지문과 듣기 지문 전체를 아우르는 토픽이 됩니다.
- 읽기 노트를 정리할 때에는 토픽, 즉 읽기 지문의 제목을 노트 맨 위에 큰 제목으로 적습니다.

Step 2 개념 파악하여 적기
- 지문의 도입부에서 토픽에 대한 개념이 제시됩니다. 토픽의 개념에 대해 설명하는 중심내용을 파악하며 읽습니다.
- 읽기 노트를 정리할 때에는 토픽을 적어 둔 아래에 개념에 대한 키워드를 적습니다.

읽기 노트 정리하기의 예

읽기 지문

> **Passive-Aggressive Behavior** ●─토픽
> 수동 공격적 행동
>
> Passive-aggressive behavior is the act of dealing with negative feelings towards ●─개념
> 다른 사람에 대한
> another person in an indirect way. Rather than expressing unhappiness 부정적인 감정을
> 간접적으로 다루는 행동
> directly to that person, passive-aggressive individuals pretend that they are not
> upset at first. However, they eventually reveal their true feelings by acting in a ●─화가 나지 않은 척 하지만,
> 부정적으로 행동하여
> negative manner. Such behavior typically takes the form of non-verbal actions 결국 진짜 감정을 드러냄
> that are meant to bother the other person.

어휘 **deal with** ~을 다루다, 대하다　**reveal**[rivíːl] 드러내다　**non-verbal** 비언어적인　**be meant to** ~할 의도이다

해석 p.378

읽기 노트

토픽	**passive-aggressive behavior**　수동 공격적 행동
개념	**- deal w/ negative feelings indirect**　간접적으로 부정적인 감정 다룸
	- pretend X upset → act negative　화가 나지 않은 척함 → 부정적으로 행동

- 지문의 제목에서 파악한 읽기 지문의 토픽 passive-aggressive behavior를 읽기 노트 맨 위에 큰 제목으로 정리합니다.
- 지문에 토픽의 개념을 설명하는 부분인 deal w/ negative feelings indirect와 pretend X upset → act negative를 토픽 내용 아래 칸을 들여 정리합니다.

02: 들은 내용 정리하기

3번 문제의 듣기 지문에서는 읽기 지문에서 소개된 토픽에 대한 예시가 제시됩니다. 이는 주로 강의 형식으로, 교수나 강사가 토픽에 관한 구체적인 예시와 설명을 함께 말합니다. 듣기 지문의 주요 내용을 파악하여 정리하는 법을 배워 봅시다.

Step 1 토픽에 대한 예시 파악하여 적기

- 강의가 시작되면, 간단한 도입부 후에 토픽에 대한 예시가 언급됩니다. 이때, 예시는 한 가지 또는 두 가지가 제시됩니다. 듣기 지문 처음부터 집중하여 듣고 예시를 파악해야 합니다.
- 듣기 노트를 정리할 때에는 토픽에 대한 예시를 노트의 맨 위에 큰 제목으로 적습니다. 예시가 두 가지일 경우 1, 2로 번호를 매기고 정리합니다.

Step 2 세부 사항 파악하여 적기

- 예시가 소개되고 나면 이에 대한 자세한 설명이나 세부적인 내용이 이어집니다.
- 듣기 노트를 정리할 때에는 예시를 적어 둔 아래에 한 칸 들여 세부사항 내용을 적습니다.

듣기 노트 정리하기의 예

듣기 지문 **Track 14**

Today we'll be looking at two forms of passive-aggressive behavior. For example, um, one of the most common is denial. To express his anger, a passive-aggressive person will simply deny that there's even a problem. In fact, this individual will simply avoid discussing the problem. And well . . . when it's impossible to avoid discussion, he might even try to change the subject. Obstructive behavior is another example of passive aggressiveness. Instead of voicing displeasure and risking anger from others, a passive-aggressive person acts in, uh, unproductive ways. For instance, imagine a situation in which a worker doesn't want to do a job he was assigned. He may purposely make mistakes or work very slowly.

- 예시 1
  부정
- 세부사항
  논의를 회피하고, 심지어 화제를 바꾸려고 함
- 예시 2
  방해되는 행동
- 세부사항
  비생산적인 방식으로 행동하고, 고의로 실수를 하거나 느리게 일함

어휘 **denial**[dináiəl] 부정, 부인 **obstructive**[əbstrʌ́ktiv] 방해되는 **voice**[vɔis] (말로) 나타내다
unproductive[ʌ̀nprədʌ́ktiv] 비생산적인

해석 p.378

듣기 노트

예시 1	**1. denial** 부정
세부사항	- **avoid prob.** 문제 회피
	- **change subject** 화제 바꿈
예시 2	**2. obstructive behavior** 방해되는 행동
세부사항	- **act unproductive** 비생산적으로 행동
	- **purposely make mistakes / work slowly** 고의로 실수를 하거나 느리게 일함

- 강의 내용 중 교수가 토픽에 관한 예시를 제시한 부분을 파악하여 denial과 obstructive behavior를 각각 1, 2로 번호를 매기고 큰 제목으로 정리합니다.
- 각각의 예시를 구체적으로 설명하는 내용, avoid prob., change subject와 act unproductive, purposely make mistakes / work slowly를 파악하여 예시 내용 아래 한 칸을 들여 세부사항으로 정리합니다.

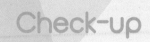

다음 지문을 읽고 노트를 완성하세요. 강의의 경우, 들으면서 빈 곳을 채우고 노트를 완성하세요.

읽기 지문

> **Contrast Effect**
>
> The contrast effect is a distortion of perception that occurs when similar things are viewed together. Due to this effect, people sometimes fail to make objective evaluations of size, color, or brightness. For example, a person's height may appear average when he or she is standing alone. However, the same person would be perceived as short when standing next to a taller person.

어휘 **distortion** [distɔ́ːrʃən] 왜곡   **perception** [pərsépʃən] 인식   **objective** [əbdʒéktiv] 객관적인   **evaluation** [ivæ̀ljuéiʃən] 평가
average [ǽvəridʒ] 평균의

읽기 노트

토픽	contrast effect
개념	- _____ when similar things viewed together
	- due to this, ppl. _____

🎧 듣기 지문

Today, what I want to talk about is the contrast effect . . . something that I'm certain has affected all of you at one time or another. An example is _____ _____ . When I got to the store, I _____ _____ . It _____ , so I decided to buy it.
But then I _____ on the next shelf. When I saw these two monitors together, I suddenly _____ . So I bought the 27-inch one, but I ended up _____ . This is because I realized when I got home that the 24-inch monitor would have been adequate . . . I had been fooled by the contrast effect.

어휘 at one time or another 한 번쯤은   suddenly[sʌ́dnli] 갑자기   end up ~ing 결국 ~하게 되다   regret[rigrét] 후회하다
realize[ríːəlàiz] 깨닫다   adequate[ǽdikwət] 충분한   fool[fuːl] 속이다

듣기 노트

예시 1	1. _____	
세부사항	- _____	
	- _____ → **decided to buy it**	
예시 2	2. _____	
세부사항	- _____	
	- **bought 27-inch** → _____	

정답 p.379

노트 바탕으로 말하기

읽기 지문과 듣기 지문을 정리한 노트를 바탕으로 3번 문제를 위한 답안을 말합니다. 답안에는 토픽과 그에 대한 예시 내용이 모두 포함되어야 합니다.

01: 토픽 말하기

읽기와 듣기 지문이 공통으로 제시하고 있는 토픽을 답안의 첫 문장에서 말합니다. 이때, 듣기 지문의 화자가 토픽에 관한 예를 제시하고 있다는 내용으로 문장을 구성할 수도 있으며, 전체 토픽이 무엇인지만 간단히 밝혀 줄 수도 있습니다.

Step 1 토픽 표현 고르기

• 읽기와 듣기 지문 전체의 중심이 되는 토픽을 말하는 데 적합한 표현을 골라서 말합니다.

토픽을 말할 때 쓸 수 있는 표현

> **The professor uses an [two] example to explain ~**
> 교수는 한 [두] 가지 예를 들어 ~을 설명한다
>
> **The professor uses a personal experience to explain ~**
> 교수는 개인적인 경험담을 들어 ~을 설명한다
>
> **The professor talks about ~**
> 교수는 ~에 대하여 이야기한다

Step 2 노트 보고 말하기

• 듣기 노트에 정리해 놓은 토픽 내용과 조합하여 말합니다.

토픽 말하기의 예

Track 16

The professor provides two examples. Explain how they illustrate the concept of passive-aggressive behavior.
교수는 두 가지 예를 제시합니다. 두 가지 예가 어떻게 수동 공격적 행동의 개념을 나타내는지 설명하세요.

읽기 노트

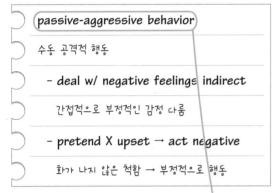

(passive-aggressive behavior)

수동 공격적 행동

- deal w/ negative feelings indirect

간접적으로 부정적인 감정 다룸

- pretend X upset → act negative

화가 나지 않은 척함 → 부정적으로 행동

듣기 노트

1. denial 부정

- avoid prob. 문제 회피

- change subject 화제 바꿈

2. obstructive behavior 방해되는 행동

- act unproductive 비생산적으로 행동

- purposely make mistakes / work

slowly 고의로 실수를 하거나 느리게 일함

토픽 말하기

❶ 토픽 표현 고르기

(The professor uses two examples) (to explain)

+

❷ 토픽 담아내기

passive-aggressive behavior

토픽 문장

(The professor uses two examples to explain) passive-aggressive behavior.

교수는 두 가지 예를 들어 수동 공격적 행동을 설명한다.

02: 예시 말하기

첫 문장에서 토픽을 밝혀 주었다면, 이에 이어서 토픽을 설명하기 위해 제시된 예시들을 말합니다.

Step 1 예시 표현 고르기

• 토픽을 설명해 주는 예시를 말합니다. 이때, 예시를 나타낼 때 쓸 수 있는 표현을 골라서 답을 합니다.

첫 번째 예시를 말할 때 쓸 수 있는 표현

First, 주어 describes (how) ~	첫째로, 주어는 ~(함)을 설명한다
The first example is ~	첫 번째 예는 ~이다
The first example the professor gives is ~	교수가 제시하는 첫 번째 예는 ~이다
The example is ~	그 예는 ~이다

두 번째 예시를 말할 때 쓸 수 있는 표현

Second/Then, 주어 describes (how) ~	둘째로/그다음, 주어는 ~(함)을 설명한다
The second example is ~	두 번째 예는 ~이다
The second example the professor gives is ~	교수가 제시하는 두 번째 예는 ~이다

Step 2 노트 보고 말하기

• 듣기 노트에 정리해 놓은 각각의 예시 내용과 조합하여 말합니다.

예시 말하기의 예

The professor provides two examples. Explain how they illustrate the concept of passive-aggressive behavior.
교수는 두 가지 예를 제시합니다. 두 가지 예가 어떻게 수동 공격적 행동의 개념을 나타내는지 설명하세요.

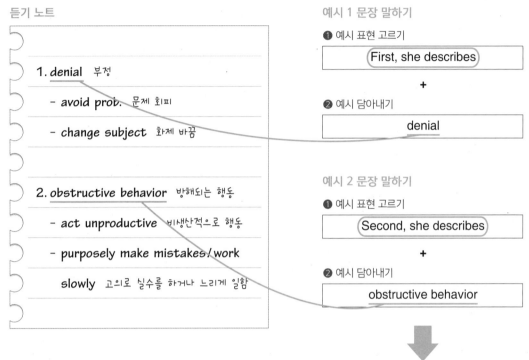

듣기 노트

1. denial 부정

   - avoid prob. 문제 회피

   - change subject 화제 바꿈

2. obstructive behavior 방해되는 행동

   - act unproductive 비생산적으로 행동

   - purposely make mistakes / work

     slowly 고의로 실수를 하거나 느리게 일함

예시 1 문장 말하기

❶ 예시 표현 고르기

First, she describes

+

❷ 예시 담아내기

denial

예시 2 문장 말하기

❶ 예시 표현 고르기

Second, she describes

+

❷ 예시 담아내기

obstructive behavior

Track 17

예시 1 문장

First, she describes denial.

첫째로, 그녀는 부정을 설명한다.

예시 2 문장

Second, she describes obstructive behavior.

둘째로, 그녀는 방해되는 행동을 설명한다.

03: 세부사항 말하기

토픽에 대한 예시를 말한 다음, 이 예시를 자세히 설명해 주는 세부적인 내용을 말합니다.

Step 1 세부사항 표현 고르기

- 구체적인 설명을 위해 사용할 수 있는 표현을 골라서 예시에 대한 세부사항을 말합니다.

세부사항을 말할 때 쓸 수 있는 표현

This means ~	이는 ~을 말한다
To be specific	구체적으로
However	하지만
Although / Even though	비록 ~하지만
So	그래서, 따라서
Therefore	그러므로
Since	~이기 때문에, ~이므로
As a result / Consequently	그 결과, 결과적으로

Step 2 노트 보고 말하기

- 듣기 노트에 정리해 놓은 세부사항 내용과 조합하여 말합니다.

세부사항 말하기의 예

4th Week
Day 2
Day 2
Day 3
Day 4
Day 5
Day 6
Hackers TOEFL Speaking Basic

The professor provides two examples. Explain how they illustrate the concept of passive-aggressive behavior.
교수는 두 가지 예를 제시합니다. 두 가지 예가 어떻게 수동 공격적 행동의 개념을 나타내는지 설명하세요.

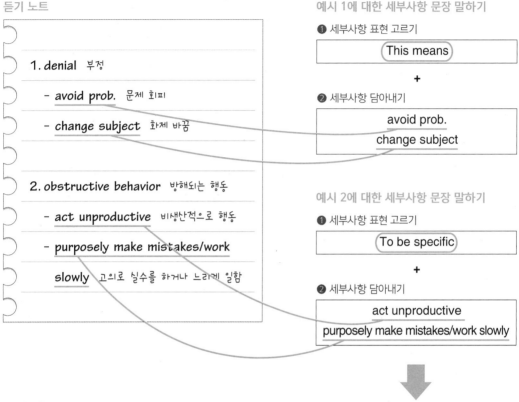

듣기 노트

1. denial 부정
   - avoid prob. 문제 회피
   - change subject 화제 바꿈

2. obstructive behavior 방해되는 행동
   - act unproductive 비생산적으로 행동
   - purposely make mistakes/work slowly 고의로 실수를 하거나 느리게 일함

예시 1에 대한 세부사항 문장 말하기

❶ 세부사항 표현 고르기

This means

+

❷ 세부사항 담아내기

avoid prob.
change subject

예시 2에 대한 세부사항 문장 말하기

❶ 세부사항 표현 고르기

To be specific

+

❷ 세부사항 담아내기

act unproductive
purposely make mistakes/work slowly

Track 18

예시 1에 대한 세부사항 문장

This means a passive-aggressive person avoids the problem, and even tries to change the subject.
이는 수동 공격적인 사람은 문제를 회피하고, 심지어는 화제를 바꾸려고 하는 것을 말한다.

예시 2에 대한 세부사항 문장

To be specific, a passive-aggressive worker acts in unproductive ways and may purposely make mistakes or work slowly.
구체적으로, 수동 공격적인 직원은 비생산적인 방식으로 행동하고, 고의로 실수를 하거나 느리게 일할 수도 있다.

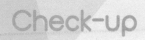

Track 19

다음 노트를 바탕으로 답안을 완성하여 말해 보세요.

Question: The professor describes a personal experience. Explain how it illustrates the concept of the contrast effect.

읽기 노트

토픽	contrast effect 대비 효과
개념	- distort. of percept. when similar things viewed together
	비슷한 것들이 함께 보일 때 일어나는 인식 왜곡
	- due to this, ppl. fail to make obj. evaluations
	이 때문에, 사람들은 객관적인 평가를 하는 데 실패함

듣기 노트

예시 1	1. exp. shopping for monitor 모니터를 구매한 경험
세부사항	- looked at 24-inch monitor 24인치 모니터를 봄
	- seemed big enough → decided to buy it
	충분히 커 보임 → 그것을 사기로 함
예시 2	2. noticed 27-inch monitor 27인치 모니터를 보게 됨
세부사항	- thought 1st one too small 첫 번째 것이 너무 작다고 생각됨
	- bought 27-inch → regretted decision 27인치를 삼 → 결정을 후회함

The professor uses a personal experience to explain	+	*contrast effect*

The professor _____.

교수는 개인적인 경험을 들어 대비 효과를 설명한다.

예시 1 말하기

First, he describes	+	*exp. shopping for monitor*

First, he describes _____.

첫째로, 그는 컴퓨터 모니터를 구매한 그의 경험을 설명한다.

세부사항 말하기

To be specific	+	*looked at 24-inch monitor* *seemed big enough → decided to buy it*

To be specific, _____,

so _____.

구체적으로, 그가 24인치 모니터를 봤을 때, 그것이 충분히 커 보여서, 그는 그것을 사기로 했다.

예시 2 말하기

Then, he describes	+	*noticed 27-inch monitor*

Then, he describes _____.

그러고 나서, 그는 27인치 모니터를 보게 되었음을 설명한다.

세부사항 말하기

Since	+	*thought 1st one too small* *bought 27-inch → regretted decision*

Since _____,

but _____.

그는 첫 번째 모니터가 너무 작다고 생각했기 때문에 27인치짜리를 샀지만, 나중에 그의 결정을 후회했다.

정답 p.380

Daily Test

 다음 지문을 읽고 강의를 들은 후, 노트를 완성하여 답안을 말하세요.

> Listen to the directions.

Reading Time: 45 seconds

Division of Labor

Division of labor involves assigning specific tasks to specific groups of individuals. This has been observed in the animal kingdom, specifically in several kinds of insects. Since insects live in large groups, it is more efficient for them to divide their labor. This kind of cooperation ensures their survival and the survival of the next generation.

> Listen to the lecture.

Question: Explain how the examples from the lecture illustrate division of labor.

읽기 노트

토픽	division of labor 분업
개념	- _____ 특정한 그룹들에게 과업을 배정함
	- ↑ efficient → ensures survival 더 효율적임 → 생존을 보장함

듣기 노트

예시 1	1. _____ 여왕벌
세부사항	- mate w/ male & lay ↑ eggs 수벌과 짝짓기해서 많은 알을 낳음
	- _____ 벌의 후손을 만들어 냄
예시 2	2. _____ 일벌
세부사항	- _____ 군생과 여왕을 돌봄
	- ex) feed queen, keep hive clean
	예) 여왕에게 먹이를 주고, 벌집을 깨끗하게 유지함

토픽

_____

division of labor.

교수는 두 가지 예를 들어 분업을 설명한다.

예시 1

_____, he describes _____.

첫째로, 그는 여왕벌을 설명한다.

세부사항

_____, they mate with male bees and _____

to create the future generations of bees.

구체적으로, 그들은 벌의 후손을 만들어내기 위해 수벌과 짝짓기해서 많은 알을 낳는다.

예시 2

_____, he describes _____.

둘째로, 그는 일벌을 설명한다.

세부사항

_____. For example, they feed the queen and

keep the hive clean.

그들은 군생과 여왕을 돌본다. 예를 들어, 그들은 여왕에게 먹이를 주고 벌집을 깨끗하게 유지한다.

정답 p.380

Day 4

Q4 듣고 말하기: 대학 강의

학회, 세미나, 강의, 포럼... 이처럼 학교생활 중에 학문과 관련된 내용
을 들을 수 있는 기회가 많습니다. 4번 유형은 이런 자리에서 들을 수
있는 주제의 내용을 얼마나 잘 이해하고 이를 요약하여 다시 말할 수
있는지를 묻고 평가하는 문제입니다.

Course 1   들은 내용 정리하기
Course 2   노트 바탕으로 말하기

Daily Test

Course 1 들은 내용 정리하기

4번 문제에 대한 간단한 설명 후 바로 듣기 지문이 제시됩니다. 듣기 지문은 학문적인 토픽에 대한 대학 강의의 한 부분으로 구성됩니다. 강의를 들으면서 토픽이 무엇인지, 그에 대한 서브토픽으로 무엇이 제시되는지, 그리고 그에 대해 설명하는 부분을 파악하면서 지문 내용을 정리합니다.

Step 1 토픽 파악하기

- 강의 도입부에서 교수는 강의가 무엇에 관한 것인지, 즉 강의의 토픽을 먼저 밝힙니다. 따라서 듣기 지문 처음부터 집중하여 듣고 이를 파악해야 합니다.
- 듣기 노트를 정리할 때에는 강의의 토픽을 노트 맨 위에 큰 제목으로 적습니다.

Step 2 서브토픽 파악하기

- 토픽에 대한 소개에 이어, 그에 따른 두 가지 서브토픽이 제시됩니다. 강의 속에서 두 가지를 모두 찾아낼 수 있도록 집중해야 합니다.
- 듣기 노트를 정리할 때에는 강의의 토픽을 적어 둔 아래에 번호를 매기고 작은 제목으로 서브토픽을 적습니다.

Step 3 세부사항 파악하기

- 서브토픽이 언급되고 나면 이에 대한 세부사항이 제시됩니다. 이 세부사항은 서브토픽에 대한 구체적 설명이 언급될 수도 있고, 서브토픽에 대한 예시가 언급될 수도 있습니다.
- 듣기 노트를 정리할 때에는 서브토픽을 적어 둔 아래에 칸을 들여 세부사항을 적습니다.

듣기 지문 **Track 21**

As you know, humans have been constructing roads to get around for thousands of years. Today we'll be discussing some of the negative effects of roads on wildlife.

First, there's the effect of traffic. Well, in the natural world, animals need to migrate to find food and mates. Traffic, however, can turn roads into barriers across the land . . . which, um, many animals can't cross because they're too scared. Also, animals that do try crossing roads are often injured or killed by cars. It's as if they're trapped on islands . . . not very pleasant, right?

Second, there's the effect of water pollution from roads. Roads are covered with harmful pollutants such as gasoline and uh, motor oil. When it rains or snows, these pollutants flow off roads and into streams and ponds. Keep in mind that many animals live in or drink this polluted water . . . so they may end up getting sick.

● 토픽
야생 생물에게 끼치는
도로의 부정적인 영향

● 서브토픽 1
교통

● 세부사항
- 음식과 짝짓기를 위해
이동해야 하지만 도로
장벽
- 건너지 못함, 다치거나
죽음

● 서브토픽 2
수질 오염

● 세부사항
- 오염 물질이 시내와
연못으로 흘러듦
- 병에 걸림

어휘 **migrate**[máigreit] 이동하다　**barrier**[bǽriər] 장벽　**pollutant**[pəlúːtnt] 오염 물질

해석 p.382

듣기 노트

토픽	**negative effects of roads on wildlife** 야생 생물에게 끼치는 도로의 부정적인 영향
서브토픽 1	1. **traffic** 교통
세부사항	- **turn road into barrier** 도로를 장벽이 되게 함
	- **X cross, injured / killed** 못 건넘, 다침/죽음
서브토픽 2	2. **water pollution** 수질 오염
세부사항	- **pollutant → stream & pond** 오염 물질이 시내 & 연못으로 흘러듦
	- **get sick** 병에 걸림

- 강의 도입부에 교수가 소개하는 강의 전체의 토픽 negative effects of roads on wildlife를 노트 맨 위에 큰 제목으로 정리합니다.
- 이어서 교수가 설명한 서브토픽 두 가지, traffic과 water pollution을 파악하여 각각 1, 2 번호를 매기고 큰 제목 아래 작은 제목으로 정리합니다.
- 각각의 서브토픽을 구체적으로 설명하는 세부사항, turn road into barrier, X cross, injured/killed와 pollutant → stream & pond, get sick을 파악하여 서브토픽 아래에 칸을 들여 정리합니다.

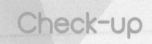

Track 22

🎧 다음 강의를 들으며 빈 곳을 채운 후, 노트를 완성하세요.

듣기 지문

> Last class, we talked about the benefits of having celebrities promote products. Now let's turn to _____.
>
> Companies should be aware that there's the risk of overexposure–that is, if one celebrity promotes too many products at the same time, people will often lose trust in the products.
>
> As an example, there was _____
> in the same year. _____
> _____. In the end, um, people _____
> _____, they _____.
>
> Another potential problem is negative publicity. If _____,
> his or her _____. This is a concern
> because the company has strongly linked its product with the celebrity. _____
>
> _____.
>
> In some cases, this can lead to a significant decline in sales.

어휘 **celebrity**[səlébrəti] 유명인사 **promote**[prəmóut] 홍보하다 **overexposure**[òuvərikspóuʒər] 과잉 노출
in the end 결국 **potential**[pəténʃəl] 잠재적인 **publicity**[pʌblísəti] 여론 **link**[liŋk] 관련짓다
perception[pərsépʃən] 인식 **decline**[dikláin] 감소

듣기 노트

토픽 _____

서브토픽 1   1. overexposure

세부사항   - ex) _____

                - ppl. think he do for $ → _____

서브토픽 2   2. negative publicity

세부사항   - celeb. makes mistake → _____

                - _____ → _____

정답 p.382

노트 바탕으로 말하기

들은 내용의 정리가 끝나면, 완성된 노트를 바탕으로 강의 내용을 요약하여 말합니다. 답안의 핵심이 되는 토픽, 서브토픽, 그리고 서브토픽에 대한 세부사항을 말해 봅시다.

01: 토픽 말하기

강의에서 다룬 전체 토픽을 첫 문장에서 말해주면 자연스럽게 답안 말하기를 시작할 수 있습니다.

Step 1 토픽 표현 고르기

- 강의의 토픽을 요약할 때에는 간결하고 명확하게 말해야 합니다. 이때, 토픽을 말할 때 쓸 수 있는 표현을 골라서 말합니다.

토픽을 말할 때 쓸 수 있는 표현

The professor explains ~	교수는 ~을 설명한다
The lecture is about ~	강의는 ~에 관한 것이다
The lecture describes ~	강의는 ~을 설명한다
According to the lecture	강의에 따르면
The lecture says that ~	강의는 ~라고 말한다
There are two ways to ~	~하기 위한 두 가지 방법이 있다

Step 2 노트 보고 말하기

- 듣기 노트에 정리해 놓은 토픽 내용과 조합하여 말합니다.

토픽 말하기의 예

Track 23

Using points and examples from the talk, describe two negative effects of roads on wildlife.

강의의 중심 내용과 예를 이용하여, 야생 생물에게 끼치는 도로의 부정적인 영향 두 가지를 설명하세요.

듣기 노트

토픽 문장 말하기

❶ 토픽 표현 고르기

The professor explains

+

❷ 토픽 담아내기

negative effects of roads on wildlife

토픽 문장

(The professor explains) the negative effects of roads on wildlife.

교수는 야생 생물에게 끼치는 도로의 부정적 영향을 설명한다.

O2: 서브토픽 말하기

첫 문장에서 전체 강의의 토픽을 밝힌 후에, 토픽에 대한 하부 개념으로 서브토픽 두 가지를 말합니다.

Step 1 서브토픽 표현 고르기

• 서브토픽을 나타낼 때 쓸 수 있는 표현을 골라서 강의에 나온 두 가지 내용을 말합니다.

첫 번째 서브토픽을 말할 때 쓸 수 있는 표현

First, 주어 describes (how) ~	첫째로, 주어는 ~(함)을 설명한다
The professor first talks about ~	교수는 첫째로 ~에 대하여 이야기한다
According to the lecture	강의에 따르면
The professor gives an example of ~	교수는 ~의 예를 제시한다

두 번째 서브토픽을 말할 때 쓸 수 있는 표현

Second, 주어 describes (how) ~	둘째로, 주어는 ~(함)을 설명한다
And the professor talks about ~	그리고 교수는 ~에 대하여 이야기한다
On the other hand	반면에
However	하지만

Step 2 노트 보고 말하기

• 듣기 노트에 정리해 놓은 각각의 서브토픽 내용과 조합하여 말합니다.

서브토픽 말하기의 예

Using points and examples from the talk, describe two negative effects of roads on wildlife.
강의의 중심 내용과 예를 이용하여, 야생 생물에게 끼치는 도로의 부정적인 영향 두 가지를 설명하세요.

듣기 노트

negative effects of roads on wildlife

야생 생물에게 끼치는 도로의 부정적인 영향

1. traffic 교통

   - turn road into barrier

     도로를 장벽이 되게 함

   - X cross, injured / killed

     못 건넘, 다침 / 죽음

2. water pollution 수질 오염

   - pollutant → stream & pond

     오염 물질 → 시내 & 연못으로 흘러듦

   - get sick 병에 걸림

서브토픽 1 문장 말하기

❶ 서브토픽 표현 고르기

> First, he describes

+

❷ 서브토픽 담아내기

> traffic

서브토픽 2 문장 말하기

❶ 서브토픽 표현 고르기

> Second, he describes

+

❷ 서브토픽 담아내기

> water pollution

Track 24

서브토픽 1 문장

First, he describes the effect of traffic.

첫째로, 그는 교통의 영향을 설명한다.

서브토픽 2 문장

Second, he describes the effect of water pollution.

둘째로, 그는 수질 오염의 영향을 설명한다.

03: 세부사항 말하기

각각의 서브토픽을 말한 후, 이를 자세히 설명하는 세부사항을 요약하여 말합니다. 이때 서브토픽과 토픽과의 관계를 잘 나타낼 수 있도록 말하는 것이 중요합니다.

Step 1 세부사항 표현 고르기

• 서브토픽에 관한 내용을 요약하며 말하면서, 그에 대한 세부사항들을 함께 말해야 합니다. 이때, 세부사항을 말할 때 사용할 수 있는 표현을 고릅니다.

세부사항을 말할 때 쓸 수 있는 표현

For example / instance	예를 들어
To be specific	구체적으로
The professor gives an example of ~	교수는 ~의 예를 제시한다
Because / Since ~	~이기 때문에, ~이므로
However	하지만
One [The] example the professor gives is ~	교수가 제시한 한 [그] 예는 ~이다
The first [second] example is ~	첫 번째 [두 번째] 예는 ~이다

Step 2 노트 보고 말하기

• 듣기 노트에 정리해 놓은 예시 내용과 조합하여 말합니다.

세부사항 말하기의 예

Using points and examples from the talk, describe two negative effects of roads on wildlife.
강의의 중심 내용과 예를 이용하여, 야생 생물에게 끼치는 도로의 부정적인 영향 두 가지를 설명하세요.

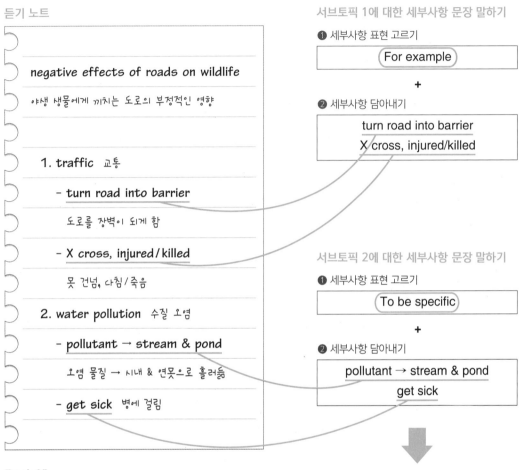

듣기 노트

negative effects of roads on wildlife
야생 생물에게 끼치는 도로의 부정적인 영향

1. traffic 교통
   - turn road into barrier
     도로를 장벽이 되게 함
   - X cross, injured / killed
     못 건넘, 다침 / 죽음

2. water pollution 수질 오염
   - pollutant → stream & pond
     오염 물질 → 시내 & 연못으로 흘러듬
   - get sick 병에 걸림

서브토픽 1에 대한 세부사항 문장 말하기

❶ 세부사항 표현 고르기

For example

＋

❷ 세부사항 담아내기

turn road into barrier
X cross, injured/killed

서브토픽 2에 대한 세부사항 문장 말하기

❶ 세부사항 표현 고르기

To be specific

＋

❷ 세부사항 담아내기

pollutant → stream & pond
get sick

Track 25

서브토픽 1에 대한 세부사항

For example, animals need to migrate, but traffic turns roads into barriers. Many animals can't cross the roads, and they are often injured or killed by cars.

예를 들어, 동물들은 이동해야 하지만, 교통은 도로를 장벽이 되게 한다. 많은 동물이 도로를 건널 수 없고, 자동차로 인해 자주 다치거나 죽는다.

서브토픽 2에 대한 세부사항

To be specific, pollutants flow off roads and into streams and ponds. Animals live in the water, so they may end up getting sick.

구체적으로, 오염 물질은 도로 위를 흘러 시내와 연못으로 흘러든다. 동물들은 이 물에서 살아서, 결국 병에 걸릴 수도 있다.

Track 26

다음 노트를 바탕으로 답안을 완성하여 말해 보세요.

Question: Using points and examples from the talk, describe the risk of using celebrities in advertisements.

듣기 노트

토픽	**risk of using celeb. in ad.** 광고에 유명인사를 사용하는 것의 위험 요소
서브토픽 1	**1. overexposure** 과잉 노출
세부사항	**- ex) famous actor promoted + 10 prod.**
	예) 유명한 배우가 10개 넘는 제품을 홍보함
	- ppl. think he do for $ → lost trust in celeb. & prod.
	사람들은 그가 돈을 위해 한다고 생각함 → 유명인사와 제품에 대한 신뢰 잃음
서브토픽 2	**2. negative publicity** 부정적인 여론
세부사항	**- celeb. makes mistake → public image harmed**
	유명인사가 실수함 → 대중적 이미지 손상됨
	- bad feelings t/w celeb. → similar percept. of promoted prod.
	유명인사를 향한 나쁜 감정 → 홍보된 제품에 비슷한 인식

토픽 말하기

The professor explains	+	risk of using celeb. in ad.

⬇

The professor explains _____ .

교수는 광고에 유명인사를 사용하는 것의 위험 요소를 설명한다.

서브토픽 1 말하기

| First, she describes | + | *overexposure* |

⬇

First, she describes _____.

첫째로, 그녀는 과잉 노출을 설명한다.

세부사항 말하기

| For example | + | ex) famous actor promoted +10 prod.
ppl. think he do for $ → lost trust in celeb. & prod. |

⬇

For example, _____.

People thought he was doing it for money, so _____

_____.

예를 들어, 한 유명한 배우는 같은 해에 열 개가 넘는 제품들을 홍보했다. 사람들은 그가 돈을 위해 그것을 한다고 생각했고, 따라서 그들은 그 유명인사와 그 제품들에 대한 신뢰를 잃었다.

서브토픽 2 말하기

| Second, she describes | + | *negative publicity* |

⬇

Second, she describes _____.

둘째로, 그녀는 부정적인 여론을 설명한다.

세부사항 말하기

| To be specific | + | celeb. makes mistake → public image harmed
bad feelings t/w celeb. → similar percept. of promoted prod. |

⬇

To be specific, when a celebrity makes a mistake, _____

_____. Consumers that _____

_____.

구체적으로, 유명인사가 실수를 하면, 그 혹은 그녀의 대중적 이미지가 손상된다. 그 유명인사를 향한 나쁜 감정을 가지고 있는 소비자들은 홍보된 제품에도 비슷한 인식을 가질 것이다.

정답 p.383

Daily Test

 다음 강의를 들은 후, 노트를 완성하여 답안을 말하세요.

> Listen to the directions.

> Listen to the lecture.

Question: Using points and examples from the talk, describe two causes of memory loss.

듣기 노트

토픽 _____ 기억 손실의 두 가지 원인

서브토픽 1   1. _____ 스트레스

세부사항   - feel tense: X concentrate → _____

긴장감을 느끼면 집중하지 못함 → 쉽게 잊어버림

- ex) _____ b/c X focus on other things

예) 스트레스가 많은 직업을 가진 사람들은 다른 것들에 집중할 수 없어서
   잘 잊어버림

서브토픽 2   2. _____ 수면 부족

세부사항   - tired: _____ → X remember well

피곤함은 뇌 기능을 방해함 → 잘 기억하지 못함

- ex) stud. stay up late → get ↓ scores

예) 밤늦게까지 자지 않는 학생 → 더 낮은 점수 받음

토픽

_____.

교수는 기억 손실의 두 가지 원인을 설명한다.

서브토픽 1

_____, he describes _____.

첫째로, 그는 스트레스를 설명한다.

세부사항

_____, people who feel tense cannot concentrate, so _____

_____. For instance, _____

_____ because they can't focus on other things.

구체적으로, 긴장감을 느끼는 사람들은 집중하지 못해서, 그들은 무언가를 쉽게 잊어버린다. 예를 들어, 스트레스가 많은 직업을 가진 사람들은 다른 것들에 집중할 수 없으므로 잘 잊어버린다.

서브토픽 2

_____, he describes _____.

둘째로, 그는 수면 부족을 설명한다.

세부사항

Since being tired _____, people can't remeber

things very well. _____

_____.

피곤함은 뇌 기능을 방해하기 때문에, 사람들은 무언가를 잘 기억하지 못한다. 예를 들어, 밤늦게까지 자지 않는 학생들은 더 낮은 점수를 받는다.

정답 p.384

Day 5

실전 연습하기 - Q1

지금까지 iBT 토플 스피킹 영역의 모든 문제 유형을 배워보았습니다. 이제 앞에서 학습한 내용을 종합하여 독립형 Q1 유형을 실전처럼 풀어봅니다. Q1은 두 가지 상반되는 내용 중 자신이 선택한 것에 대해 전달하는 능력을 평가하는 유형입니다.

Track 28

① 다음 문제를 읽은 후 아웃라인을 완성하여 답안을 말해 보세요.

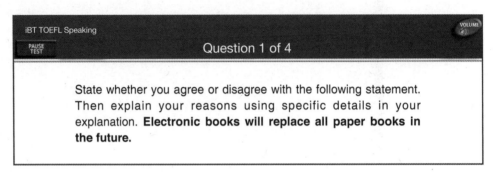

iBT TOEFL Speaking

PAUSE
TEST

Question 1 of 4

State whether you agree or disagree with the following statement. Then explain your reasons using specific details in your explanation. **Electronic books will replace all paper books in the future.**

* 준비 시간: 15초　응답 시간: 45초

아웃라인

나의 선택	_____	
이유 1	**1.**	_____
구체적 근거	–	_____
이유 2	**2.**	_____
구체적 근거	–	_____

나의 선택

_____.

이유 1

First, _____.

구체적 근거

To be specific, _____.

이유 2

Second,_____.

구체적 근거

For example, _____.

정답 p.386

Track 30

(2) 다음 문제를 읽은 후 아웃라인을 완성하여 답안을 말해 보세요.

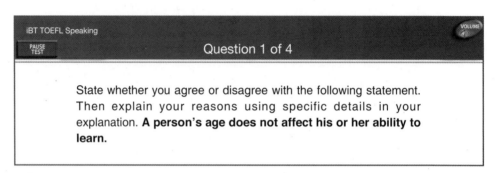

iBT TOEFL Speaking

PAUSE
TEST

Question 1 of 4

State whether you agree or disagree with the following statement. Then explain your reasons using specific details in your explanation. **A person's age does not affect his or her ability to learn.**

* 준비 시간: 15초　응답 시간: 45초

아웃라인

나의 선택 _____

이유 1　　**1.** _____

　구체적 근거　　- _____

이유 2　　**2.** _____

　구체적 근거　　- _____

나의 선택

_____.

이유 1

First, _____.

구체적 근거

_____, _____.

이유 2

Second, _____.

구체적 근거

_____, _____.

정답 p.387

Day 6

실전 연습하기 - Q2~Q4

이제 통합형 Q2~Q4 세 가지 유형을 실전처럼 풀어봅니다. Q2, 3는
읽고 들은 내용을 연계하여 말하는 능력을 평가하는 유형이며, Q4는
들은 내용을 요약하여 말하는 능력을 평가하는 유형입니다.

Track 32

 Q 다음 지문을 읽고 대화를 들은 후, 노트를 완성하여 답안을 말해 보세요.

---

iBT TOEFL Speaking

PAUSE TEST

VOLUME

Question 2 of 4

Listen to the directions.

Reading Time: 45 seconds

Dear Editor,

I think the cafeteria should stay open late at night. Currently, the cafeteria is only open until 7 pm, and this is a problem for many people. For one thing, a lot of students have late classes and do not have a chance to get to the cafeteria before 7 pm. Similarly, students who have part-time jobs have to work until later in the evening. If the cafeteria stayed open late, these students could have meals there.

Sincerely,
Michael Murphy

Listen to the dialogue.

The woman expresses her opinion regarding the student's letter. State her opinion and explain the reasons she gives for expressing that opinion.

---

* 준비 시간: 30초 응답 시간: 60초

읽기 노트

토픽	_____
세부사항	- _____
	- _____

듣기 노트

화자의 의견	_____
이유 1	1. _____
구체적 근거	- _____
이유 2	2. _____
구체적 근거	- _____

읽기 주제

_____.

화자의 의견

The woman _____.

이유 1

First, _____.

구체적 근거

In other words, _____.

이유 2

Second, _____.

구체적 근거

That's because _____.

정답 p.388

Track 34

Q 다음 지문을 읽고 강의를 들은 후, 노트를 완성하여 답안을 말해 보세요.

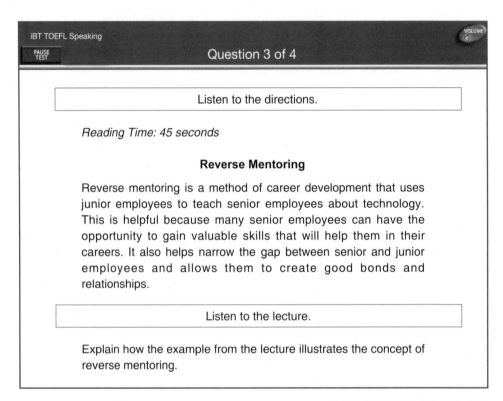

iBT TOEFL Speaking

PAUSE TEST

Question 3 of 4

Listen to the directions.

Reading Time: 45 seconds

Reverse Mentoring

Reverse mentoring is a method of career development that uses junior employees to teach senior employees about technology. This is helpful because many senior employees can have the opportunity to gain valuable skills that will help them in their careers. It also helps narrow the gap between senior and junior employees and allows them to create good bonds and relationships.

Listen to the lecture.

Explain how the example from the lecture illustrates the concept of reverse mentoring.

* 준비 시간: 30초   응답 시간: 60초

읽기 노트

토픽	reverse mentoring
개념	– _____
	– _____

듣기 노트

예시 1	1. _____
세부사항	- _____
	- _____
예시 2	2. _____
세부사항	- _____
	- _____

토픽

_____.

예시 1

First, _____.

세부사항

To be specific, _____.

예시 2

Second, _____.

세부사항

_____

_____.

정답 p.390

4th Week　Day 1　Day 2　Day 3　Day 4　Day 5　**Day 6**　Hackers **TOEFL** Speaking Basic

Track 36

Q 다음 강의를 들은 후, 노트를 완성하여 답안을 말해 보세요.

iBT TOEFL Speaking

PAUSE TEST

VOLUME

Question 4 of 4

Listen to the directions.

Listen to the lecture.

Using points from the talk, describe some ways that fertilizers harm the environment.

* 준비 시간: 20초 응답 시간: 60초

듣기 노트

토픽 _____

서브토픽 1 **1.** _____

세부사항 - _____

- _____

서브토픽 2 **2.** _____

세부사항 - _____

- _____

토픽

_____.

서브토픽 1

First, _____.

세부사항

_____, _____

_____.

서브토픽 2

Second, _____.

세부사항

_____, _____

_____.

정답 p.392

Actual Test

ACTUAL TEST

Actual Test

Speaking Section Directions

The TOEFL iBT Speaking Section tests your ability to speak about a wide range of subjects. There are four questions, and you must use the microphone to answer each one. Provide complete answers for all questions.

In question one, you will be required to speak about a familiar topic. Your ability to speak clearly and coherently will determine your score.

In questions two and three, you will first have to read a short text. The text will then disappear from the screen, and you will hear a talk on the same topic. You will then have to respond to a question. To answer this question, you must combine details from the text and talk. Your ability to speak clearly and coherently and to accurately convey what you have read and heard will determine your score.

In question four, you will hear part of a lecture. You must then respond to a question about this lecture. Your ability to speak clearly and coherently and to accurately convey what you have heard will determine your score.

Taking notes while listening to a conversation or lecture is allowed. These notes may be used as you prepare your response.

Listen carefully to the directions for each question. The directions will not appear on the screen.

You will have a limited amount of time to prepare a response for each question, as indicated by the clock on the screen. You will be instructed to begin your response once you have no preparation time remaining. Likewise, the amount of response time you have remaining will be shown by a clock on the screen. When you have run out of response time, a message will appear on the screen.

Track 1

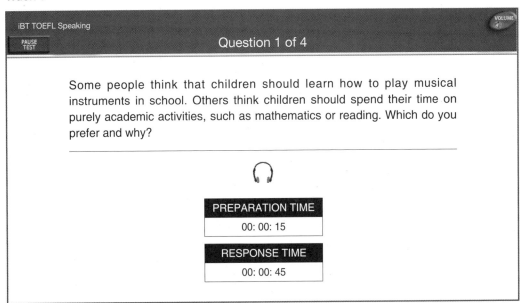

Some people think that children should learn how to play musical instruments in school. Others think children should spend their time on purely academic activities, such as mathematics or reading. Which do you prefer and why?

PREPARATION TIME
00: 00: 15

RESPONSE TIME
00: 00: 45

정답 p.394

Actual Test

Track 2

Reading Time: 45 seconds

Changes to English Courses for International Students

The university has made some changes to the English courses for international students. First, we have raised the maximum number of students in a speaking class from 20 to 30. This way, students will have a greater choice of speaking partners. Second, weekly online quizzes will be scheduled to check the students' progress. We hope these changes will help international students improve their English skills.

Now get ready to answer the question.

The man expresses his opinion regarding the changes to the English courses. State his opinion and explain the reasons he gives for expressing that opinion.

PREPARATION TIME
00: 00: 30

RESPONSE TIME
00: 00: 60

정답 p.394

Track 3

Reading Time: 45 seconds

Altruistic Behavior in Animals

Altruistic behavior in animals occurs when one member of a group sacrifices its own well-being for the sake of others. As a result, altruistic acts reduce the chances of survival for the animal performing them. Scientists are uncertain about the underlying motives for engaging in such behavior. This is because evolutionary theory assumes animals always act in their own best interest.

Now get ready to answer the question.

Using the examples of the vervet monkey and African buffaloes, explain how they illustrate the concept of altruistic behavior in animals.

PREPARATION TIME
00: 00: 30

RESPONSE TIME
00: 00: 60

정답 p.396

Actual Test

Track 4

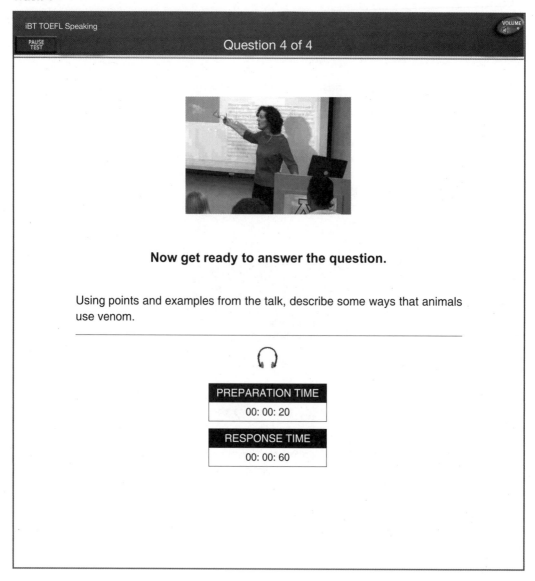

정답 p.398

두려움은 언제나
무지에서 샘솟는다

HACKERS

TOEFL
SPEAKING
BASIC

[4th iBT Edition]

David Cho

모범 답안 · 스크립트 · 해석

토플 공부전략 무료 강의 · 토플 스피킹/라이팅 무료 첨삭 게시판 · 무료 토플자료 및 유학 정보 **고우해커스(goHackers.com)**
본 교재 인강 · 말하기 연습 프로그램 **해커스인강(HackersIngang.com)**

해커스 어학연구소

HACKERS
TOEFL
SPEAKING
BASIC

모범 답안 · 스크립트 · 해석

해커스 어학연구소

Day 1 ╲ 쉬운 발음도 다시 보자

Course 1 ▶ Track 2 ·· p. 23

1. brain   2. signal   3. vague   4. obey   5. angry

6. figure   7. scrub   8. give   9. ground   10. game

11. I was happy to **begin jogging**.
나는 조깅을 시작해서 기뻤다.

12. My **baby brother** took a bus to come here.
나의 막내 남동생은 여기에 오기 위해 버스를 탔다.

13. I go to bed quietly when I **get home** late.
나는 집에 늦게 오면 조용히 잠자리에 든다.

14. Some people were against **the government's smoking ban**.
어떤 사람들은 정부의 흡연 금지에 반대했다.

15. The teacher was angry with the students **who broke the rules**.
선생님은 규칙을 어긴 학생들에게 화가 났다.

Course 2 ▶ Track 4 ·· p. 25

1. question   2. wool   3. quiz   4. watch   5. acquire

6. sweater   7. square   8. one   9. adequate   10. would

11. I want to **quit working** at the bank.
나는 은행에서 일하는 것을 그만두고 싶다.

12. If I had time, I would **attend the banquet**.
만약 내가 시간이 있다면, 연회에 참석하겠다.

13. The guest speaker **quoted from a famous book**.
초청 연사는 유명한 책을 인용했다.

14. I **want to watch** a movie, but I don't have time.
나는 영화를 보고 싶지만, 시간이 없다.

15. The teacher asked **the students questions**.
선생님은 학생들에게 질문을 했다.

Course 3 ▶ Track 6 ··· p. 27

1. table   2. traveler   3. nutritious   4. bought   5. team

6. tree   7. heat   8. mute   9. post   10. tropical

11. The **teacher talked** about the importance of transportation.
선생님은 교통수단의 중요성에 대해 이야기했다.

12. The lecturer describes **two types of** trade.
강사는 무역의 두 가지 유형을 설명한다.

13. A trip across the United States by **train takes** a long time.
미국 전역을 기차로 여행하는 것은 오랜 시간이 걸린다.

14. She felt bad about **the terrible fight** with her friend.
그녀는 친구와 심하게 싸운 것에 대하여 기분이 좋지 않았다.

15. Doctors suggest we **sleep at least** seven hours every night.
의사들은 매일 밤 적어도 일곱 시간의 수면을 취해야 한다고 제안한다.

Daily Test ▶ Track 7 ··· p. 28

01 I ⓐ **won't** quit asking questions.
나는 질문하는 것을 멈추지 않을 것이다.

02 The woman ⓑ **quotes** her English professor.
여자는 그녀의 영어 교수를 인용한다.

03 My ⓐ **quilt** is dirty and needs to be dry-cleaned.
나의 퀼트는 더러워서 드라이클리닝을 할 필요가 있다.

04 A friend is someone who tells you the ⓐ **truth**.
친구란 너에게 진실을 말해주는 사람이다.

05 My team ⓑ **won** the math competition last week.
나의 팀은 지난주 수학 경시 대회에서 우승을 했다.

06 My keys and wallet were in the ⓐ **bag** I lost.
나의 열쇠와 지갑은 내가 잃어버린 가방 안에 있었다.

07 In order to go camping, you must have the right ⓒ **gear**.
캠핑을 가기 위해서, 너는 적절한 장비를 가지고 있어야 한다.

08 The trashcan was full of ⓐ **litter**.
쓰레기통은 잡동사니로 가득 차 있었다.

09 My **favorite food** is hamburgers.
내가 가장 좋아하는 음식은 햄버거이다.

10 I like to read **biographies and stories** about battles.
나는 전기와 전쟁에 관한 이야기를 읽는 것을 좋아한다.

11 I like to **take walks in the woods**.
나는 숲 속을 산책하는 것을 좋아한다.

12 I think students should **be curious**.
나는 학생들이 호기심이 많아야 한다고 생각한다.

13 **What works best** for me is watching someone do something.
나에게 가장 잘 맞는 것은 다른 사람이 무언가를 하는 것을 지켜보는 것이다.

14 I **jog and play volleyball** often to stay in shape.
건강을 유지하기 위하여 나는 종종 조깅을 하고 배구를 한다.

15 A good solution is to have a **wise and grown-up** student mediate.
좋은 해결책은 현명하고 성숙한 학생이 중재하도록 하는 것이다.

Day 2   낯선 영어 발음 친해지기

Course 1 ▶ Track 9 ·· p. 33

1. learn   2. whirl   3. call   4. held   5. large
6. seal   7. lead   8. gulp   9. world   10. culture

11. She dislikes the color of the **lamps and the wallpaper**.
그녀는 램프와 벽지의 색깔을 싫어한다.

12. **Lots of young girls** think looking good is important.
많은 어린 소녀들은 아름다워 보이는 것이 중요하다고 생각한다.

13. The **lecture explains** why wolves are considered an endangered species.
강의는 왜 늑대들이 멸종 위기에 처한 종으로 간주되는지 설명한다.

14. I was late for class because there was a **long line** at the bus stop.
버스정류장에 긴 줄이 있었기 때문에 나는 수업에 늦었다.

15. My father loves to **play golf**, but he doesn't have much free time.
나의 아버지는 골프 치는 것을 좋아하시지만, 여가 시간이 많지는 않으시다.

Course 2 ▶ Track 11 ·· p. 35

1. schedule   2. zealous   3. precision   4. edge   5. amaze

6. oblige   7. version   8. zip   9. fudge   10. zebra

11. My favorite **subject is zoology**.
내가 가장 좋아하는 과목은 동물학이다.

12. He suggested that she **make revisions** in her report.
그는 그녀가 보고서를 수정할 것을 제안했다.

13. He advised her not to be **lazy in studying** Chinese.
그는 그녀에게 중국어를 공부하는 것을 게을리하지 말라고 충고했다.

14. The **college's new decision** is to install a big television in the cafeteria.
대학의 새로운 결정은 카페테리아에 큰 텔레비전을 설치하는 것이다.

15. I usually **wear casual clothes**, but I sometimes dress up.
나는 보통 캐주얼한 옷을 입지만, 가끔씩 정장 차림을 한다.

Daily Test ▶ Track 12   p. 36

01 I used to ⓐ **play** basketball until the gym closed.
나는 체육관이 문을 닫는 시간까지 농구를 하곤 했었다.

02 She bought a pearl necklace but she ⓑ **left** it in the taxi.
그녀는 진주 목걸이를 샀지만 그것을 택시 안에 두고 내렸다.

03 He walked out in a ⓒ **rage** after his classmates laughed at his story.
그는 반 친구들이 그의 이야기를 비웃고 난 후 화가 난 상태로 걸어 나왔다.

04 She is scheduled to take the next ⓐ **flight** out to Japan.
그녀는 일본으로 가는 다음 비행기를 타기로 예정되어 있다.

05 She was ⓑ **jealous** that the professor complimented a new girl in class.
그녀는 교수가 반의 새로운 여학생을 칭찬하자 질투심을 느꼈다.

06 I ⓐ **listed** the items that need to be purchased.
나는 사야 할 물건들을 목록으로 만들었다.

07 A brave boy rescued a child from the ⓐ **blaze**.
용감한 소년이 화염으로부터 한 아이를 구조했다.

08 I could not find the place to ⓑ **claim** my baggage at the airport.
나는 공항에서 나의 짐을 찾을 장소를 찾지 못했다.

09 I **jog at least** an hour every day.
나는 매일 최소한 한 시간씩 조깅을 한다.

10 I like watching comedies because they **relieve stress**.
스트레스가 해소되기 때문에 나는 코미디를 보는 것을 좋아한다.

11 I'd like to visit Germany and **take the rail** across Europe.
나는 독일을 방문하고 유럽을 가로지르는 기차를 타고 싶다.

12 I **treasure the watch** my parents gave me.
나는 부모님이 주신 시계를 소중히 여긴다.

13 I think office employees should **dress casually**.
나는 사무실 직원들이 옷을 캐주얼하게 입어야 한다고 생각한다.

14 I **idolize Bill Gates** for his vision.
나는 빌 게이츠의 통찰력 때문에 그를 존경한다.

15 I'd like to go to **a tropical place**.
나는 열대 지방에 가고 싶다.

Day 3 생김새는 비슷해도 소리는 전혀 달라요

Course 1 ▶ Track 14 .... p. 41

1. ⓑ send
2. ⓑ mess
3. ⓐ band
4. ⓑ lend
5. ⓑ bed
6. ⓑ ten
7. ⓐ lad
8. ⓐ sad
9. ⓑ bet
10. ⓐ and

11. He recommends that she **attend the seminar**.
그는 그녀에게 세미나에 참석할 것을 권한다.

12. Many students want to reduce **the length of the semesters**.
많은 학생들은 학기의 기간을 줄이고 싶어 한다.

13. The process has both positive and **negative side effects**.
그 과정은 긍정적인 부작용과 부정적인 부작용을 모두 가지고 있다.

14. The **man's friend suggested** that he telephone his parents.
남자의 친구는 그가 그의 부모님에게 전화할 것을 제안했다.

15. I am going to spend my **winter vacation in Australia**.
나는 호주에서 겨울 방학을 보낼 것이다.

Course 2 ▶ Track 16 .... p. 43

1. ⓐ coast
2. ⓐ pole
3. ⓐ sew
4. ⓑ call
5. ⓐ woke
6. ⓑ stall
7. ⓑ pause
8. ⓐ low
9. ⓑ lawn
10. ⓐ row

11. The professor **talks about an author** of romance novels and a poet.
교수는 로맨스 소설의 작가와 시인에 대하여 이야기한다.

12. The construction will **cause awful** traffic jams.
그 건설 공사는 지독한 교통 체증을 야기할 것이다.

13. I **bought a new coat** for my mother as a present.
나는 어머니를 위한 선물로 새 코트를 샀다.

14. Water **flowing over** the dam generates electricity.
댐 위로 흐르는 물이 전기를 일으킨다.

15. I turned my **mobile phone** off during the lecture.
나는 강의 시간 동안 휴대폰을 껐다.

Course 3 ▶ Track 18 .... p. 45

1. ⓑ achieve   2. ⓐ neat   3. ⓑ history   4. ⓒ wheel   5. ⓐ interest
6. ⓒ meaty   7. ⓓ unique   8. ⓓ gig   9. ⓒ hit   10. ⓑ deal

11. I **think people** who break the rules should be punished.
나는 규칙을 어기는 사람들이 벌을 받아야 한다고 생각한다.

12. The professor **gives evidence** disproving the dangers of sugar.
교수는 설탕의 위험성을 반박하는 증거를 제시한다.

13. The woman disagrees with the school's **recent change in** policy.
여자는 학교의 최근 정책 변화에 동의하지 않는다.

14. I **waited in a line** for two hours to see the free concert.
나는 무료 콘서트를 보기 위해 두 시간 동안 줄을 서서 기다렸다.

15. I went to my friend's dormitory **without calling her**.
나는 친구에게 전화를 하지 않고 그녀의 기숙사에 갔다.

Course 4 ▶ Track 20 .... p. 47

1. ⓐ look   2. ⓒ mood   3. ⓒ shoot   4. ⓐ choose   5. ⓑ push
6. ⓒ prove   7. ⓓ would   8. ⓐ hood   9. ⓓ bull   10. ⓒ foot

11. **Wolves play** an important role in the food chain.
늑대들은 먹이사슬에서 중요한 역할을 한다.

12. I think **the blue wallpaper looks** great in my room.
나는 파란색 벽지가 내 방에 잘 어울린다고 생각한다.

13. I **would find a cheaper place** to live in the neighborhood.
나는 살기에 더 저렴한 장소를 근처에서 찾아보겠다.

14. He **should look** for a job.
그는 일을 구해야만 한다.

15. My sister was elected **president of the student council**.
나의 여동생은 학생회 회장으로 뽑혔다.

Daily Test ▶ Track 21 · p. 48

01 Some companies ask employees to wear **suits**.
어떤 회사들은 직원들에게 정장을 입기를 요구한다.

02 I found the **wheel** in the garage.
나는 차고에서 바퀴를 찾았다.

03 The professor **set** it down behind the desk.
교수는 그것을 책상 뒤에 놓았다.

04 I was supposed to use my **mitt** at the game.
나는 시합에서 내 글러브를 사용해야 했다.

05 I was pleased to buy the house with a **lawn**.
나는 잔디가 있는 집을 사서 기뻤다.

06 My team decided to **pool** our money to buy a gift for our coach.
나의 팀은 감독님께 드릴 선물을 사기 위해 돈을 모으기로 결정했다.

07 I was pleased to finally **leave**.
나는 마침내 떠나게 되어 기뻤다.

08 I had a **pet** when I was young.
나는 어렸을 때 애완동물을 가지고 있었다.

09 I respect my mother because she is **kind and sweet**.
나의 어머니는 친절하시고 상냥하시기 때문에 나는 그분을 존경한다.

10 I believe **talent is more crucial** to getting a job than good grades.
나는 직업을 얻는 데 좋은 성적보다 재능이 더 중요하다고 믿는다.

11 My favorite movies are **thrillers and romantic** comedies.
내가 가장 좋아하는 영화는 스릴러와 로맨틱 코미디이다.

12 An effective instructor **must be strict**, but understanding.
유능한 교사는 엄격하지만, 이해심이 있어야 한다.

13 I like it when it's **cloudy and windy**.
나는 흐리고 바람 부는 날을 좋아한다.

14 A good book is **absolutely necessary** for me when I go on a trip.
여행을 할 때 좋은 책이 나에게 반드시 필요하다.

15 I love **preparing my own** meals.
나는 식사를 직접 준비하는 것을 좋아한다.

Course 1 ▶ Track 23 .... p. 53

1. spare	2. start	3. inscribe	4. display	5. story
6. boss	7. apple	8. tattoo	9. puddle	10. pass

11. I am going to **start daily runs** with my dog.
나는 나의 개와 매일 달리는 것을 시작할 것이다.

12. The weather was so stormy that I **wore my scarf**.
비바람이 너무 심해서 나는 목도리를 둘렀다.

13. The story of his **stunning success** spread fast.
그의 놀라운 성공 이야기는 빠르게 퍼졌다.

14. There was a **basket full of apples** on the table.
탁자 위에 사과가 가득 찬 바구니가 있었다.

15. I can't forget an **odd and scary** scene from the movie.
나는 그 영화 속의 기이하고 무서운 장면을 잊을 수 없다.

Course 2 ▶ Track 25 .... p. 55

1. bad language	2. steak knife	3. broad line	4. break new ground	5. arid land
6. good life	7. book number	8. crack nuts	9. loud laughter	10. quick nap

11. In the past, my parents **worked long** hours to support me.
과거에, 부모님은 나를 부양하기 위해 오랜 시간 일을 하셨다.

12. He suggests that she **make new** friends at school.
그는 그녀에게 학교에서 새로운 친구들을 사귀어 보라고 제안한다.

13. The letter asks the university to **take note** of a different option.
그 편지는 대학이 다른 선택 사항에 주목할 것을 요구한다.

14. I **think napping** is a good idea, despite the lack of time.
시간이 부족함에도 불구하고, 나는 낮잠을 자는 것이 좋은 생각이라고 여긴다.

15. Children should enjoy a **good life**.
아이들은 좋은 삶을 즐겨야 한다.

1. test score   2. first time   3. speak Korean   4. dessert time   5. pass sentence

6. want to   7. wide door   8. a bit tired   9. bus stop   10. leap back

11. He stopped the **first taxi** he saw after he left his office.
그는 사무실을 떠나서 본 첫 번째 택시를 잡았다.

12. I need to study **English sentence structures**.
나는 영어 문장 구조들을 공부할 필요가 있다.

13. She can count on her mother to **help pay** for her living costs.
그녀는 생활비 내는 것을 도와줄 수 있도록 그녀의 어머니에게 의지할 수 있다.

14. We've **got to set up** our living room to watch the big game.
우리는 큰 경기를 보기 위해 우리의 거실을 세팅해야 한다.

15. I used to work at the gas station, but I **had to quit**.
나는 주유소에서 일을 했었지만, 그만두어야 했다.

1. as I said   2. meet you   3. ad agency   4. let it   5. wait around

6. need you   7. won't you   8. don't you   9. sad about   10. pack up

11. He **did a lot of** work before the exhibition.
그는 전시회 전에 많은 일을 했다.

12. She is on a diet because she **put on a** few pounds.
그녀는 몸무게가 몇 파운드 늘었기 때문에 다이어트 중이다.

13. The school **ran out of** funds for the library.
학교는 도서관을 위한 자금이 바닥났다.

14. You have to reserve a **computer in advance** to use the computer lab.
컴퓨터실을 사용하기 위해서는 컴퓨터를 사전에 예약해야 한다.

15. Plagiarizing can **get you in a lot of** trouble.
표절하는 것은 너를 아주 곤란한 처지에 놓이게 할 수 있다.

01 She should ⓐ **let him in** immediately.
그녀는 당장 그를 안으로 들어오게 해야 한다.

02 I tried not to ⓑ **laugh at** the stupid story.

나는 그 바보 같은 이야기에 웃지 않으려고 노력했다.

03 The man escaped to the room behind the ⓒ **wide door**.

남자는 넓은 문 뒤에 있는 방으로 도망쳤다.

04 I went to the store to ⓐ **get a** new jacket.

나는 새 재킷을 사기 위해 상점에 갔다.

05 We ⓒ **had to** leave because it started to rain.

비가 오기 시작해서 우리는 떠나야만 했다.

06 He joined a drama club to ⓐ **step up** his acting abilities.

그는 연기력을 향상하기 위해 연극 동아리에 가입했다.

07 I ⓑ **tend to** work harder when my efforts are appreciated.

나는 나의 노력이 인정을 받으면 더 열심히 일하는 경향이 있다.

08 He is against the idea of buying computers ⓑ **instead of** books.

그는 책 대신 컴퓨터를 산다는 의견에 반대한다.

09 My bicycle is **important to me** because my brother gave it to me.

나의 형이 주었기 때문에 나의 자전거는 나에게 중요하다.

10 I love Thanksgiving because I can **eat a lot of roasted turkey**.

구운 칠면조를 많이 먹을 수 있기 때문에 나는 추수감사절을 좋아한다.

11 I take slow, deep breaths and **think of pleasant things**.

나는 천천히, 깊은 숨을 들이마시고 즐거운 것들을 생각한다.

12 I think it has **made life much more convenient**.

나는 그것이 삶을 훨씬 더 편리하게 만들었다고 생각한다.

13 I love **rich dark chocolate**.

나는 진한 다크 초콜릿을 좋아한다.

14 My friend Andrea is important because **she is always there for me**.

나의 친구인 Andrea는 항상 내 곁에 있기 때문에 중요하다.

15 I'd rather **live in my own house**.

나는 차라리 내 집에서 살겠다.

Day 5 굴곡이 살아있는 영어 강세

Course 1 ▶ Track 32 .... p. 65

1. ⓑ ev<u>e</u>nt   2. ⓑ repl<u>a</u>ce   3. ⓐ <u>phy</u>sical   4. ⓐ <u>vi</u>deo   5. ⓐ <u>po</u>pular

6. ⓑ com<u>po</u>nent   7. ⓐ <u>be</u>verage   8. ⓑ re<u>a</u>ction   9. ⓑ in<u>ac</u>tive   10. ⓐ <u>re</u>gister

11. The professor **postponed the exam**.
교수는 시험을 연기했다.

12. She was not **satisfied with his explanation**.
그녀는 그의 설명에 만족하지 못했다.

13. The **scholarship policy** should be revised.
장학금 정책은 개정되어야 한다.

14. The **curriculum for philosophy** will be changed tomorrow.
철학 수업의 교과 과정은 내일 변경될 것이다.

15. The list of **suggested readings** was longer than we expected.
참고 도서의 목록은 우리가 예상했던 것보다 더 길었다.

Course 2 ▶ Track 34 ·· p. 67

1. amount 　2. Saturday 　3. understand 　4. occupant 　5. apply
6. corner 　7. appear 　8. pursue 　9. pleasant 　10. pattern

11. I find math to be a very **difficult subject**.
나는 수학이 매우 어려운 과목이라고 여긴다.

12. The professor presented a great **amount of information**.
교수는 엄청난 양의 정보를 발표했다.

13. It **appears that** Pluto and Saturn are different.
명왕성과 토성은 다르게 보인다.

14. The man is planning to **pursue a career** in politics.
남자는 정치 분야에서 경력을 쌓을 계획이다.

15. She records his lectures so she can **listen to them again** later.
그녀는 그의 강의를 녹음하여 나중에 다시 들을 수 있다.

Course 3 ▶ Track 36 ·· p. 69

1. employees 　2. object 　3. address 　4. economics 　5. politician
6. linguistics 　7. Catholic 　8. trainee 　9. Thanksgiving 　10. increase

11. They had a discussion on the **history of the Renaissance**.
그들은 르네상스의 역사에 대하여 토론을 했다.

12. I am **majoring in linguistics** at University of Oxford.
나는 옥스포드 대학에서 언어학을 전공하고 있다.

13. A college degree **does not guarantee** future success.
대학 학위는 미래의 성공을 보장하지 않는다.

14. Many scientists study the **Pacific Ocean**.
많은 과학자들은 태평양을 연구한다.

15. There still remain **mysteries in Egypt**.
이집트에는 아직도 미스터리가 남아 있다.

Daily Test ▶ Track 37 .... p. 70

01 The library is going to be closed ⓑ **tomorrow**.
도서관은 내일 문을 닫을 것이다.

02 ⓑ **Compared** to a big city, the countryside is safer.
대도시와 비교해서, 시골은 더 안전하다.

03 The course is taught by a well-known ⓐ **physicist**.
그 과목은 유명한 물리학자가 가르친다.

04 Punishing the class by giving everyone a low grade is ⓑ **unjust**.
모두에게 낮은 성적을 주면서 반 전체를 벌주는 것은 부당하다.

05 The theory of evolution has not been ⓑ **disproved**.
진화론은 반증된 적이 없다.

06 The professor gave clear ⓒ **definitions** of GDP and GNP.
교수는 GDP와 GNP의 명확한 정의를 내려 주었다.

07 The scientist is a ⓒ **pioneer** in biotechnology.
그 과학자는 생물공학의 선구자이다.

08 He ⓒ **recommended** that she take a vacation.
그는 그녀가 휴가를 갖는 것을 제안했다.

09 I like **studying chemistry** because I want to be a great chemist.
나는 위대한 화학자가 되고 싶기 때문에 화학을 공부하는 것을 좋아한다.

10 I think Greece is interesting because of **its long history**.
나는 긴 역사 때문에 그리스가 흥미롭다고 생각한다.

11 I prefer to study alone because I can **proceed at my own pace**.
나의 속도로 진행할 수 있기 때문에 나는 혼자서 공부하는 것을 선호한다.

12 I **favor exercising outdoors** because I can breathe fresh air.
나는 상쾌한 공기를 마실 수 있기 때문에 야외에서 운동하는 것을 좋아한다.

13 I'd like to be **a good singer**.
나는 훌륭한 가수가 되고 싶다.

14 People who marry after the age of 30 **are more mature**.
30살 이후에 결혼하는 사람들은 더 성숙하다.

15 I think **academic subjects help students** prepare for the future.
나는 학문적인 과목들이 학생들로 하여금 미래를 준비할 수 있도록 도와준다고 생각한다.

Day 6 리듬이 살아있는 영어 문장

Course 1 ▶ Track 39 p. 75

1. Students with old computers / **have to buy** new ones.
낡은 컴퓨터를 가지고 있는 학생들은 새로운 컴퓨터를 사야 한다.

2. She believes / that **the school should keep** the old student center.
그녀는 학교가 예전의 학생 회관을 유지해야 한다고 생각한다.

3. One solution the woman offered / is **to do some stretching**.
여자가 제시한 한 가지 해결책은 약간의 스트레칭을 하는 것이다.

4. I think / that he should **talk to the advisor** immediately.
나는 그가 지도 교수에게 당장 이야기해야 한다고 생각한다.

5. My opinion is / that she should **find a mentor**.
나의 의견은 그녀가 조언자를 찾아야 한다는 것이다.

6. Separate dormitories for males and females / are a **thing of the past**.
남자와 여자를 위한 분리된 기숙사는 시대에 뒤떨어진 것이다.

7. Providing more computers / will be **a big help** to the students.
더 많은 컴퓨터를 제공하는 것은 학생들에게 큰 도움이 될 것이다.

8. The report **she submitted** / had several errors.
그녀가 제출한 보고서에는 몇 가지 실수가 있었다.

9. He complained / that tuition would **increase by** 10 percent.
그는 등록금이 10% 오를 것이라고 불평했다.

10. The kitchen staff **at the cafeteria** / prepares delicious meals.
카페테리아의 주방 직원들은 맛있는 식사를 준비한다.

11. Working at the computer center / **helps me pay** for my tuition.
컴퓨터 센터에서 일하는 것은 나의 등록금을 내는 데 도움이 된다.

12. I know / that the professor is **strict about attendance**.
나는 그 교수가 출석에 엄격하다는 것을 알고 있다.

13. I'm not sure about / **going to graduate school**.
나는 대학원에 진학하는 것에 대해 확신하고 있지 않다.

1. From my perspective, / **hands-on experience** is important.
   나의 관점으로는, 직접적인 경험이 중요하다.

2. If I were **in her position**, / I would try to finish the course.
   내가 만약 그녀의 입장이라면, 나는 그 과목을 마칠 수 있도록 노력하겠다.

3. According to the professor, / people have **trouble remembering things**.
   교수에 따르면, 사람들은 기억을 하는 데 어려움을 가지고 있다.

4. In other words, / **fast food** is unhealthy.
   다시 말하면, 패스트푸드는 건강에 좋지 않다.

5. First of all, / it was the result of **hard work**.
   무엇보다도, 그것은 열심히 일한 결과였다.

6. I spent all day at the library, / **studying for exams**.
   나는 시험 공부를 하며 하루 종일 도서관에서 보냈다.

7. My brother **is really helpful** / when it comes to physics.
   물리학에 관해서는 나의 남동생이 정말 도움이 된다.

8. **All things considered**, / universities in big cities offer more entertainment options.
   모든 상황을 고려할 때, 대도시에 있는 대학들이 더 많은 오락거리들을 제공한다.

9. When the **temperature drops quickly**, / people tend to get headache.
   갑자기 기온이 떨어지면, 사람들은 두통을 겪는 경향이 있다.

10. He had to go back home / because he **forgot his mobile phone**.
    그는 휴대폰을 두고 와서 집으로 돌아가야만 했다.

11. Most of the time, / I like to study **with a group of people**.
    대부분의 시간에, 나는 사람들과 함께 그룹으로 공부하는 것을 좋아한다.

12. If I **had the choice** to study anything, / I would study history.
    만약 내가 어떤 것이라도 공부할 수 있는 선택권이 있다면, 나는 역사를 공부하겠다.

13. In order to stay healthy, / people need to eat **three meals everyday**.
    건강을 유지하기 위해서, 사람들은 매일 세 끼의 식사를 할 필요가 있다.

1. Parents are children's **first teachers**.
   부모들은 자녀들의 첫 번째 선생님이다.

2. He has many hobbies, such as **swimming, jogging**, and hiking.
   그는 수영, 조깅, 그리고 하이킹과 같은 많은 취미를 가지고 있다.

3. **From my perspective**, students should pay their own tuition.
나의 관점으로는, 학생들은 자신의 등록금을 지불해야 한다.

4. The woman is for the new plan because it'll **help the students**.
새로운 계획이 학생들을 도와줄 것이기 때문에 그 여자는 그것을 지지한다.

5. Traveling in Europe is one of **my fondest memories**.
유럽에서 여행한 것은 나의 가장 즐거웠던 추억 중 하나이다.

6. She recommends that **he take a class** with less homework.
그녀는 그에게 숙제가 적은 수업을 들으라고 권한다.

7. He **spent a year** in Mexico after he graduated.
그는 졸업 후에 멕시코에서 일 년을 보냈다.

8. She planned a **one-day excursion** to the John Hancock Center.
그녀는 John Hancock Center로 일일 소풍을 계획했다.

9. He was absent from his classes for a week because he **caught the flu**.
그는 독감에 걸렸기 때문에 일주일 동안 수업에 결석했다.

10. She's **thinking about dropping** one of her classes.
그녀는 수업 중 하나를 취소할 것을 생각 중이다.

11. She didn't take the subway **at rush hour** as it was very crowded.
너무 복잡했기 때문에 그녀는 러시아워에 지하철을 타지 않았다.

12. She stopped by the deli to **pick up a sandwich**.
그녀는 샌드위치를 가져오기 위해 식품 가게에 들렀다.

13. Reducing water pollution in every city is **a difficult task**.
모든 도시의 수질 오염을 줄이는 것은 어려운 과제이다.

Daily Test ▶ Track 44 p. 80

01 What he liked about the class / was the **chance to interact** with others.
그가 그 수업에 대하여 좋아했던 점은 다른 사람들과 상호 작용할 기회가 있다는 점이었다.

02 Exercising in the morning / is an **effective way to** boost metabolism.
아침에 운동을 하는 것은 신진대사를 활발하게 하는 효과적인 방법이다.

03 Some people say / that **teacher-oriented classes** are not effective.
어떤 사람들은 선생님 중심의 수업은 효과적이지 않다고 말한다.

04 Without her contributions, / the **whole group might** fail the project.
그녀의 공헌이 없다면, 그 그룹 전체는 프로젝트에서 낙제할지도 모른다.

05 The first suggestion / is to **ask the professor for** extra credit homework.
첫 번째 제안은 교수에게 학점을 더 받을 수 있는 숙제에 대해 여쭤 보는 것이다.

06 The woman's problem is / that she has **a lot of studying** to do.
그 여자의 문제는 공부할 것이 많다는 것이다.

07 He believes / that everyone should **take an introductory science** course.
그는 모든 사람들이 입문 과학 수업을 들어야 한다고 생각한다.

08 He has to work / because **he lost his scholarship**.
그는 장학금을 놓쳤기 때문에 일을 해야만 한다.

09 She is glad / that the **school will do something** / for the cafeteria.
그녀는 학교가 카페테리아를 위하여 무언가를 할 것이라는 사실에 기쁘다.

10 She **agrees with the policy** / because it encourages honesty.
그 정책은 정직을 장려하기 때문에 그녀는 그것에 동의한다.

11 The committee has decided / **to raise funds** for the library.
위원회는 도서관을 위해 기금을 모으기로 결정했다.

12 The computer lab in the lecture hall / will **stay open until** 3 a.m.
강당에 있는 컴퓨터실이 오전 3시까지 개방될 것이다.

13 She agrees with / the **professor's point of view**.
그녀는 교수의 견해에 동의한다.

14 I would like to travel to Africa / because of its **spectacular scenery**.
장관을 이루는 풍경 때문에 나는 아프리카로 여행을 가고 싶다.

15 She describes / the magnificent **work of two impressionists**.
그녀는 두 인상파 화가들의 위대한 작품에 대하여 설명한다.

Day 1 영어식 사고의 기초: 사고방식을 전환하라!

Course 1 ▶ Track 2 ·· p. 87

1. ⓐ I ⓓ was ⓒ at the cafeteria ⓑ with my friends.
   나는 나의 친구들과 함께 카페테리아에 있었다.

2. ⓒ She ⓑ looks ⓐ happy.
   그녀는 행복해 보인다.

3. ⓑ The professor ⓐ mentions ⓒ the exhibit.
   교수는 전시회에 대해 언급한다.

4. ⓐ The man ⓒ became ⓑ the editor of the university newspaper.
   남자는 대학 신문사의 편집장이 되었다.

5. ⓑ I ⓐ respect ⓒ my math teacher.
   나는 나의 수학 선생님을 존경한다.

6. ⓒ His ability to speak English ⓑ has improved ⓐ greatly.
   그의 영어 말하기 실력은 대단히 향상되었다.

7. ⓒ The professor ⓐ gave ⓓ the students ⓑ an assignment.
   교수는 학생들에게 과제를 주었다.

Course 2 ▶ Track 4 ·· p. 89

1. He **is in the library**.

2. The food **smells bad**.

3. The professor **discussed a new topic**.

4. Suzie **gave her friend a surprise gift**.

5. I **consider it a good idea**.

6. He **taught me Chinese**.

7. The new grading system **made every student angry**.

01 The science books are on the third floor of the library.

02 The student seems disappointed with her grades.

03 The university will improve registration procedures this semester.

04 The professor teaches the class one way to conduct research.

05 I always called him captain.

06 She showed the student the list of reference books.

07 The woman asks him for advice about her report.

08 She is a good listener and a fun person.

09 I take the subway because it is fast.

10 I attend fund-raising events for orphanages.

11 I think writing reports is the hardest part.

12 Modern apartments are better since they are more secure.

Day 2   동사, 이럴 때는 이렇게 쓰인다

Course 1 ▶ Track 7 ⋯⋯⋯⋯⋯⋯⋯⋯⋯⋯⋯⋯⋯⋯⋯⋯⋯⋯⋯⋯⋯⋯⋯ p. 95

1. She **plays** tennis in the mornings.

2. I **enjoyed** having pets in my childhood.

3. I **have lived** in Seoul for five years.

4. They **are planning** to visit the exhibit.

5. She **hikes** a mountain every weekend.

6. He **transferred** to a bigger university.

7. The professor **has visited** many different schools.

8. Kiku and Doris **saw** a movie today.

Course 2 ▶ Track 9 ⋯⋯⋯⋯⋯⋯⋯⋯⋯⋯⋯⋯⋯⋯⋯⋯⋯⋯⋯⋯⋯⋯⋯ p. 97

1. Every senior **attends** the graduation rehearsal.

2. She and her friend **spend** a lot of time at the library.

3. Both my sister and I **want** to apply to the exchange student program.

4. She always **looks** sleepy in the morning.

5. The professor **encourages** every student in the class.

6. People **understand** his difficult situation.

7. The university **raises** funds with public auction.

8. The college **offers** part-time assistant-teaching jobs.

Course 3 ▶ Track 11 p. 99

1. I **would** enroll today if I had time.

2. The team **could** lose the game if they don't practice.

3. She **should** spend less time surfing the Internet.

4. The university **will [is going to]** offer online registration.

5. I **can [am able to]** work and study at the same time.

6. I **would** move to an apartment far from the campus.

7. She **should** explain to the professor why she was absent.

8. Library late fees **could** rise next semester.

Daily Test ▶ Track 12 p. 100

01 Learning by experience **is the best way** to learn.

02 I **had cereal with milk** for breakfast yesterday morning.

03 Students **are asking university officials** to improve dorm facilities.

04 My family and I **love eating out** on weekends.

05 He **could fail the class** if he is absent again.

06 The college **accepted 1,500 students** last year.

07 The man **can [is able to] submit the report** by the deadline.

08 The dean **is giving a speech** at the auditorium.

09 They **should cancel the field trip** for next week.

10 Parents **should help children complete** their studies.

11 I **will [am going to]** go to Florida.

12 I would read a lot of books and academic journals.

13 The university should make a new rule concerning mobile phones.

14 Most desk jobs are boring and unhealthy.

15 My younger sister is funny and lively.

Day 3 동사의 모양이 바뀌면 표현이 풍부해진다

Course 1 ▶ Track 14 ·· p. 105

1. **Reading** books is one of my hobbies.
2. I enjoy **going** on class field trips.
3. My plan is **to watch** a concert next week.
4. She expected **to get** a higher score on her test.
5. **Eating** a good breakfast is important to me.
6. His suggestion is **to take** the bus.
7. I cannot afford **to upgrade** my computer.
8. Her assignment is **to write** a thesis.
9. **Talking** in the library disturbs other students.

Course 2 ▶ Track 16 ·· p. 107

1. I have a big goal to reach.
2. He ran fast to catch the bus.
3. The professor gave us a long list of books to read.
4. She stayed up last night to prepare for an exam.
5. She has an appointment to keep.
6. The man collected old textbooks to sell to the bookstore.
7. I save ten percent of my income to buy a house.

1. The students slept through the **boring** lecture.

2. She was **annoyed** by the waiter.

3. The class watched the pianist **performing**.

4. She was **disappointed** with the result.

5. The **confused** students kept asking questions.

6. I saw him **playing** basketball.

7. **Broken** benches on campus should be replaced.

8. It is **pleasing** to learn a new language.

9. It is uncomfortable to watch **terrifying** scenes on TV.

01 His roommate has a lot of **clothes to wash**.

02 The professor's **explanation is confusing**.

03 I jog early in the morning **to stay healthy**.

04 I consider **walking in the park** the best exercise.

05 He **tried to solve** the problem by himself.

06 **Photocopied booklets** are available at the library.

07 The woman **wants to enroll** in an easy elective.

08 She saw her **classmates laughing**.

09 The man got a part-time job **to pay his tuition**.

10 The university raised tuition **to build a new library**.

11 I want to work for a company to gain experiences.

12 I think communication is the most important skill.

13 I want a job that allows me to use my creativity.

14 I love to eat delicious vegetable soup.

15 Donating money was the most important thing I've ever done.

Course 1 ▶ Track 21 ⋯⋯⋯⋯⋯⋯⋯⋯⋯⋯⋯⋯⋯⋯⋯⋯ p. 115

1. She has **a little** ink left in her pen.
2. **Many** students have applied for the internship.
3. **Few** people enjoy reading long historical novels.
4. I didn't have **much** time to spend with my sister.
5. The professor said **few** students submit papers on time.
6. The classroom has **few** seats for students.
7. **Many** students enrolled in the class.
8. The article doesn't contain **much** information.
9. You don't have **much** time to complete the report.
10. I know **a little** about nineteenth-century American literature.

Course 2 ▶ Track 23 ⋯⋯⋯⋯⋯⋯⋯⋯⋯⋯⋯⋯⋯⋯⋯⋯ p. 117

1. He was **too busy to** watch a movie with her.
2. The traffic was **so heavy that** I was late for class.
3. The music was **loud enough to** hurt my ears.
4. My brother is **too lazy to wake up** early in the morning.
5. He arrived **so early that** he had to wait for an hour.
6. The test was **easy enough to complete** in less than an hour.
7. She spoke **slowly enough to** be understood.
8. The course was **so difficult that** he dropped it.
9. My friend studied **too little to pass** the exam.
10. She worked **hard enough to get** a promotion.

Course 3 ▶ Track 25 ⋯⋯⋯⋯⋯⋯⋯⋯⋯⋯⋯⋯⋯⋯⋯⋯ p. 119

1. Her essay is **shorter** than his essay.
2. He is **the tallest** player on the basketball team.

3. The doughnuts are **sweeter** than usual.

4. Philosophy is **the hardest** subject to write a report on.

5. During final exams, my workload is **heavier** than normal.

6. He wants to buy **the brightest** lamp possible for his desk.

7. When we met, I realized that she was **nicer** in person.

8. My roommate plays music **much louder** than I can handle.

9. He wants the color of the shirt to be **lighter** than navy.

10. The tie should be **longer**.

Daily Test ▶ Track 26 ·· p. 120

01 She is **too tired to** take another step.

02 I have been to **a few fine restaurants** around my neighborhood.

03 The movie is **longer than** he thought.

04 He thinks that **he is the oldest student** in the dormitory.

05 There are **few students in the library** during the vacation.

06 The new hall **is large enough to** hold 10,000 students.

07 I think old people **are slower, but far wiser than** young people.

08 The man wants to **ask her a few questions**.

09 She has **little money to spend** on luxuries.

10 Niagara Falls **is the most beautiful place** I have visited.

11 My first grade teacher was memorable because she was much kinder than my other teachers.

12 I will rest at my parents' home for a few weeks.

13 I prefer planes since they are the fastest way to travel.

14 Bulgogi is the most famous Korean food.

15 Singapore was quite memorable because it was very clean.

Course 1 ▶ Track 28 .... p. 125

1. **It is uncertain** when she will come.

2. **It is relaxing** to listen to music at the end of the day.

3. **It is difficult** to take seven courses in a single semester.

4. **It is unfortunate** that he lost his bag.

5. **It is surprising** to see so many students drop classes in the first week.

6. **It is unbelievable** that she passed the exam.

7. **It is nice** that they are getting married.

8. **It is tiring** to do housework.

Course 2 ▶ Track 30 .... p. 127

1. **There is a book** she needs in the library.

2. **There are several books** she needs in the library.

3. **There is no book** she needs in the library.

   There are no books she needs in the library.

4. **There is an empty room** in the dormitory.

5. **There are several empty rooms** in the dormitory.

6. **There is no empty room** in the dormitory.

   There are no empty rooms in the dormitory.

7. **There is a black laptop** on the desk.

8. **There are two black laptops** on the desk.

9. **There is no black laptop** on the desk.

   There are no black laptops on the desk.

Daily Test ▶ Track 31 .... p. 128

01 **It is true that** family members affect us most in life.

02 **It is difficult to catch up** when I miss a class.

03 **There are two telephones** on the first floor.

04 **It is important to express** our feelings.

05 **There is no bathroom in each room** in her dormitory.

06 **It is scary to walk** the streets alone late at night.

07 **There was no one in the restaurant** when I got there.

08 **It is interesting to meet new people** at school.

09 **There are two people waiting** in front of the door.

10 **It is fun to watch** comedy shows on TV.

11 Yes, because it is easy to get information from the Internet.

12 There is a sofa and table in my living room.

13 It is healthier to bring my own meals than to eat in the cafeteria.

14 I want to visit Greece because there are many historic places.

15 Yes, I think it is important for students to gain work experience.

Day 6 세련된 영어를 말할 수 있게 해주는 접속사

Course 1 ▶ Track 33 .... p. 133

1. My favorite hobbies are reading **and** bicycling.

2. He suggests that she enroll in a Chinese **or** Japanese class.

3. She is interested in **both** novels **and** poetry.

4. The professor asked him to prepare **either** a presentation **or** a report.

5. The food at the cafeteria is **not only** tasty **but also** cheap.

6. **Either** she **or** I have to make an outline for the team project.

7. Her hardest subjects this semester are physics **and** calculus.

8. For breakfast, I usually have cereal **or** buttered toast.

9. I am planning to go to **both** France **and** Italy during my winter vacation.

10. Living in a dormitory is **not only** convenient **but also** cheap.

1. He does not understand **why he** received such a low grade.

2. She forgot **where the seminar** will be held.

3. The man has to check **when the class** will begin.

4. The students are wondering **who the new dean** will be.

5. **That** the campus has a shuttle is a plus.

6. She is considering **what to wear** for the interview.

7. She and her friend have not decided **where to have dinner**.

8. He wants to know **when the last day** of enrollment is.

9. The woman is worried about **how to pay** her tuition next semester.

10. She did not know **that** the report was due tomorrow.

1. He is **the professor who taught** sociology last year.

2. I read **a book that became** a best seller.

3. She often visits **the bookstore which sells** used books.

4. I love going to **the mall which has** a great bookstore.

5. He looks forward to **the day when he'll see** his grandmother again.

6. She is going to meet **the person who called**.

7. The man moved into **a dormitory that has** modern facilities.

8. I like taking a walk in **the park which has** beautiful scenery.

1. He was absent from class **because he fell off** his bicycle.

2. **Although she borrowed** the book, she did not get to read it.

3. **If she fails** the test, she will have to take it again.

4. **Since the parking lot** was full, he parked off campus.

5. **Whenever she takes** a test, she gets nervous.

6. **When he finished** the presentation, a student asked a question.

7. She was frustrated **because she didn't understand** the lesson.

8. **Although the dormitory** is quiet, he has a hard time sleeping.

Daily Test ▶ Track 40 p. 140

01 She didn't agree with **what he said**.

02 The woman will take a make-up test on **either Friday or Saturday**.

03 He should explain to the professor **why he missed the test**.

04 He got a part-time job **because his allowance isn't enough**.

05 **Although the man waited for her for a long time**, she didn't show up.

06 **Whenever I visit him**, I find him reading.

07 The new building has **not only a computer lab, but also a lecture hall**.

08 She wants to know **when the professor will return her test**.

09 **Since her leg is broken**, she has to stay in bed for months.

10 I like **both watching films and reading books**.

11 I go to bed too late and wake up tired.

12 I enjoy going to Internet cafés where I can relax by playing video games.

13 I will either go on a trip or work as an intern.

14 My main reason is that I am interested in psychology.

15 My hometown is where the best apples in Korea are grown.

3rd Week 스피킹을 위한 표현 익히기

Day 1 유형별 표현 1: 의견, 이유, 문제점, 제안 말하기

Course 1 ▶ Track 2 ····· p. 148

1. The student **likes the idea** of working for a newspaper.
2. I **prefer to** read a book **rather than to** listen to music.
3. **It is better to use the Internet than to** look up facts in books.
4. Sophomores **don't think the plan is a good idea**.
5. I **prefer** home-cooked food **to** fast food.
6. She **disagrees that** students should not do part-time work.
7. **I think that** the exchange student program is helpful.
8. I **agree that** the campus should be open to all visitors.
9. **In my opinion**, the university needs a bigger auditorium.
10. Living in the dormitory **is better than** living off campus.

Course 2 ▶ Track 4 ····· p. 152

1. **First**, building the new library will cause an increase in tuition.
2. **Since** the course is in high demand, two classes will be opened.
3. **Another reason is that** I have no time to study in the evenings.
4. The student is absent. **That's because** he caught the flu.
5. **There are several reasons why** I am going to move out of the dormitory.
6. **Second**, eating out in restaurants costs a lot of money.
7. He **first says that** it is important to focus on studying.
8. **The reason is that** the subway is much faster.
9. **The first reason is that** I missed the sociology class last week.
10. I applied to the student exchange program **for several reasons**.

1. I **have a hard time getting up** in the morning.

2. I **suggest reviewing** a chapter every day.

3. **His first suggestion is to** take a different elective.

4. The student **is in trouble because** he didn't do his assignment.

5. He **has a problem getting** online.

6. **Her problem is that** she left her ID card at home.

7. **He suggests that** she take online courses.

8. He **wants to attend the party, but he has to** study for the exam.

9. **She advises him** to come to school early.

10. **The professor suggests focusing** in the class.

01 Second, joining a club helps me to be more sociable.

02 Since the student is absent, his presentation will be postponed.

03 First, a part-time job teaches responsibility.

04 The professor is angry. That's because no one did the readings.

05 There are several reasons why he joined a sports club.

06 The university will change the curriculum because it is too out-dated.

07 I disagree with the man's speech.

08 He agrees that the university should provide wireless Internet.

09 I prefer eating at home to dining in a restaurant.

10 The student thinks that the university should reduce tuition.

11 He suggests that she apply for a college loan.

12 The reason is that I can experience different cultures.

Course 1 ▶ Track 9 ··· p. 164

1. **The topic of the announcement is** the use of the parking lot.

2. **According to the announcement**, the library will be closed for two days.

3. **The reading talks about** how children develop language ability.

4. **The lecture is about** the process of photosynthesis.

5. **The reading describes** how resin is made.

6. **There are two ways to** improve the service in the cafeteria.

7. **As the professor says**, there are two types of sculptures.

8. **According to the professor**, the European population increased in the 1500s.

9. **She says that** the group presentation requires cooperation.

10. **The professor gives examples to explain** space exploration.

Course 2 ▶ Track 11 ··· p. 168

1. I like outdoor activities, **for example [for instance]**, climbing and hiking.

2. Walking is good for the heart. **Furthermore**, it can help a person lose weight.

3. The Erie Canal reduced transport time. **Moreover [In addition]**, it made shipping easier.

4. **Although [Even though]** many students eat at the cafeteria, they do not like the food there.

5. **In contrast to** the old dorms, the new dorms are much brighter.

6. The archaeopteryx, **for one**, had feathers and the body of a reptile.

7. **The first example is** of an individual buying a house.

8. **One example the professor gives is** bird migration.

9. Freshmen can move into new dorms. **On the other hand**, sophomores have to stay in the old dorms.

10. The policy will reduce traffic. **However**, it will make it harder for students to get to classes.

01 The university gym, for instance [for example], needs new sports equipment.

02 According to the announcement, there will be no classes on Friday.

03 The topic of the reading is where birds build their nests.

04 The sign explains the way to get to the new university building.

05 The professor talks about a person who doesn't get enough sleep.

06 The lecture is about the history of mass media.

07 Wind turbines, for one, do not pollute the air.

08 My class is going to go on a field trip tomorrow. However, it will be canceled if it rains.

09 In contrast to marine mammals, humans cannot stay under water for long.

10 Although [Even though] he is short, he plays basketball very well.

11 On the other hand, I'd love to take an archaeology or astronomy class.

12 Exercise helps people to stay in shape. Moreover [In addition], it relieves stress.

Day 3 주제별 표현 1: 일상 생활 관련 표현 말하기

1. Many students consider her to be **a memorable teacher**.

2. **The person who(m) I admire most** is Mahatma Gandhi.

3. She considered winning the Nobel Prize her most **outstanding achievement**.

4. Everyone agrees that she has **a great personality**.

5. Parents must always be **role models** to their children.

6. Some people find it difficult to have **friends for a lifetime**.

7. Teachers are **good mentors** for young students.

8. I admire him most because of his **positive outlook**.

9. I think **the most influential people** in a country are its politicians.

10. Joanna and I have maintained **a good relationship** since we were young.

1. **My favorite movie genre** has changed over time.

2. **The most impressive book** I read this year is *Pride and Prejudice* by Jane Austen.

3. I **treasure** my watch because I got it from my father.

4. My computer is **the most important item** in my apartment.

5. The shop has various items **of practical use**.

6. Kimchi is Korea's **traditional food**.

7. One of my mother's hobbies is to collect **outdated** items.

8. I **inherited** the pen **from** my grandfather.

9. I am going to read the book **recommended by** the teacher.

10. I have many **personal belongings**.

1. Traveling through Africa was **an unforgettable memory**.

2. I prefer to **travel with** a friend rather than to travel alone.

3. It was **a pleasant experience** to travel by myself for two months.

4. She **met a variety of people** from around the world in college.

5. It is difficult for my friends to **get together** often.

6. The party for my promotion was **a special occasion**.

7. **Going out to dinner** often costs a lot of money.

8. I gave a present to my parents on their wedding **anniversary**.

9. Kevin needs to **take a break** because he has been working so hard.

10. We **celebrated** Sally's birthday at her house.

1. I've been to many **historic places** around the world.

2. I'd like to take you to **a must-see place** in Busan.

3. I want to escape from **the crowded city** of Seoul.

4. My company scheduled a day for **outdoor activities** next week.

5. One of my hobbies is traveling to **exotic places** throughout the world.

6. I would like to live in a place that has great **scenery**.

7. My hotel was located in **a cosmopolitan area** of Vancouver.

8. A big city offers a variety of **leisure activities**.

9. My hometown is **famous for** traditional houses.

10. I spent most of my time taking pictures of **unique architecture**.

Daily Test ▶ Track 21 .... p. 190

01 It is important to have a good mentor.

02 I want to imitate my father's positive outlook on life.

03 The bag is outdated, but I still have it.

04 The official at the airport checked all my personal belongings.

05 I love to take pictures to remember pleasant experiences.

06 My family got together to celebrate my grandmother's birthday.

07 The graduation ceremony is a special occasion for many students.

08 I forgot my parents' wedding anniversary last year.

09 There are always many tourists at historic places.

10 Parks are the best places for outdoor activities.

11 Staying at my grandparents' house last year is an unforgettable memory.

12 It is always fun to travel with friends.

Day 4 주제별 표현 2: 대학 생활 관련 표현 말하기

Course 1 ▶ Track 23 .... p. 196

1. You can **gain knowledge by experience**.

2. I decided to **take a course** on Korean history.

3. He **made an effort** to pass the exam.

4. There are many opportunities for students to **make friends** at school.

5. I **asked my roommate for help** carrying my baggage.

6. Many Korean students wish to **study abroad** to learn English.

7. I raised my hand to **present my ideas** to the class.

8. **Participating in discussions** is an important part of the learning process.

9. Luckily, I **submitted my report** before the deadline.

10. Writing a thesis is **time-consuming**.

Course 2 ▶ Track 25 p. 200

1. The college **raises tuition** every year.

2. The **campus facilities** at my school are very old.

3. The **policy will go into effect** at the start of the year.

4. My friend prepares her meals at home in order to **cut down on expenses**.

5. **An exchange program** allows students to experience other cultures.

6. She **applied for a college loan** for the next semester.

7. **A job fair** is a great opportunity for many students.

8. A lot of money was invested to **expand the building**.

9. Students can only **drop courses** in the first week.

10. Most students **register for classes** online.

Course 3 ▶ Track 27 p. 204

1. I think it is more convenient to **live in the dormitory**.

2. Students need their IDs to **check out books**.

3. He always tries to **return books** on time.

4. Some campus computers need to **be replaced with new ones**.

5. It is very important for students to follow **safety regulations**.

6. She always forgets to take her **meal card** to the cafeteria.

7. I **waited in line** for thirty minutes to get on the bus to school.

8. The library decided to **charge late fees**.

9. Students are complaining about the gym's expensive **membership fees**.

10. I have many **overdue books** to return.

01 Taking at least one course is a basic requirement for students.

02 I made an effort to get to know my new classmates.

03 Studying abroad is not always the best choice.

04 In my freshman year, I applied for a college loan.

05 I registered for classes over the Internet.

06 Tomorrow is the due date for submitting my economics report.

07 The university is going to raise tuition due to financial difficulties.

08 I need to buy a meal card for next semester.

09 It is very time-consuming to walk from my house to the school.

10 The university offers a number of different exchange programs.

11 Many students are expected to go to the job fair.

12 The university plans to expand the library building.

Day 5 읽은 내용 말로 표현하기

Course 1 ▶ Track 30 ··· p. 211

1.
🎤 It is **asking them** to **take part in a study** on stress.
심리학과는 그들이 스트레스에 관한 연구에 참여하라고 요구하고 있다.

지문 심리학과는 스트레스에 관한 연구에 참여할 학생들을 모집하고 있습니다.
문제 심리학과는 학생들에게 무엇을 하라고 요구하고 있는가?

어휘 participate in, take part in ~에 참여하다

2.
🎤 According to **the announcement**, the tuition **will increase** next semester.
공지에 따르면, 다음 학기에 등록금이 인상될 것이다.

지문 대학은 다음 학기에 등록금을 인상할 것이라고 발표했습니다.
문제 언제 등록금이 인상될 것인가?

어휘 announce[ənáuns] 발표하다   tuition[tʃuːíʃən] 등록금

3.

🎤 The university **decided to cancel the classes** before Thanksgiving.

대학은 추수감사절 전 수업들을 취소하기로 결정했다.

지문 행정부는 추수감사절 전 수업들이 취소될 것이라고 발표했습니다.
문제 대학은 무엇을 결정했는가?

어휘 cancel[kǽnsəl] 취소하다   Thanksgiving[θæ̀ŋksgíviŋ] 추수감사절

4.

🎤 They **will be required to show their ID cards** to use the library.

그들은 도서관을 이용하기 위해 그들의 신분증을 제시하도록 요구될 것이다.

지문 다음 주부터, 학생들은 도서관에 들어갈 때 그들의 신분증을 제시해야 할 것입니다.
문제 다음 주부터 학생들은 무엇을 시작해야 하는가?

어휘 show[ʃou] 제시하다   ID card 신분증

5.

🎤 The school **plans to change** its name.

학교는 이름을 바꿀 계획이다.

지문 대학은 2009년에 학교의 이름을 바꾸려고 생각하고 있습니다.
문제 대학은 2009년에 무엇을 할 계획인가?

어휘 intend[inténd] ~하려고 생각하다

6.

🎤 The school **plans to offer a free shuttle service** to students.

학교는 학생들에게 무료 셔틀버스 서비스를 제공할 계획이다.

지문 대학은 학생들이 제시간에 수업에 오는 것을 돕기 위해 무료 셔틀버스 서비스를 제공할 것입니다.
문제 학교는 무엇을 할 계획인가?

어휘 provide, offer 제공하다   shuttle service 셔틀버스 서비스

7.

🎤 The Student Union's office **will be renovated** during the vacation.

학생 회관이 방학 동안 보수될 것이다.

지문 학생 회관은 여름 방학 동안 보수를 위해 문을 닫을 것입니다.
문제 여름 방학 동안 무슨 일이 일어날 것인가?

어휘 renovate[rénəvèit] (건물 등을) 보수하다

8.

🎤 It **provides members with tutorial services** in certain subjects.

그것은 회원들에게 특정 과목들의 개별 지도 서비스를 제공한다.

지문 신입생 클럽은 회원들에게 수학, 역사 그리고 화학의 개별 지도 서비스를 제공합니다.
문제 신입생 클럽은 회원들에게 어떤 서비스를 제공하는가?

어휘 tutorial service 개별 지도 서비스

9.

🎤 **A new weekly student newspaper** will be printed.

새로운 주간 학생 신문이 인쇄될 것이다.

지문 다음 학기부터, 새로운 학생 신문이 교내에서 매주 발행될 것입니다.
문제 다음 학기부터 무슨 일이 일어날 것인가?

어휘 student newspaper 학생 신문　　publish[pʌ́bliʃ] 발행하다　　print[print] 인쇄하다

Course 2　▶ Track 32 .... p. 215

1.

🎤 Krill and **shrimp are similar**, but shrimp do not produce light.

크릴과 새우는 유사하지만, 새우는 빛을 만들어 내지 않는다.

지문 크릴은 황록색 빛을 만들어 낸다는 점을 제외하고 새우와 비슷하게 보인다.
문제 크릴과 새우의 유사점과 차이점을 설명하시오.

어휘 krill[kril] 크릴(남극 근해에 사는 새우 무리의 갑각류)　　similar[símələr] 유사한

2.

🎤 If someone eats too much salt, his or her body **will lose water**.

만약 누군가가 너무 많은 소금을 먹으면, 그 또는 그녀의 몸은 수분을 잃을 것이다.

지문 사람이 너무 많은 소금을 섭취하면 몸이 건조해진다.
문제 사람이 너무 많은 소금을 먹으면 어떤 일이 발생하는가?

어휘 take in 섭취하다　　lose[luːz] 잃다

3.

🎤 Comic books **were popular in the United States** between 1938 and 1955.

미국에서 만화책은 1938년에서 1955년 사이에 인기 있었다.

지문 미국에서 많은 사람들이 1938년에서 1955년까지 만화책을 읽었다.
문제 미국에서 언제 만화책이 인기 있었는가?

어휘 comic book 만화책　　popular[pάpjulər] 인기 있는

4.

🎤 That's because **a lot of cars are produced** in Detroit.

그것은 디트로이트에서 많은 차들이 생산되기 때문이다.

지문 많은 자동차 생산자들이 있기 때문에 디트로이트는 '모터 시티'라고 불린다.
문제 디트로이트는 왜 '모터 시티'라고 불리는가?

어휘 be called ~라고 불리다　　car maker 자동차 생산자　　produce[prədjúːs] 생산하다

5.
🎙 They drink it since **it is believed to be good for their health**.

차가 건강에 좋다고 믿어지기 때문에 그들은 차를 마신다.

지문 과거에는, 사람들이 티 파티에서 차를 마셨지만, 오늘날에는 많은 사람들이 차가 건강에 좋다고 생각하기 때문에 차를 마신다.
문제 오늘날 사람들이 차를 마시는 이유를 말하시오.

어휘 **in the past** 과거에는   **today**[tədéi] 오늘날   **healthy**[hélθi] 건강에 좋은

6.
🎙 The United States **makes the most cheese**, followed by Germany.

미국이 가장 많은 치즈를 만들며, 독일이 뒤를 따른다.

지문 가장 많은 치즈를 생산하는 나라는 미국이며, 독일이 그 다음에 온다.
문제 지문에 따르면, 어떤 나라들이 가장 많은 치즈를 만드는가?

어휘 **come next** 다음에 오다

7.
🎙 We can't see the sun and the sky **becomes very dark**.

우리는 태양을 볼 수 없고 하늘은 아주 어두워진다.

지문 개기 일식 때, 태양은 사라지고 하늘은 완전히 어두워진다.
문제 개기 일식 때 무엇이 일어나는가?

어휘 **total solar eclipse** 개기 일식   **disappear**[dìsəpíər] 사라지다   **completely**[kəmplíːtli] 완전히

8.
🎙 The humpback whale **uses its own fat to survive**.

혹등고래는 살아남기 위해 자신의 지방을 이용한다.

지문 혹등고래는 겨울 동안 먹지 않아서, 에너지를 위해 자신의 지방을 태워야 한다.
문제 혹등고래는 겨울에 에너지를 위해 무엇을 이용하는가?

어휘 **humpback whale** 혹등고래   **burn**[bəːrn] 태우다   **fat**[fæt] 지방

9.
🎙 Radiation is one way that **an object releases energy**.

복사는 물체가 에너지를 방출하는 한 가지 방법이다.

지문 복사는 물체로부터 에너지가 방출되는 과정이다.
문제 복사란 무엇인가?

어휘 **radiation**[rèidiéiʃən] 복사   **process**[práses] 과정   **release**[rilíːs] 방출하다

01

🎤 It has both librarians and online resources.

그것은 사서와 온라인 자료를 둘 다 가지고 있다.

지문 사서들은 현재 도서관 자료에 대한 학생들의 질문에 대답할 수 있으며, 도서관은 하루 24시간 이용할 수 있는 웹사이트 또한 가지고 있습니다.

문제 도서관은 어떤 도움을 제공하는가?

어휘 librarian[laibrɛ́əriən] 사서   material[mətíəriəl] 자료   available[əvéiləbl] 이용할 수 있는

02

🎤 It communicates a feeling of unhappiness.

그것은 불행한 느낌을 전달한다.

지문 블루스는 미국에서 시작된 음악의 한 형태이며 슬픔 또는 우울함을 표현한다.

문제 블루스 음악은 어떤 느낌을 전달하는가?

어휘 blues[bluːz] (음악) 블루스   sadness[sǽdnis] 슬픔   depression[dipréʃən] 우울함, 우울   unhappiness[ʌnhǽpinis] 불행

03

🎤 Students should have completed 18 credits in sociology.

학생들은 사회학에서 18학점을 끝마쳐야 한다.

지문 학생들은 캐나다에서의 유학과정을 신청하기 위해 사회학에서 18학점을 가지고 있어야 합니다.

문제 캐나다에서의 유학과정에 등록하기 위한 필요 조건은 무엇인가?

어휘 credit[krédit] 학점   apply for ~을 신청하다   requirement[rikwáiərmənt] 필요 조건   enroll[inróul] 등록하다
complete[kəmplíːt] 끝마치다

04

🎤 Painters sometimes could not paint a person's face exactly as it looked.

화가들은 때때로 사람의 얼굴을 보이는 대로 정확하게 그릴 수 없었다.

지문 사람들은 그들의 초상화를 그리기 위해 화가를 고용해야 했으나, 그림이 항상 정확한 것은 아니었다.

문제 초상화를 그리는 것의 단점은 무엇이었는가?

어휘 painter[péintər] 화가   portrait[pɔ́ːrtrit] 초상화   accurate[ǽkjurət] 정확한   exactly[igzǽktli] 정확하게

05

🎤 The shark does not usually attack human beings.

상어는 보통 인간을 공격하지 않는다.

지문 악어, 크로커다일, 그리고 곤충들과 같은 동물들이 자주 인간을 공격하는 데 반해, 상어는 좀처럼 인간을 공격하지 않는다.

문제 보통 어떤 동물이 인간을 공격하지 않는가?

어휘 rarely[rɛ́ərli] 좀처럼 ~않는   attack[ətǽk] 공격하다   alligator[ǽligèitər] 악어
crocodile[krɑ́kədàil] 크로커다일 (주둥이가 뾰쪽한 악어의 한 종류)

06

🎙 They are truthful because they show his feelings and his age.

그것들은 그의 감정과 나이를 보여주기 때문에 진실되다.

지문 렘브란트가 자신을 그린 그림들은 정직하다. 누구나 그의 얼굴에서 감정과 주름들을 볼 수 있다.
문제 렘브란트의 자화상의 특징은 무엇인가?

어휘 emotion[imóuʃən] 감정   wrinkle[riŋkl] 주름   self-portrait 자화상   truthful[trú:θfəl] 진실된

07

🎙 He is changing the exam date because half of the class is sick.

그는 학급의 절반이 아프기 때문에 시험 날짜를 변경할 것이다.

지문 Brooks 교수는 학급의 절반이 독감에 걸렸기 때문에, 수업의 수학 시험을 11월 4일 월요일로 연기할 것입니다.
문제 Brooks 교수는 왜 시험 날짜를 추후로 변경할 것인가?

어휘 postpone[poustpóun] 연기하다   come down with the flu 독감에 걸리다

08

🎙 Students should get something to eat at sandwich shops.

학생들은 샌드위치 가게에서 먹을 것을 사야 한다.

지문 카페테리아가 이틀 동안 문을 닫을 것이므로, 학생들은 교내 샌드위치 가게에서 식사를 사야 합니다.
문제 학생들은 어디에서 먹을 것을 사야 하는가?

어휘 meal[mi:l] 식사

Day 6 들은 내용 말로 표현하기

Course 1 ▶ **Track 35** ·· p. 223

1.

🎧 I think it's about time **the university fixed up** the library.

나는 대학이 도서관을 수리해야 할 때라고 생각해.

🎙 The speaker feels **the school should renovate** the library.

화자는 학교가 도서관을 보수해야 한다고 생각한다.

문제 화자는 도서관 보수에 대해서 어떻게 생각하는가?

어휘 fix up 수리하다   renovate[rénəvèit] (건물 등을) 보수하다

2.

🎧 I heard that **the university is planning to put** more benches on the campus grounds.

나는 대학이 교내 운동장에 더 많은 벤치를 놓을 계획이라고 들었어.

🎙️ The school **has decided to place more benches** on campus.
학교는 교내에 더 많은 벤치를 놓기로 결정했다.

문제 학교는 무엇을 하기로 결정했는가?

어휘 **grounds**[graundz] 운동장

3.

🎧 I am not able to see the game because I have **a make-up class** on that day.
난 그날 보충 수업이 있기 때문에 그 경기를 볼 수 없을 거야.

🎙️ The speaker **will miss the game** because he has a class on the same day.
화자는 같은 날에 수업이 있기 때문에 그 경기를 놓칠 것이다.

문제 화자는 왜 그 경기를 놓칠 것인가?

어휘 **make-up class** 보충 수업   **on that day** 그날   **miss**[mis] 놓치다   **on the same day** 같은 날

4.

🎧 It's a good thing **the library is extending its hours** during exam week.
시험 주간 동안 도서관이 시간을 연장하는 것은 좋은 일이야.

🎙️ The library **will stay open longer** for exam week.
도서관은 시험 주간 동안 문을 더 오래 열 것이다.

문제 시험 주간 동안 무슨 일이 일어날 것인가?

어휘 **extend**[iksténd] 연장하다   **exam week** 시험 주간

5.

🎧 I can't believe **the university closed the snack shop** beside the library.
대학이 도서관 옆에 있는 스낵 가게를 닫았다니 믿을 수가 없어.

🎙️ The speaker is saying that **the snack shop near the library is closed**.
화자는 도서관 근처의 스낵 가게가 문을 닫았다고 말하고 있다.

문제 화자는 무엇에 대해서 이야기하고 있는가?

어휘 **snack shop** 스낵 가게   **beside**[bisáid] ~ 옆에   **near**[niər] ~ 근처의

6.

🎧 Did you hear that **they postponed the seminar** until later this week?
그들이 세미나를 이번 주 후반까지 연기했다는 것을 들었니?

🎙️ The speaker is saying that **the seminar was moved to a different day**.
화자는 세미나가 다른 날로 옮겨졌다고 말하고 있다.

어휘 postpone[poustpóun] 연기하다   seminar[sémənà:r] 세미나, 연구 집회

7.

🎧 I think **a new lab for the biology students** would be great!
나는 생물학과 학생들을 위한 새로운 실험실이 좋을 거라고 생각해!

🎙 The speaker feels that **a new lab would be good** for the biology students.
화자는 새로운 실험실이 생물학과 학생들에게 좋을 거라고 생각한다.

문제 화자는 실험실에 대하여 어떻게 생각하는가?

어휘 lab[læb] 실험실   biology[baiálədʒi] 생물학

8.

🎧 Well, I decided to **sign up for the English class** next semester.
음, 난 다음 학기에 영어 수업을 신청하기로 결정했어.

🎙 The speaker is **going to take the English class** next semester.
화자는 다음 학기에 영어 수업을 들을 것이다.

문제 화자는 무엇을 하기로 결정했는가?

어휘 decide[disáid] 결정하다, 결심하다   sign up for (수업 등을) 신청하다   next semester 다음 학기   take[teik] (수업 등을) 듣다

9.

🎧 I don't understand **why the university now requires students** to take more physical education courses.
난 왜 대학이 이제 와서 학생들에게 체육 수업을 더 들으라고 요구하는지 이해가 안 돼.

🎙 The university wants **students to complete more PE classes**.
대학은 학생들이 더 많은 체육 수업을 듣길 원한다.

문제 대학은 학생들에게 무엇을 하라고 요구하는가?

어휘 require[rikwáiər] 요구하다   physical education, PE (교과 과목) 체육

Course 2 ▶ Track 37 ·· p. 227

1.

🎧 People know that **underwater earthquakes and volcanic eruptions** can cause tsunamis.
사람들은 수중 지진과 화산 폭발이 해일을 일으킬 수 있다는 것을 알고 있습니다.

🎙 It is known that **tsunamis can result from** underwater earthquakes or volcanic eruptions.

해일은 수중 지진 또는 화산 폭발에 의해 일어날 수 있다고 알려져 있다.

문제 해일의 두 가지 원인은 무엇인가?

어휘 underwater[ʌ̀ndərwɔ́ːtər] 수중   earthquake[ə́ːrθkwèik] 지진   volcanic[vɑlkǽnik] 화산의   eruption[irʌ́pʃən] 폭발
tsunami[tsunáːmi] 해일

2.

🎧 As you can see, **forest fires are really hard to control**, especially when there's no moisture in the trees.

여러분들이 보다시피, 특히 나무에 수분이 없을 때, 산불은 통제하기가 정말 힘듭니다.

🎙 Dry plants can make **forest fires hard to stop**.

건조한 식물들은 산불을 멈추기 힘들게 만들 수 있다.

문제 무엇이 산불을 멈추기 힘들게 만들 수 있는가?

어휘 forest fire 산불   control[kəntróul] 통제하다   especially[ispéʃəli] 특히   moisture[mɔ́istʃər] 수분

3.

🎧 For example, *Sesame Street* was really designed to **teach children reading and math**.

예를 들어, Sesame Street는 실제로 어린이들에게 읽기와 수학을 가르치기 위해 기획되었죠.

🎙 It was made to **help children learn to read and math**.

그것은 어린이들이 읽기와 수학을 배우는 것을 돕기 위해 만들어졌다.

문제 Sesame Street 쇼의 목적은 무엇이었는가?

어휘 design[dizáin] 기획하다

4.

🎧 In fact, many writers think that Shakespeare is **the greatest writer in the English language**.

실제로, 많은 작가들이 셰익스피어가 영어권에서 가장 위대한 작가라고 생각하고 있습니다.

🎙 They believe **he is the best writer** in the English language.

그들은 그가 영어권에서 최고의 작가라고 생각한다.

문제 ·많은 작가들은 셰익스피어에 대해 어떤 의견을 가지고 있는가?

어휘 in fact 실제로, 사실   great[greit] 위대한   best[best] 최고의

5.

🎧 However, pandas were **considered so precious in China** that anyone that killed a panda was punished.

그러나, 판다는 중국에서 아주 귀하게 여겨져서 누구든지 판다를 죽인 사람은 처벌을 받았습니다.

🎤 That's because the Chinese considered **them really precious**.

그것은 중국사람들이 그것들을 정말 귀하게 여겼기 때문이다.

문제   중국에서 판다를 죽인 사람은 왜 처벌을 받았는가?

어휘   consider[kənsídər] ~라고 여기다   precious[préʃəs] 귀한   punish[pʌ́niʃ] 처벌하다

6.
🎧 They didn't have **lighthouses in ancient times**, so fire was used to direct ships.

면 옛날에는 등대가 없어서, 배의 길을 가리키기 위해 불이 사용되었답니다.

🎤 They **used fire to guide ships** because there weren't any lighthouses.

등대가 없었기 때문에 그들은 배를 인도하기 위해 불을 사용하였다.

문제   과거에 사람들은 배를 인도하기 위해 무엇을 사용하였으며, 그 이유는 무엇인가?

어휘   lighthouse[làitháus] 등대   ancient[éinʃənt] 먼 옛날의   direct[dirékt] (길 등을) 가리키다   guide[gaid] (방향 등을) 인도하다

7.
🎧 Cars made it **possible for cities to be bigger** and for a huge network of roads to connect them.

차들은 도시가 더 커지고 도로의 거대한 네트워크가 도시를 연결하는 것을 가능하게 만들었습니다.

🎤 Cars allowed people **to build bigger cities** and to create a network of roads to travel between them.

차는 사람들이 더 큰 도시들을 짓고 그 사이를 이동할 수 있는 도로의 네트워크를 만들 수 있도록 했다.

문제   차는 도시에 어떤 영향을 끼쳤는가?

어휘   huge[hju:dʒ] 거대한   connect[kənékt] 연결하다   build[bild] 짓다   create[kriéit] 만들다   travel[trǽvəl] 이동하다, 돌아다니다

8.
🎧 Plants are important **because they are the source** of all of the world's food.

식물은 전 세계 식량의 원천이므로 중요합니다.

🎤 Plants are important because they **supply the whole world with food**.

식물은 전 세계에 식량을 공급하므로 중요하다.

문제   식물은 왜 중요한가?

어휘   plant[plænt] 식물   important[impɔ́:rtənt] 중요한   source[sɔ:rs] 원천   supply A with B A에 B를 공급하다

9.
🎧 All tropical cyclones produce powerful winds, **plenty of rain, and very large ocean waves**.

모든 열대성 저기압은 강한 바람, 많은 비, 그리고 아주 거대한 파도를 만들어 냅니다.

🎤 A tropical cyclone has **very strong winds, lots of rain**, and large waves.

열대성 저기압은 매우 강한 바람, 많은 비, 그리고 거대한 파도를 동반한다.

문제 열대성 저기압의 특징은 무엇인가?

어휘 **tropical cyclone** 열대성 저기압   **powerful** [páuərfəl] 강한, 힘센   **plenty of** 많은   **ocean wave** 파도

Daily Test ▶ Track 38 ··· p. 230

01

🎧 I'm so glad that **this orientation gave me a chance** to chat with other students.

이 오리엔테이션이 나에게 다른 학생들과 이야기할 수 있는 기회를 줘서 너무 기뻐.

🎤 The speaker had the opportunity to talk to other students.

화자는 다른 학생들과 이야기할 수 있는 기회를 가졌다.

문제 화자는 오리엔테이션의 어떤 점을 좋아하는가?

어휘 **chat** [tʃæt] 이야기하다   **opportunity** [àpərtjúːnəti] 기회

02

🎧 A billboard is a large sign that is found outdoors; **you can usually find many of these billboards** where cars often pass.

광고 게시판은 야외에서 볼 수 있는 큰 간판인데, 흔히 차들이 자주 지나다니는 곳에서 이와 같은 광고 게시판을 많이 찾아 볼 수 있습니다.

🎤 There are a lot of billboards in areas with a lot of traffic.

교통량이 많은 지역에 광고 게시판들이 많이 있다.

문제 어디서 많은 광고 게시판을 볼 수 있는가?

어휘 **billboard** [bílbɔ̀ːrd] 광고 게시판   **sign** [sain] 간판   **outdoors** [àutdɔ́ːrz] 야외에서   **traffic** [trǽfik] 교통량

03

🎧 This new tutoring service the university is offering is great, because the university's fees for the service are **really low compared to private tutors' fees**!

대학이 제공하고 있는 이 새로운 개별 지도 서비스는 좋은 것 같아, 왜냐하면 그 서비스에 대한 대학의 수업료가 개인 지도 교사 수업료에 비해 정말 낮거든!

🎤 The speaker says it is cheaper than hiring a private tutor.

화자는 그것이 개인 지도 교사를 채용하는 것보다 더 싸다고 말한다.

문제 화자는 대학의 개별 지도 서비스에 대해 무엇이라고 말하는가?

어휘 **tutoring service** 개별 지도 서비스   **low** [lou] (요금 등이) 낮은   **compared to** ~에 비해   **hire** [haiər] 채용하다, 고용하다

04

🎧 I think many of you know that Coney Island was **famous for its amusement parks** before World War II.

여러분 중 대다수는 코니 아일랜드가 제2차 세계대전 이전에 놀이 공원으로 유명했다는 것을 알고 있을 겁니다.

🎤 Prior to World War II, Coney Island was known for its amusement park.

제2차 세계대전 이전에, 코니 아일랜드는 놀이 공원으로 유명했다.

문제 코니 아일랜드는 무엇으로 유명했는가?

어휘 amusement park 놀이 공원   World War II 제2차 세계대전

05

🎧 Some scientists still think there is life on Mars **because Mars is close to Earth**, and Mars is also similar to Earth.

화성이 지구와 가깝고, 또 유사하기 때문에 일부 과학자들은 여전히 화성에 생명체가 있다고 생각합니다.

🎤 That's because they think Mars and Earth are close and very much alike.

그것은 그들이 화성과 지구가 가깝고 아주 많이 비슷하다고 생각하기 때문이다.

문제 일부 과학자들은 왜 화성에 생명체가 있다고 생각하는가?

어휘 Mars[mɑːrz] 화성   Earth[əːrθ] 지구   similar[símələr] 유사한   alike[əláik] 비슷한

06

🎧 Umm . . . There is a bulletin board **in the hallway near the side entrance**, but students hardly ever go there!

음... 옆문 근처 복도에 게시판이 하나 있잖아, 그런데 학생들은 그곳으로 거의 가지 않는다고!

🎤 The speaker says students do not usually see the bulletin board near the side door.

화자는 학생들이 보통 옆문 근처의 게시판을 보지 않는다고 말한다.

문제 화자는 옆문 근처의 게시판에 대해 무엇이라고 말하는가?

어휘 hallway[hɔ́ːlwèi] 복도   entrance[éntrəns] 문, 출입구   hardly[háːrdli] 거의 ~하지 않는

07

🎧 I've always wanted to join the writing club, but I'll be very busy this semester because **I have a course load of 21 units**.

난 항상 작문 클럽에 가입하고 싶었지만, 21학점의 수업을 듣기 때문에 이번 학기에는 너무 바쁠 거야.

🎤 The speaker has a full class load this semester.

화자는 이번 학기에 수업을 꽉 채워 듣는다.

문제 화자는 작문 클럽에 가입하지 못하는 이유로 무엇을 드는가?

어휘 semester[siméstər] 학기

O8

🎧 When there is more solar activity, **the sunspots increase**, and this cycle has an effect on Earth's weather.

태양의 활동이 더 많이 있을 때, 흑점이 늘어나고, 이 주기는 지구의 날씨에 영향을 끼치죠.

🎤 Increased solar activity causes more sunspots and changes Earth's weather.

증가된 태양의 활동은 더 많은 흑점을 야기하고 지구의 날씨를 변화시킨다.

문제   증가된 태양의 활동 중에 무엇이 일어나는가?

어휘   **solar**[sóulər] 태양의   **activity**[æktívəti] 활동   **sunspot**[sʌ́nspɑt] (태양의) 흑점   **have an effect on** ~에 영향을 끼치다

Day 1 나의 선택 말하기

Course 1 ▶ Track 1 ·· p. 238

1. 어떤 사람들은 집단에서 지도자 역할을 맡는 것을 선호하고, 다른 사람들은 따르는 것을 선호합니다. 당신은 어느 것을 선호하고 그 이유는 무엇인가요? 구체적인 근거와 예를 들어 답하세요.

> 나의 선택　　**leadership position**　지도자 역할
>
> 이유 1　　　　1. **change things for the better**　더 나은 쪽으로 바꿈
>
> 　구체적 근거　　　– **unreasonable rule → better one**　비합리적인 규칙을 더 나은 것으로 바꿈
>
> 이유 2　　　　2. **learn social skills**　사교적인 기술을 배움
>
> 　구체적 근거　　　– **deal w/ a lot of ppl.**　많은 사람들을 대함

2. 다음 진술에 동의하는지 동의하지 않는지 말하세요. 그리고 구체적인 근거를 들어 이유를 설명하세요. 인생에서 성공하기 위해 대학 교육이 필요하다.

> 나의 선택　　**disagree**　반대함
>
> 이유 1　　　　1. **successful ppl. X go college**　대학 가지 않고 성공한 사람들
>
> 　구체적 근거　　　– **biz. owners**　사업주들
>
> 이유 2　　　　2. **X real world exp.**　실제 세상 경험이 아님
>
> 　구체적 근거　　　– **study theory**　이론을 배움

3. 어떤 학생들은 교실 안에서 배우는 것을 선호하고, 다른 학생들은 야외에서 배우는 것을 선호합니다. 당신은 어느 것을 선호하고 그 이유는 무엇인가요? 구체적인 근거와 예를 들어 답하세요.

> 나의 선택　　**in a classroom**　교실 안에서
>
> 이유 1　　　　1. **focus well**　집중이 잘 됨
>
> 　구체적 근거　　　– **no noise, quiet**　소음이 없고, 조용함
>
> 이유 2　　　　2. **more convenient**　더 편리함
>
> 　구체적 근거　　　– **no desks & chairs → uncomfortable**　책상과 의자가 없으면 불편함

4. 다음 진술에 동의하는지 동의하지 않는지 말하세요. 그리고 구체적 근거를 들어 이유를 설명하세요. 광고는 사람들의 결정에 너무 많은 영향을 미친다.

나의 선택 **agree** 동의함

이유 1   1. buy unnecessary products   불필요한 제품을 사게 됨

     구체적 근거   – look good in ad   광고에서 좋아 보임

이유 2   2. considered more reliable   더 믿을 수 있다고 여겨짐

     구체적 근거   – more likely buy ad product   광고된 제품을 살 가능성이 더 높음

Course 2 ▶ Track 5 .... p. 246

어떤 사람들은 집단에서 지도자 역할을 맡는 것을 선호하고, 다른 사람들은 따르는 것을 선호합니다. 당신은 어느 것을 선호하고 그 이유는 무엇인가요? 구체적인 근거와 예를 들어 답하세요.

나의 선택

I prefer to **take a leadership position** in a group.

이유 1

First, I want to **change things for the better**.

구체적 근거

To be specific, I would have the chance to replace an **unreasonable rule with a better one**.

이유 2

Second, having a leadership position is a good way to **learn social skills**.

구체적 근거

For example, I had to **deal with a lot of people** when I was the president of the student council.

Daily Test ▶ Track 6 .... p. 248

01   어떤 사람들은 친구들과 집에서 시간을 보내기를 좋아하고, 다른 사람들은 밖에서 만나는 것을 선호합니다. 당신은 어느 것을 선호하고 그 이유는 무엇인가요? 구체적인 근거와 예를 들어 답하세요.

나의 선택	*at home* 집에서	
이유 1	1. *cost less* 비용이 덜 듦	
구체적 근거	– *prepare meals* 음식을 준비함	
이유 2	2. *more relaxing* 더 편함	
구체적 근거	– *comfortable clothes, X dress up* 편한 옷, 차려 입지 않음	

나의 선택

I prefer to spend time at home with friends.

이유 1

First, **it costs less than going out**.

구체적 근거

To be specific, my friends and I can prepare meals together.

이유 2

Second, **meeting people at home is more relaxing**.

구체적 근거

For example, I **can wear comfortable clothes and don't have to worry about** dressing up.

02 다음 진술에 동의하는지 동의하지 않는지 말하세요. 그리고 구체적인 근거를 들어 이유를 설명하세요. 선생님들은 수업시간 동안 토론을 장려해야 한다.

나의 선택	*agree* 동의함	
이유 1	1. *improve communication skills* 의사소통 능력을 개선함	
구체적 근거	– *practice expressing opinions* 의견 표현하는 것을 연습함	
이유 2	2. *learn a lot while preparing* 준비하는 동안 많이 배움	
구체적 근거	– *gain a lot of knowledge* 많은 지식을 얻음	

나의 선택

I agree with the statement that **teachers should encourage group discussions during classes**.

이유 1

First, students can **improve their communication skills**.

구체적 근거

To be specific, students can **practice expressing their opinions** clearly during the discussions.

이유 2

Second, students can **learn a lot while preparing** for the discussions.

구체적 근거

For example, I **gained a lot of knowledge** about history when I reviewed materials for a discussion in my history class.

Day 2   읽고 듣고 말하기: 대학 생활

읽기 지문 해석 (p.253)

교내 TV 제거

대학은 교내에 있는 대부분의 공공장소에서 텔레비전을 제거할 예정입니다. 이는 모든 학생 휴게실에 있는 TV를 포함할 것입니다. 학업 목적으로 쓰이는 텔레비전은 유지될 것입니다. 이 결정의 이유는 텔레비전이 매우 시끄럽기 때문입니다. 그러므로 텔레비전은 학생들이 학업에 집중할 수 없게 만들 수도 있습니다. 변경 사항은 다음 주부터 시행될 것으로 예상됩니다.

듣기 지문 해석 (p.255)

남: 난 대학의 결정이 마음에 들지 않아.

여: 왜? TV가 제거되고 나면 소음이 더 적을 거고 공부할 시간은 더 많을 거야.

남: 학생들은 함께 TV를 보고 어울리려고 휴게실에서 만나. TV가 없다면 그들은 그저 방에 있을지도 모르는데, 이건 그들이 서로 더 적게 교류할 거란 걸 의미해.

여: 응, 무슨 말인지 알겠어. 난 그것에 대해 생각해보지 않았어.

남: 또한, 학생들은 일과를 마칠 즈음에 공부로 인한 스트레스를 풀 필요가 있어. 대학이 TV를 없앤다면, 스트레스를 풀 좋은 방법을 뺏는 게 될 거야.

Course 1 ▶ Track 8 ·· p. 256

읽기 노트

토픽	new dorm. roommate policy	새로운 기숙사 룸메이트 정책
세부사항	- lottery system used	추첨제가 사용됨
	- freshmen assigned upper-year as dorm mates	
	신입생에게 상급생이 기숙사 룸메이트로 배정됨	

M : What do you think about the new policy?

W : I think **it's a very good idea**. Having assigned roommates will help us learn how to **deal with different kinds of people**.

M : What do you mean by that?

W : Oh, I mean **we might get a roommate with a very different personality** . . . or one from **another culture**.

M : I agree. That could be a good learning opportunity.

W : Also, it could be **helpful for freshmen**. They will have an older student as a roommate. That would be great for new students who need **advice and guidance about university life**.

M : You're right, I'd love that.

듣기 노트

화자의 의견	**W: O** 여: 찬성	
이유 1	1. learn how to <u>deal w/ diff. ppl.</u>	다른 유형의 사람들을 대하는 방법을 배움
구체적 근거	– diff. personality/another culture	다른 성격 혹은 다른 문화
이유 2	2. helpful for freshmen	신입생에게 도움이 됨
구체적 근거	– older roommate → <u>advice & guidance</u>	선배인 룸메이트 → 조언과 안내

지문 해석

읽기 지문

기숙사 룸메이트에 관한 새로운 정책

대학은 새로운 기숙사 룸메이트 정책을 시행하기로 하였습니다. 내년을 시작으로, 특정한 기숙사에 학생들을 배치하기 위해 추첨제가 사용될 것입니다. 하지만, 이 제도는 완전히 무작위는 아닙니다. 그것은 모든 신입생들에게 상급생이 룸메이트로 배정되는 것을 보장할 것입니다.

듣기 지문

남: 새 정책에 대해 어떻게 생각하니?

여: 난 매우 좋은 의견이라고 생각해. 배정된 룸메이트를 갖는 건 우리가 다른 유형의 사람들을 대하는 방법에 대해 배울 수 있도록 도와줄 거야.

남: 그게 무슨 말이야?

여: 오, 내 말은 우리가 굉장히 다른 성격의 룸메이트를 얻을 수도 있다는 거지... 또는 다른 문화에서 온 사람도.

남: 나도 동의해. 그게 좋은 배움의 기회가 될 수도 있겠네.

여: 또, 그건 신입생들에게 도움이 될 거야. 그들은 선배인 학생을 룸메이트로 얻게 되잖아. 그건 대학 생활에 대해 조언과 안내가 필요한 새로운 학생들에게 좋을 거야.

남: 네가 맞아. 좋을 거야.

화자의 의견

The woman thinks it is a good idea.

이유 1

First, she says that having assigned roommates will help them learn how to deal with different kinds of people.

구체적 근거

For example, **they might get a roommate with a very different personality** or even one from another culture.

이유 2

Second, she says that it's helpful for freshmen.

구체적 근거

For instance, **an older roommate can give** advice and guidance.

Daily Test ▶ Track 13 ·· p. 266

읽기 노트

토픽	<u>mandatory intern. in service industry</u> 서비스 산업에서의 의무적인 인턴십	
세부사항	- growing fast 빠르게 성장하고 있음	
	- do intern. in finan. 금융계 인턴을 함	

듣기 노트

화자의 의견	<u>W: X</u> 여: 반대	
이유 1	1. <u>want intern. relevant to career</u> 경력과 관련된 인턴십 원함	
구체적 근거	- X all interested in service ind. 모두가 서비스 산업에 관심 있지는 않음	
이유 2	2. <u>already a lot of exp.</u> 이미 많은 경험이 있음	
구체적 근거	- service part-time → X need to do intern.	
	서비스 아르바이트 → 인턴십을 할 필요 없음	

읽기 주제

According to the reading, the Business Department should make a mandatory internship program in the service industry.

화자의 의견

The woman **does not think it is a good idea**.

이유 1

First, she says that **business majors want internships relevant to their career objectives**.

구체적 근거

In other words, **not all students are interested in working in the service industry**.

이유 2

Second, she says that business students already have a lot of experience in the service industry.

구체적 근거

That's because many students already have service-related part-time jobs. **So, they don't really need to do an internship in it as well**.

스크립트 및 해석

Narrator: The student newspaper has published a letter about the internship program. You will have 45 seconds to read the letter. Begin reading now.
학생 신문은 인턴십 프로그램에 관한 편지를 게재하였습니다. 편지를 읽는 데 45초가 주어질 것입니다. 이제 읽기 시작하세요.

읽기 지문
편집장님께,
저는 경영학부가 서비스 산업에서의 의무적인 인턴십 프로그램을 만들어야 한다고 생각합니다. 한 가지 이유는 서비스 산업이 매우 빠르게 성장하고 있기 때문입니다. 따라서, 많은 학생이 졸업 후 이 산업에 진출할 것입니다. 또 다른 이유는 거의 모든 학생이 인턴십을 금융계에서 하는 경향이 있다는 것입니다. 그들이 다양한 종류의 인턴십 경험을 쌓는 것은 중요합니다.
진심을 담아,
Todd Brown

  mandatory[mǽndətɔ̀:ri] 의무적인   enter[éntər] 진출하다   nearly[níərli] 거의   get experience 경험을 쌓다

듣기 지문
Narrator: Now listen to two students as they discuss the letter.
이제 편지에 대해 토의하는 두 학생의 대화를 들어 보세요.

W: Did you read that student's letter about mandatory internships in the service industry? I don't agree with him. He doesn't understand what business majors want.

M: Hmm . . . why do you say that?

W: Business majors want internships relevant to their career objectives. There are many areas of business, and not all students are interested in working in the service industry. Some want to go into finance and others are interested in marketing.

M: That's a good point.

W: Besides, most business students have a lot of experience in the service industry. Many of them have service-related part-time jobs. They know a lot about the service industry already, so they don't really need to do an internship in it as well.

여: 서비스 산업에서의 의무적인 인턴십에 대한 학생의 편지 읽었니? 난 그에게 동의하지 않아. 그는 경영학 전공자들이 원하는 것을 이해하지 못하고 있어.

남: 음... 왜 그렇게 말하니?

여: 경영학 전공자들은 그들의 경력 목표와 관련된 인턴십을 원해. 많은 경영 분야가 있고, 모든 학생이 서비스 산업에서 일하는 것에 관심이 있는 것은 아냐. 몇몇은 금융계에 가고 싶어 하고 다른 이들은 마케팅에 관심이 있어.

남: 그거 좋은 지적인데.

여: 게다가, 대부분의 경영학 학생들은 서비스 산업에서 많은 경험이 있어. 그들 중 많은 이들은 서비스와 관련된 아르바이트를 하지. 그들은 이미 서비스 산업에 대해 많이 알고 있어서, 그곳에서 꼭 인턴십도 해야 할 필요는 없어.

relevant[réləvənt] 관련된　finance[fínǽns] 금융

Question: The woman expresses her opinion regarding the student's letter. State her opinion and explain the reasons she gives for expressing that opinion.

여자는 학생의 편지에 대한 자신의 의견을 표명합니다. 여자의 의견을 말하고 그러한 의견을 표명하는 이유를 설명하세요.

Day 3　읽고 듣고 말하기: 대학 강의

읽기 지문 해석　(p.271)

수동 공격적 행동

수동 공격적 행동은 다른 사람에 대한 부정적인 감정을 간접적인 방법으로 다루는 행동이다. 그 사람에게 직접 불쾌함을 표현하기보다는, 수동 공격적인 사람들은 처음에는 화가 나지 않은 척을 한다. 그러나 그들은 부정적인 방식으로 행동함으로써 결국 그들의 진짜 감정을 드러낸다. 이러한 행동은 보통 다른 사람을 괴롭힐 의도의 비언어적인 행동의 형태를 취한다.

듣기 지문 해석　(p.273)

오늘은 수동 공격적 행동의 두 가지 형태에 대해 알아보겠습니다.

예를 들어, 음, 가장 흔한 것 중 하나는 부정이에요. 분노를 표현하기 위해서, 수동 공격적인 사람은 문제가 있다는 것조차 단순히 부정할 거예요. 실제로, 그 사람은 그 문제를 논의하는 것을 그저 회피할 거예요. 그리고 음... 논의를 피할 수 없다면, 그는 심지어 화제를 바꾸려고 할 수도 있어요.

방해되는 행동은 수동 공격성의 또 다른 예예요. 불만을 나타내고 다른 사람들의 노여움을 무릅쓰는 대신, 수동 공격적인 사람은, 음, 비생산적인 방식으로 행동해요. 예를 들어, 한 직원이 자신에게 주어진 일을 하고 싶어 하지 않는 상황을 상상해 보세요. 그는 고의로 실수를 하거나 굉장히 느리게 일할 수도 있어요.

읽기 노트

> 토픽 **contrast effect** 대비 효과
>
> 개념 **– distort. of percept. when similar things viewed together**
> 비슷한 것들이 함께 보일 때 일어나는 인식 왜곡
>
> **– due to this, ppl. fail to make obj. evaluations**
> 이 때문에, 사람들은 객관적인 평가를 하는 데 실패함

듣기 지문

Today, what I want to talk about is the contrast effect . . . something that I'm certain has affected all of you at one time or another. An example is **my experience shopping for a computer monitor.** When I got to the store, I **first looked at a 24-inch monitor.** It **seemed more than big enough**, so I decided to buy it.

But then I **noticed a 27-inch monitor** on the next shelf. When I saw these two monitors together, I suddenly **thought that first one was too small.** So I bought the 27-inch one, but I ended up **regretting my decision.** This is because I realized when I got home that the 24-inch monitor would have been adequate . . . I had been fooled by the contrast effect.

듣기 노트

> 예시 1 **1. exp. shopping for monitor** 모니터를 구매한 경험
>
> 세부사항 **– looked at 24-inch monitor** 24인치 모니터를 봄
>
> **– seemed big enough → decided to buy it** 충분히 커 보임 → 그것을 사기로 함
>
> 예시 2 **2. noticed 27-inch monitor** 27인치 모니터를 보게 됨
>
> 세부사항 **– thought 1st one too small** 첫 번째 것이 너무 작다고 생각됨
>
> **– bought 27-inch → regretted decision** 27인치를 삼 → 결정을 후회함

지문 해석

읽기 지문

대비 효과

대비 효과는 비슷한 것들이 함께 보일 때 일어나는 인식의 왜곡이다. 이 효과로 인해, 사람들은 때때로 크기, 색깔, 또는 밝기에 대한 객관적인 평가를 하는 데 실패한다. 예를 들어, 그 혹은 그녀가 혼자 서 있을 때에는 그 사람의 키가 평균으로 보일지도 모른다. 하지만, 같은 사람이 키가 더 큰 사람 옆에 서 있을 때에는 작다고 인식될 것이다.

듣기 지문

오늘 제가 이야기하고자 하는 것은 대비 효과입니다... 한 번쯤은 여러분 모두에게 영향을 끼친 적이 있다고 제가 확신하는 것이죠. 하나의 예는 컴퓨터 모니터를 구매한 저의 경험이에요. 상점에 갔을 때, 저는 먼저 24인치 모니터를 보았죠. 그건 충분히 커 보여서, 저는 그것을 사기로 했습니다.

하지만 그 후 저는 옆 선반에 있는 27인치 모니터를 보게 되었어요. 이 두 모니터를 함께 봤을 때, 저는 갑자기 첫 번째 모니터가 너무 작다고 생각하게 됐죠. 그래서 저는 27인치짜리를 샀는데, 결국 저의 결정을 후회하게 되었습니다. 이는 제가 집에 있을 때 24인치 모니터가 충분했을 거란 것을 깨달았기 때문이에요... 제가 대비 효과에 속았던 거죠.

Course 2 ▶ Track 19 .... p. 282

토픽

The professor **uses a personal experience to explain the contrast effect.**

예시 1

First, he describes **his experience shopping for a monitor.**

세부사항

To be specific, **when he looked at a 24-inch monitor, it seemed big enough**, so **he decided to buy it.**

예시 2

Then, he describes **how he noticed a 27-inch monitor.**

세부사항

Since **he thought the first one was too small, he bought the 27-inch one**, but **he regretted his decision later.**

Daily Test ▶ Track 20 .... p. 284

읽기 노트

토픽	*division of labor* 분업	
개념	- *assign tasks to specific groups* 특정한 그룹들에게 과업을 배정함	
	- ↑ *efficient → ensures survival* 더 효율적임 → 생존을 보장함	

예시 1　　**1.** queen bee 여왕벌

세부사항　　　－ mate w/ male & lay ↑ eggs 수벌과 짝짓기해서 많은 알을 낳음

　　　　　　　－ create future generations of bees 벌의 후손을 만들어 냄

예시 2　　**2.** worker bees 일벌

세부사항　　　－ take care of colony & queen 군생과 여왕을 돌봄

　　　　　　　－ ex) feed queen, keep hive clean 예) 여왕에게 먹이를 주고, 벌집을 깨끗하게 유지함

토픽

The professor uses two examples to explain division of labor.

예시 1

First, he describes **queen bees**.

세부사항

To be specific, they mate with male bees and **lay a lot of eggs** to create the future generations of bees.

예시 2

Second, he describes **worker bees**.

세부사항

They take care of the colony and the queen. For example, they feed the queen and keep the hive clean.

스크립트 및 해석

Narrator: Now read the passage about division of labor. You will have 45 seconds to read the passage. Begin reading now.

이제 분업에 대한 지문을 읽으세요. 지문을 읽는 데 45초가 주어질 것입니다. 이제 읽기 시작하세요.

읽기 지문

분업

분업은 특정한 개체의 그룹들에게 특정한 과업을 배정하는 것을 수반한다. 이는 동물 왕국에서, 특히 몇 종류의 곤충들에게서 목격되었다. 곤충들은 큰 무리를 이루어 살기 때문에, 그들에게는 과업을 나누는 것이 더 효율적이다. 이러한 종류의 협력은 그들의 생존과 다음 세대의 생존을 보장한다.

> assign[əsáin] 배정하다　task[tæsk] 과업　individual[ìndəvídʒuəl] 개체, 개인　efficient[ifíʃənt] 효율적인
> cooperation[kouàpəréiʃən] 협력　ensure[inʃúər] 보장하다

듣기 지문

Narrator: Now listen to part of a lecture on this topic in a biology class.

이제 생물학 수업에서 이 주제에 대한 강의의 일부를 들어 보세요.

We can see a great example of division of labor in honeybees. In a bee colony, there is a single queen bee. She has a very specific job . . . she, um, produces offspring. To be more specific, she mates with male bees and lays thousands of eggs over several years. The queen is responsible for creating future generations of bees . . . so the colony cannot survive without her.

Next, I'll talk about the worker bees. Basically, they take care of the colony and the queen by doing different tasks. For example, some feed the queen whenever she is hungry, and other worker bees keep the hive clean by clearing out any dead bees.

우리는 분업의 훌륭한 예를 꿀벌에게서 볼 수 있습니다. 하나의 벌 군생에는, 한 마리의 여왕벌이 있어요. 그녀는 매우 특정한 직무를 가지고 있죠... 그녀는, 음, 자손을 낳습니다. 더 구체적으로, 그녀는 수벌들과 짝짓기해서 몇 해에 걸쳐 수천 개의 알을 낳아요. 여왕은 벌의 후손을 만드는 데 책임이 있는 거죠... 따라서 그 군생은 그녀 없이는 생존할 수 없어요.

다음으로, 일벌에 관해 이야기하겠습니다. 근본적으로, 그들은 각각 다른 업무를 함으로써 군생과 여왕을 돌보죠. 예를 들어, 몇몇은 여왕이 배고플 때마다 먹이를 주고, 다른 일벌들은 죽은 벌들을 치움으로써 벌집을 깨끗하게 유지한답니다.

colony[kάləni] 군생   produce offspring 자손을 낳다   mate[meit] 짝짓기하다   lay eggs 알을 낳다
responsible for ~에 책임이 있는   create[kriéit] 만들어 내다   future generation 후손   whenever[hwènévər] ~할 때마다
hive[haiv] 벌집   clear out 치우다   dead[ded] 죽은

Explain how the examples from the lecture illustrate division of labor.
강의의 예들이 어떻게 분업을 나타내는지 설명하세요.

Day 4   듣고 말하기: 대학 강의

듣기 지문 해석 (p.289)

여러분도 알다시피, 인간들은 돌아다니기 위해서 수천 년간 도로를 건설해 왔어요. 오늘 우리는 야생 생물에게 끼치는 도로의 부정적인 영향 몇 가지에 대해 토의해 보겠습니다.

첫째로, 교통의 영향이 있어요. 음, 자연 세계에서, 동물들은 먹이와 짝짓기 대상을 찾기 위해 이동해야 해요. 하지만 교통은 도로를 땅을 가로지르는 장벽이 되게 할 수 있습니다... 이는, 음, 많은 동물들이 너무 무서워서 건널 수가 없죠. 또한, 도로를 건너려고 시도하는 동물들은 자동차에 의해 자주 다치거나 죽임을 당해요. 이건 마치 그들이 섬에 갇힌 것과 마찬가지죠... 그다지 유쾌하지 않죠, 그렇죠?

둘째로, 도로로부터의 수질 오염의 영향이 있어요. 도로는 휘발유와, 어, 엔진 오일과 같은 해로운 오염 물질들로 덮여있어요. 비나 눈이 내리면 이 오염 물질들이 도로 위를 흘러 시내와 연못으로 흘러들죠. 많은 동물들이 이 오염된 물에서 살거나 이를 마신다는 점을 명심하기 바랍니다... 그래서 그들은 결국 병에 걸릴 수도 있어요.

Course 1 ▶ Track 22 · p. 290

Last class, we talked about the benefits of having celebrities promote products. Now let's turn to **the major risks of using celebrities in advertisements.**

Companies should be aware that there's the risk of overexposure–that is, if one celebrity promotes too many products at the same time, people will often lose trust in the products. As an example, there was **a famous actor who promoted over 10 products** in the same year. **People started to think that he was just doing it for the money.** In the end, um, people **not only lost trust in the celebrity,** they **also lost trust in the products.**

Another potential problem is negative publicity. If **a celebrity makes a mistake**, his or her **public image may be harmed**. This is a concern because the company has strongly linked its product with the celebrity. **Bad feelings toward the celebrity often results in similar perceptions of the promoted product.** In some cases, this can lead to a significant decline in sales.

듣기 노트

토픽	<u>risk of using celeb. in ad.</u> 광고에 유명인사를 사용하는 것의 위험 요소
서브토픽 1	1. overexposure 과잉 노출
세부사항	- ex) famous actor promoted + 10 prod. 예) 유명한 배우가 10개 넘는 제품을 홍보함
	- ppl. think he do for $ → <u>lost trust in celeb. & prod.</u>
	사람들은 그가 돈을 위해 한다고 생각함 → 유명인사와 제품에 대한 신뢰 잃음
서브토픽 2	2. negative publicity 부정적인 여론
세부사항	- <u>celeb. makes mistake → public image harmed</u>
	유명인사가 실수함 → 대중적 이미지 손상됨
	- <u>bad feelings t/w celeb. → similar percept. of promoted prod.</u>
	유명인사를 향한 나쁜 감정 → 홍보된 제품에 비슷한 인식

4th Week Hackers TOEFL Speaking Basic

지문 해석

듣기 지문

지난 시간에 우리는 유명인사들이 제품을 홍보하는 것의 이득에 관해 이야기했습니다. 이제, 광고에 유명인사를 사용하는 것의 주요 위험 요소들로 넘어가 봅시다.

회사들은 과잉 노출의 위험성이 있다는 것을 알고 있어야 하는데, 즉, 만약 한 유명인사가 동시에 너무 많은 제품을 홍보한다면, 사람들은 종종 제품에 대한 신뢰를 잃을 거라는 것이죠. 하나의 예로서, 같은 해에 10개가 넘는 제품들을 홍보한 한 유명한 배우가 있었어요. 사람들은 그가 그저 돈을 위해 홍보를 한다고 생각하기 시작했죠. 결국, 음, 사람들은 그 유명인사에 대한 신뢰를 잃었을 뿐만 아니라, 그 제품들에 대한 신뢰도 잃었습니다.

또 다른 잠재적인 문제는 부정적인 여론입니다. 만약 유명인사가 실수를 한다면, 그 혹은 그녀의 대중적 이미지가 손상될 수 있습니다. 이는 회사가 제품을 그 유명인사와 강력하게 관련지었기 때문에 문제가 되죠. 그 유명인사를 향한 나쁜 감정은 종종 홍보된 제품에도 비슷한 인식을 초래합니다. 몇몇 경우에, 이는 막대한 판매 감소로 이어질 수도 있습니다.

Course 2 ▶ Track 26 ⋯⋯⋯⋯⋯⋯⋯⋯⋯⋯⋯⋯⋯⋯⋯⋯⋯⋯⋯⋯⋯⋯⋯⋯⋯⋯⋯⋯⋯⋯ p. 298

토픽

The professor explains **the risk of using celebrities in advertising**.

서브토픽 1

First, she describes **overexposure**.

For example, **a famous actor promoted over ten products in the same year**. People thought he was doing it for money, so **they lost trust in the celebrity and the products**.

Second, she describes **negative publicity**.

To be specific, when a celebrity makes a mistake, **his or her public image will be harmed**. Consumers that **have bad feelings toward the celebrity will have similar perceptions of the promoted product**.

Daily Test ▶ Track 27 $\cdots\cdots\cdots\cdots\cdots\cdots\cdots\cdots\cdots\cdots\cdots\cdots\cdots\cdots\cdots$ p. 300

듣기 노트

토픽	<u>2 causes of memory loss</u> 기억 손실의 두 가지 원인
서브토픽 1	1. <u>stress</u> 스트레스
세부사항	– feel tense: X concentrate → <u>forget easily</u>
	긴장감을 느끼면 집중하지 못함 → 쉽게 잊어버림
	– ex) <u>ppl. w/ stressful jobs: forgetful</u> b/c X focus other things
	예) 스트레스가 많은 직업을 가진 사람들은 다른 것들에 집중할 수 없어서 잘 잊어버림
서브토픽 2	2. <u>lack of sleep</u> 수면 부족
세부사항	– tired: <u>interferes w/ brain funct.</u> → X remember well
	피곤함은 뇌 기능을 방해함 → 잘 기억하지 못함
	– ex) stud. stay up late → get ↓ scores
	예) 밤늦게까지 자지 않는 학생 → 더 낮은 점수 받음

토픽

The professor explains two causes of memory loss.

서브토픽 1

First, he describes **stress**.

세부사항

To be specific, people who feel tense cannot concentrate, so **they forget things easily**. For instance, **people with stressful jobs are forgetful** because they can't focus on other things.

서브토픽 2

Second, he describes **lack of sleep**.

세부사항

Since being tired **interferes with brain function**, people can't remember things very well. **For example, students who stay up late get lower scores**.

스크립트 및 해석

Narrator: Now listen to part of a lecture in a psychology class.
이제 심리학 수업 강의의 일부를 들어 보세요.

Many people experience memory loss at one point or another. In most cases, the symptoms are minor, but sometimes they are so severe that the person cannot lead a normal life. Today, I'd like to focus on two of the most common causes of memory loss.

The first is stress. People who feel tense are often unable to concentrate. They are easily distracted, so they do not pay close attention. As a result, they forget things very easily. For instance, people with stressful jobs tend to be forgetful in other areas of their lives. This is because they are constantly thinking about problems at work, so they can't focus on other things.

Another cause of memory loss is lack of sleep. When people do not get enough sleep, they become very tired. This interferes with brain function, so they can't remember things very well. For example, in a recent study, scientists found that students who stay up late studying for an exam get lower scores on average than those who go to bed early.

많은 사람들이 때때로 기억 손실을 경험합니다. 대부분의 경우, 증상들은 심각하지 않지만, 가끔 그들은 너무 심각해서 그 사람은 정상적인 삶을 살 수가 없죠. 오늘 저는 기억 손실의 가장 흔한 원인 두 가지에 초점을 맞추고 싶군요.
첫 번째는 스트레스입니다. 긴장감을 느끼는 사람들은 보통 집중하지 못하죠. 그들은 쉽게 산만해져서, 세심한 주의를 기울이지 않아요. 그 결과, 그들은 무언가를 매우 쉽게 잊어버려요. 예를 들어, 스트레스가 많은 직업을 가진 사람들은 그들의 삶의 다른 분야에서 잘 잊어버리는 경향이 있죠. 이는 그들이 계속해서 업무에서의 문제들에 대해 생각하고 있어서, 다른 것들에 집중할 수 없기 때문입니다.
기억 손실의 또 다른 원인은 수면 부족입니다. 사람들이 충분히 잠을 자지 못하면, 매우 피곤해지죠. 이것이 뇌의 기능을 방해해서, 무언가를 기억하기가 더욱 어려워지는 겁니다. 예를 들어, 최근 한 연구에서, 과학자들은 시험을 위해 밤늦게까지 자지 않고 공부하는 학생들이 일찍 잠자리에 드는 학생들보다 평균적으로 더 낮은 점수를 받는다는 것을 발견했습니다.

at one point or another 때때로　symptom[símptəm] 증상　minor[máinər] 심각하지 않은　severe[səvíər] 심각한
tense[tens] 긴장한　distracted[distrǽktid] 산만해진　forgetful[fərgétfəl] 잘 잊어버리는　lack[læk] 부족
interfere with ~을 방해하다

Question: Using points and examples from the talk, describe two causes of memory loss.
강의의 중심 내용과 예를 이용하여, 기억 손실의 두 가지 원인을 설명하세요.

1 .... p. 304

다음 진술에 동의하는지 동의하지 않는지 말하세요. 그리고 구체적인 근거를 들어 이유를 설명하세요. **전자책은 미래에 모든 종이책을 대체할 것이다.**

나의 선택   <u>Agree</u>   동의함

이유 1   1. more convenient   더 편리함

구체적 근거   – store many books on one device, take anywhere

한 기기에 많은 책 보관, 어디든지 가지고 다닐 수 있음

이유 2   2. familiar to the new generation   신세대에게 친숙함

구체적 근거   – grew up w/ electronic devices → comfortable

전자 기기와 함께 자라서 익숙함

▶ **Track 29**

나의 선택

I agree with the statement that electronic books will replace all paper books in the future.

이유 1

First, **electronic books are more convenient.**

구체적 근거

To be specific, **people can store many electronic books on one device and easily take them anywhere.**

이유 2

Second, **electronic books are very familiar to the new generation.**

구체적 근거

For example, **my generation grew up with electronic devices, so we are very comfortable with technology.**

해석   나는 전자책이 미래에 모든 종이책을 대체할 것이라는 진술에 동의한다.

첫째로, 전차책은 더 편리하다.

구체적으로, 사람들은 많은 전자책을 하나의 기기에 보관할 수 있고 그것들을 어디든지 가지고 다닐 수 있다.

둘째로, 전자책은 신세대에게 매우 친숙하다.

예를 들어, 내 세대는 전자 기기와 함께 자라서, 우리는 기술에 매우 익숙하다.

다음 진술에 동의하는지 동의하지 않는지 말하세요. 그리고 구체적인 근거를 들어 이유를 설명하세요. **나이는 학습 능력에 영향을 미치지 않는다.**

나의 선택   <u>Disagree</u>   반대함

이유 1   1. <u>when young, understand quickly</u>   어릴 때, 빨리 이해함

   구체적 근거   – <u>when I = child, absorbed English fast</u>   어릴 때 나는 영어를 빠르게 흡수했었음

이유 2   2. <u>age ↑ → memory ↓</u>   나이가 들수록 기억력이 감퇴함

   구체적 근거   – <u>my grandfather learning computer, forgets most of it next day</u>

              할아버지께서 컴퓨터 배우시는데, 다음 날 대부분의 내용을 잊어버리심

▶ **Track 31**

나의 선택

I disagree with the statement that a person's age does not affect his or her ability to learn.

이유 1

First, **when people are young, they understand things quickly.**

구체적 근거

To be specific, I absorbed English really fast when I was a child.

이유 2

Second, **memory declines as people get older.**

구체적 근거

For example, my grandfather is learning how to use a computer, but he forgets most of it the next day.

해석   나는 나이가 학습 능력에 영향을 미치지 않는다는 진술에 반대한다.

첫째로, 사람들은 어릴 때, 내용을 빨리 이해한다.

구체적으로, 나는 어렸을 때 영어를 매우 빨리 흡수했다.

둘째로, 사람들은 나이가 들수록 기억력이 감퇴한다.

예를 들어, 우리 할아버지는 컴퓨터 사용법을 배우고 계신데, 다음 날 대부분의 내용을 잊어버리신다.

Q2 ·· p. 310

읽기 노트

> | 토픽 | <u>cafet. shd. open late at night</u> 카페테리아를 밤 늦게까지 열어야 함 |
> |---|---|
> | 세부사항 | – <u>late classes</u> 늦은 시간 수업들 |
> | | – <u>some students work until later</u> 일부 학생들은 늦게까지 일함 |

듣기 노트

> | 화자의 의견 | <u>W: O</u> 여: 동의 |
> |---|---|
> | 이유 1 | 1. live in dorms, X prepare meals 기숙사에 살아서, 식사 준비 못함 |
> | 구체적 근거 | – open late → options ↑ 늦게까지 운영하면 선택권 늘어남 |
> | 이유 2 | 2. ↑ opport. for part-time jobs 아르바이트 기회 많아짐 |
> | 구체적 근거 | – extend hours → cafet. will hire ↑ students |
> | | 시간 연장하면 카페테리아가 더 많은 학생들을 고용할 것임 |

▶ **Track 33**

읽기 주제

According to the reading, the cafeteria should stay open late at night.

화자의 의견

The woman **thinks it is a good idea.**

이유 1

First, **she says that most students live in dorms, so they cannot prepare their own meals.**

구체적 근거

In other words, **their only choice is to eat out. Keeping the cafeteria open late would give them more options.**

이유 2

Second, **she says that extended hours would give students more opportunities for part-time jobs.**

구체적 근거

That's because **if the cafeteria extends its hours, it will hire more students.**

해석 　읽기 지문에 따르면, 카페테리아를 밤 늦게까지 열어야 한다.

　　　여자는 그것이 좋은 의견이라고 생각한다.

　　　첫째로, 그녀는 대부분의 학생들이 기숙사에 살기 때문에 그들의 식사를 준비하지 못한다고 말한다.

　　　다시 말하면, 그들의 유일한 선택권은 외식을 하는 것이다. 카페테리아를 늦게까지 여는 것은 그들에게 더 많은 선택권을 주게 될 것이다.

　　　둘째로, 그녀는 연장된 운영 시간이 학생들에게 더 많은 아르바이트 기회를 줄 것이라고 말한다.

　　　그것은 카페테리아가 운영 시간을 연장한다면, 더 많은 학생들을 고용할 것이기 때문이다.

스크립트 및 해석

Narrator: The school's newspaper published a letter from a student stating his opinion on the school cafeteria's hours. You will have 45 seconds to read the letter. Begin reading now.

학교 신문은 한 학생이 카페테리아 운영 시간에 대한 의견을 쓴 편지를 게재하였습니다. 편지를 읽는 데 45초가 주어질 것입니다. 이제 읽기 시작하세요.

편집장님께,

저는 카페테리아가 밤 늦게까지 열어야 한다고 생각합니다. 현재, 카페테리아는 겨우 오후 7시까지 열고, 이는 많은 사람들에게 문제입니다. 우선 한 가지 이유는, 많은 학생들이 늦은 시간에 수업을 들어 오후 7시 전에 카페테리아에 갈 수가 없습니다. 마찬가지로, 아르바이트를 하는 학생들은 저녁 늦게까지 일을 해야 합니다. 카페테리아가 늦게까지 문을 연다면, 이러한 학생들도 그곳에서 식사를 할 수 있을 것입니다.

진심을 담아,

Michael Murphy

　　　meal[mi:l] 식사　　part-time job 아르바이트

Narrator: Now listen to two students as they discuss the letter.

이제 편지에 대해 토의하는 두 학생의 대화를 들어 보세요.

W: Did you read that student's letter about extending the cafeteria's hours? I agree with him. I think it is an excellent idea.

M: Really? Why do you say that?

W: One reason is that many students live in dormitories, so this limits their options. I mean, they don't have kitchens where they can prepare their meals. So, their only choice is to eat out if they get hungry at night. Keeping the cafeteria open late would give them more options.

M: I see your point.

W: Also, extended hours will give students more opportunities for part-time jobs. There aren't a lot of jobs available on campus, but the cafeteria uses student workers to run the cafeteria. If the cafeteria extends its hours, it will hire more students to work there.

여: 카페테리아 운영 시간을 연장하는 것에 대한 학생의 편지 읽었니? 난 그에게 동의해. 난 그게 훌륭한 아이디어라고 생각해.

남: 정말? 왜 그렇게 말하는 거야?

여: 한 가지 이유는 많은 학생들이 기숙사에 살고, 그래서 그게 그들의 선택권을 제한하지. 내 말은, 그들은 식사를 준비할 수 있는 부엌을 갖고 있지 않아. 그래서, 밤에 배가 고플 때 그들의 유일한 선택권은 외식을 하는 거야. 카페테리아를 늦게까지 여는 것은 그들에게 더 많은 선택권을 주게 될 거야.

남: 무슨 말인지 알겠어.

여: 또한, 연장된 운영 시간이 학생들에게 더 많은 아르바이트 기회를 주게 될 거야. 교내에서 구할 수 있는 일자리가 많지 않은데, 카페테리아는 운영을 위해 학생 근로자를 쓰잖아. 카페테리아가 운영 시간을 연장한다면, 거기서 일할 더 많은 학생들을 고용할 거야.

　　　extend[iksténd] 연장하다　　dormitory[dɔ́rmətɔ̀:ri] 기숙사　　limit[límit] 제한하다　　eat out 외식하다

　　　available[əvéiləbl] 구할 수 있는

Question: The woman expresses her opinion regarding the student's letter. State her opinion and explain the reasons she gives for expressing that opinion.

여자는 학생의 편지에 대한 의견을 표명합니다. 여자의 의견을 말하고 그러한 의견을 표명하는 이유를 설명하세요.

읽기 노트

토픽	reverse mentoring 역멘토링

- juniors teach tech. to seniors 하급 직원이 상급 직원에게 기술 가르쳐 줌
- seniors gain skills & narrow gap btwn. srs., jrs.
  상급 직원은 스킬 얻고 상급과 하급 직원 사이 격차 줄임

듣기 노트

예시 1
세부사항

1. younger empl. taught skills 더 젊은 직원이 스킬 가르쳐줌
   - learned soc. ntwk. for marketing 마케팅을 위한 소셜 네트워킹 배움
   - promotes company using blog 블로그 이용해 회사 홍보

예시 2
세부사항

2. devlp. close bond w/ mentor 멘토와 가까운 유대 형성
   - prev. X opport. work w/ jrs. 이전에는 하급 직원과 일할 기회 없었음
   - narrow gap by reversing status 지위를 바꿔버림으로써 격차 좁혔음

▶ **Track 35**

토픽

The professor uses his friend's experience to explain reverse mentoring.

예시 1

First, **he describes how the younger employee taught her many helpful skills.**

세부사항

To be specific, **she learned how to use social networks for marketing purposes, and now she actively promotes the company with her blog.**

예시 2

Second, **he describes how his friend developed a close bond with her mentor.**

세부사항

Previously, she did not have an opportunity to work with junior employees. In the end, the experience was good for both of them because it narrowed the gap by reversing their senior and junior status.

해석　교수는 친구의 경험을 들어 역멘토링을 설명한다.
　　　첫째로, 그는 더 젊은 직원이 어떻게 그녀에게 많은 유용한 스킬을 가르쳐 주었는지 설명한다.
　　　구체적으로, 그녀는 마케팅 목적으로 소셜 네트워크를 사용하는 법을 배웠고, 이제 그녀의 블로그를 이용해 적극적으로 회사를 홍보한다.
　　　둘째로, 그는 어떻게 그의 친구가 그녀의 멘토와 가까운 유대를 형성했는지 설명한다.

이전에는, 그녀는 하급 직원들과 일할 기회가 없었다. 나중에는, 그 경험이 둘 다에게 좋았는데, 상급과 하급의 지위를 뒤바꿈으로써 격차를 좁혀주었기 때문이다.

스크립트 및 해석

Narrator: Now read the passage about reverse mentoring. You will have 45 seconds to read the passage. Begin reading now.

이제 역멘토링에 대한 글을 읽어 보세요. 글을 읽는 데 45초가 주어질 것입니다. 이제 읽기 시작하세요.

역멘토링

역멘토링은 상급 직원에게 기술에 대해 가르치도록 하급 직원을 사용하는 경력 개발의 한 방법이다. 이것은 상급 직원들이 그들의 경력에 도움이 될 귀중한 스킬을 얻을 기회를 얻게 되므로 유용하다. 이것은 또한 상급 직원들과 하급 직원들 간의 격차를 줄이는 데 도움이 되고 그들이 좋은 유대와 관계성을 형성하게 한다.

career[kəríər] 경력 junior[dʒúːnjer] 하급의 senior[síːnjer] 상급의 gain[gein] 얻다 valuable[vǽljuəbl] 귀중한
gap[gæp] 격차 bond[band] 유대

Narrator: Now listen to part of a lecture on this topic in a business class.

이제 경영학 수업에서 이 주제에 대한 강의의 일부를 들어 보세요.

OK . . . I think I can explain reverse mentoring using a personal example. I have a friend who is an executive at a company. Her company adopted the reverse mentoring method and appointed a younger employee to mentor her. The employee taught her many helpful skills, such as using social networks. So, my friend learned how to use social networks on the Internet for marketing purposes. Now, she actively promotes her company using her blog. Well, through this process my friend not only gained knowledge but also developed a close bond with her mentor. Previously, she did not have the opportunity to work closely with junior employees. And ultimately, it was better for both of them because it helped narrow the gap by, uh, sort of reversing senior and junior status.

자... 저는 개인적인 사례를 이용해 역멘토링을 설명할 수 있을 것 같네요. 저에게는 한 회사에서 임원인 친구가 한 명 있어요. 그녀의 회사는 역멘토링 방법을 도입했고 그녀에게 조언해줄 더 젊은 직원을 정해줬어요. 그 직원은 그녀에게 소셜 네트워크 사용하기와 같은 많은 유용한 스킬을 가르쳐줬어요. 그래서, 제 친구는 마케팅 목적으로 인터넷에서 소셜 네트워크를 어떻게 사용하는지를 배웠어요. 이제, 그녀는 그녀의 블로그를 이용해 적극적으로 회사를 홍보한답니다.

음, 이 과정을 통해서 제 친구는 지식을 얻었을 뿐만 아니라 그녀의 멘토와 가까운 유대를 형성했어요. 이전에는, 그녀가 하급 직원들과 가깝게 일할 기회가 없었어요. 그리고 결국, 그게 그들 둘 다에게 더 좋은 것이었죠, 음, 뭐랄까 상급과 하급의 지위를 바꿔버림으로써 격차를 좁히는 데 도움이 되었으니까요.

executive[igzékjutiv] 임원, 간부 adopt[ədápt] 도입하다, 채택하다 appoint[əpɔ́int] 정하다, 지명하다
mentor[méntɔːr] 조언하다; 멘토 purpose[pə́ːrpəs] 목적 promote[prəmóut] 홍보하다 previously[príːviəsli] 이전에
ultimately[ʌ́ltəmətli] 결국 narrow[nǽrou] 좁히다 status[stéitəs] 지위

Question: Explain how the example from the lecture illustrates the concept of reverse mentoring.

강의의 예시가 어떻게 역멘토링의 개념을 나타내는지 설명하세요.

듣기 노트

토픽	fertilz. harm environ.	비료가 환경에 피해를 입힘
서브토픽 1	1. pollute water system	수계 오염
세부사항	− rain → runoff carries chem. into water system	
	비가 오면 흐르는 빗물이 수계에 화학 물질 실어 나름	
	− toxic → kill fish & other organisms	
	독성이 물고기와 다른 생물 죽임	
서브토픽 2	2. destroy soil	토양 파괴
세부사항	− change soil chem. → ↑ acidic	
	토양 화학 바꿔서 더욱 산성이 됨	
	− beneficial bacteria X live → quality ↓	
	유익한 박테리아가 살지 못해서 토질 악화됨	

▶ **Track 37**

토픽

The professor explains some of the ways that fertilizers harm the environment.

서브토픽 1

First, **he describes how fertilizers pollute the water system.**

세부사항

For example, after it rains, the water runoff carries the chemicals into the water system. Because these chemicals are toxic, they can kill fish and other organisms in the water.

서브토픽 2

Second, **he describes how fertilizers destroy the soil.**

세부사항

To be specific, they change the soil chemistry by making it more acidic. As a result, beneficial bacteria in the soil cannot live, and the quality of the soil gets worse and worse.

해석 교수는 비료가 환경에 피해를 주는 몇 가지 방식에 대해 설명한다.
첫째로, 그는 비료가 어떻게 수계를 오염시키는지 설명한다.
예를 들어, 비가 오고 나면, 땅 위를 흐르는 빗물이 수계로 화학 물질을 실어 나른다. 이 화학 물질은 독성이 있기 때문에, 물고기와 물에 사는 생물들을 죽일 수도 있다.
둘째로, 그는 비료가 어떻게 토양을 파괴하는지 설명한다.
구체적으로, 비료는 토양을 더 산성으로 만듦으로써 토양 화학을 바꾼다. 그 결과, 토양의 유익한 박테리아가 살지 못하고, 토질은 점점 더 나빠진다.

Narrator: Now listen to part of a lecture in a biology class.

이제 생물학 수업의 강의 일부를 들어 보세요.

So . . . last class we talked about how fertilizers help farmers. Today, however, we're going to discuss ways that fertilizers harm the environment.

To begin with, fertilizers pollute the water system. You see, after fertilizer is applied to a field . . . um, some of it is washed away during rain. As the water runoff enters rivers, lakes, and streams, it carries the chemicals into the water system. In large quantities, these chemicals are toxic and can kill the fish and other organisms in the water. Another problem is that fertilizers can destroy the soil. Over time, as fertilizer is added to fields each year, it changes the soil chemistry. An effect of this is the lowering of the soil's pH—uh, pH is a number scale that tells us how acidic the soil is. A lower pH number means the soil is more acidic. The problem is that beneficial bacteria in the soil that help plants grow actually cannot live in a highly acidic environment, so the quality of the soil gets worse and worse.

자... 지난 수업 때 우리는 비료가 어떻게 농부들을 돕는지에 대해 이야기했었죠. 하지만 오늘은, 비료가 환경에 피해를 주는 것에 대해 논의해볼 거예요.

우선, 비료는 수계를 오염시킵니다. 알다시피, 밭에 비료가 뿌려지면... 음, 일정 부분은 비가 올 때 씻겨 나가죠. 땅 위를 흐르는 빗물은 강, 호수, 그리고 하천에 흘러 들어가면서, 수계로 화학 물질을 실어 나릅니다. 다량일 때, 이 화학 물질은 독성이 있으며 물고기와 물에 사는 생물들을 죽이기도 합니다.

또 다른 문제는 비료가 토양을 파괴할 수 있다는 점입니다. 시간이 흐르고, 비료가 매년 밭에 뿌려지면서, 그것은 토양 화학을 바꾸어 버립니다. 이것의 결과는 토양의 pH를 낮춘다는 건데요, 음, pH는 토양이 얼마나 산성인지를 우리에게 알려주는 수치예요. 보다 낮은 pH 수치는 토양이 더 산성이라는 걸 의미합니다. 문제는 식물이 자라도록 돕는 토양의 유익한 박테리아가 고도로 산성인 환경에서는 살 수 없고, 그래서 토질이 점점 더 나빠진다는 거죠.

> fertilizer [fə́ːrtəlàizər] 비료   harm [haːrm] 피해를 주다   pollute [pəlúːt] 오염시키다   water system 수계   field [fiːld] 밭
> runoff [rʌ́nɔ̀f] 흐르는 빗물   stream [striːm] 하천   chemical [kémikəl] 화학 물질   quantity [kwántəti] 양   soil [sɔil] 토양
> acidic [əsídik] 산성의   highly [háili] 고도로, 매우

Question: Using points from the lecture, describe some ways that fertilizers harm the environment.

강의의 중심 내용을 이용하여, 비료가 환경에 피해를 주는 몇 가지 방식에 대해 설명하세요.

1 어떤 사람들은 아이들이 학교에서 악기 다루는 법을 배워야 한다고 생각하고, 다른 사람들은 아이들이 수학이나 읽기와 같은 순수하게 학문적인 활동에만 시간을 보내야 한다고 생각합니다. 당신은 어느 것을 선호하고 그 이유는 무엇인가요?

의견	**musical instrument** 악기	
이유 1	**1. break from academics** 학업으로부터 휴식	
구체적 근거	**- get away from books, relax** 책에서 벗어나 긴장을 품	
이유 2	**2. find children's talent early** 아이들의 재능을 일찍 발견함	
구체적 근거	**- help develop their abilities** 능력을 개발하도록 도움	

▶ **Track 5**

I prefer to learn how to play musical instruments in school.

First, students need a break from academics during the day.

To be specific, a music lesson will give them a chance to get away from books and relax.

Second, people can find out if children are talented early by offering them music classes.

For example, the classes will help the children develop their abilities and become great musicians.

해석   나는 학교에서 악기 다루는 법을 배우는 것을 선호한다.

첫째로, 학생들은 하루 동안의 학업으로부터 휴식이 필요하다.

구체적으로, 음악 수업은 그들이 책에서 벗어나 긴장을 푸는 기회를 줄 것이다.

둘째로, 사람들은 아이들에게 음악 수업을 제공함으로써 아이들이 재능이 있는지를 일찍 발견할 수 있다.

예를 들어, 그 수업들은 아이들이 자신의 능력을 개발하고 훌륭한 음악가가 되도록 도와줄 것이다.

2 읽기 노트

토픽	**changes to English courses** 영어 수업의 변경사항	
세부사항	**- no. of stud.: 20 → 30** 학생 수: 20 → 30	
	- online quizzes 온라인 퀴즈	

듣기 노트

의견	M: X 남: 반대
이유 1	1. better to keep 20 20명으로 유지하는 것이 더 나음
구체적 근거	– ↑ ppl. → ↓ opport. speak 더 많은 사람 → 말할 기회가 더 적음
이유 2	2. online quiz X make sense 온라인 퀴즈는 이치에 맞지 않음
구체적 근거	– X good way assess convers. skills 회화 실력을 평가할 좋은 방법이 아님

▶ Track 6

According to the reading, the university made some changes to the English courses for international students.

The man does not think it is a good idea.

First, he says that it would be better to keep the number at 20.

If there are more people in the class, students will have fewer opportunities to speak English.

Second, he says that scheduling weekly online quizzes doesn't make any sense.

This is because an online quiz is not a good way to assess a student's conversation skills.

해석 읽기 지문에 따르면, 대학은 국제학생을 위한 영어 수업의 몇 가지 사항을 변경하였다.

남자는 그것이 좋은 의견이라고 생각하지 않는다.

첫째로, 그는 인원을 20명으로 유지하는 것이 더 나을 것이라고 말한다.

수업에 더 많은 사람이 있다면, 학생들은 영어로 말할 기회를 더 적게 가질 것이다.

둘째로, 그는 주간 온라인 퀴즈를 계획하는 것은 이치에 맞지 않는다고 말한다.

이는 온라인 퀴즈가 학생의 회화 실력을 평가하는 좋은 방법이 아니기 때문이다.

스크립트 및 해석

Narrator: The university has made some changes to the English courses for international students. You will have 45 seconds to read the announcement. Begin reading now.

대학은 국제학생을 위한 영어 수업의 몇 가지 사항을 변경하였습니다. 공지를 읽는 데 45초가 주어질 것입니다. 이제 읽기 시작하세요.

국제학생을 위한 영어 수업의 변경사항

대학은 국제학생을 위한 영어 수업의 몇 가지 사항을 변경하였습니다. 첫째로, 말하기 수업의 학생 최대 인원을 20명에서 30명으로 늘렸습니다. 이 방식으로, 학생들은 더 많은 말하기 파트너의 선택권을 가질 것입니다. 둘째로, 학생들의 경과를 확인하기 위해 주간 온라인 퀴즈가 있을 계획입니다. 이 변경사항들이 국제학생들이 영어 능력을 향상하는 데 도움이 되기를 희망합니다.

maximum[mǽksəməm] 최대의   progress[prɑ́grəs] 경과, 진전

Narrator: Now listen to two students as they discuss the announcement.

이제 공지에 대해 토의하는 두 학생의 대화를 들어 보세요.

W: Did you hear about changes to the English courses for international students?

M: Yeah, and I'm not so sure that the changes will benefit the international students.

W: Well, I think having more students will make the classes more interactive. Don't you think so?

M: No, I don't. It'd be better to keep the number at 20. That's because students must interact with each other to improve their speaking skills. If there are more people in the class than there are now, students will have fewer opportunities to speak English.

W: Hmm . . . I see what you mean.

M: And another thing is, scheduling weekly online quizzes doesn't make any sense. An online quiz is not a good way to assess a student's conversation skills. How can students show how well they speak English by sitting in front of a computer?

여: 국제학생을 위한 영어 수업의 변경사항에 대해 들었어?

남: 응, 그리고 난 그 변경사항들이 국제학생들에게 이득이 될지 의문이야.

여: 음, 난 더 많은 학생이 있는 것이 수업을 더 상호적으로 만들 거라고 생각하는데. 그렇게 생각하지 않니?

남: 아니, 그렇게 생각하지 않아. 인원을 20명으로 유지하는 것이 더 나을 거야. 학생들은 말하기 능력을 향상하기 위해 서로 교류해야 하기 때문이지. 만약 수업에 지금보다 더 많은 사람이 있다면, 학생들은 영어로 말할 기회가 더 적어질 거야.

여: 음... 무슨 말인지 알겠어.

남: 그리고 또 다른 이유는, 주간 온라인 퀴즈를 계획하는 것이 전혀 이치에 맞지 않는다는 거야. 온라인 퀴즈는 학생의 회화 실력을 평가하기 위한 좋은 방법이 아니야. 학생들이 어떻게 컴퓨터 앞에 앉아 있는 것으로 얼마나 영어를 잘 말하는지 보여 줄 수 있겠어?

interactive [ìntərǽktiv] 상호적인   make sense 이치에 맞다   assess [əsés] 평가하다   conversation [kὰnvərséiʃən] 회화

Question: The man expresses his opinion regarding the changes to the English courses. State his opinion and explain the reasons he gives for expressing that opinion.

남자는 영어 수업의 변경사항에 대한 의견을 표명합니다. 남자의 의견을 말하고 그러한 의견을 표명하는 이유를 설명하세요.

3 읽기 노트

토픽	altruistic behavior of animals 동물들의 이타적 행동
개념	- sacrifice for others 다른 동물들을 위해 희생함
	- ↓ chances of survival 생존 기회를 낮춤

듣기 노트

예시 1	1. vervet monkey 버빗 원숭이
세부사항	- alarm call when spot predator → other members escape
	포식자 발견하면 경보음 → 다른 구성원들은 도망감
	- puts in danger b/c attracts predator's attention
	포식자의 주의를 끌게 되므로 위험에 처함
예시 2	2. African buffaloes 아프리카물소
세부사항	- surrounded by predators → distress call
	포식자들에게 둘러싸임 → 위험을 알리는 소리
	- other buffaloes try to rescue, puts them at risk
	다른 물소들은 도우려고 노력함, 그들을 위험에 처하게 함

The professor uses two examples to explain the altruistic behavior in animals.

First, she describes the vervet monkey.

To be specific, a vervet monkey gives out an alarm call when it spots a predator so that other members of the group can escape. This puts the monkey in danger because it attracts the predator's attention.

Second, she describes the African buffaloes.

When one is surrounded by predators, it makes a distress call. Other buffaloes will try to rescue it, even though this puts them at risk.

해석 　교수는 두 가지 예를 들어 동물들의 이타적 행동을 설명한다.

첫째로, 그녀는 버빗 원숭이를 설명한다.

구체적으로, 버빗 원숭이는 포식자를 발견하면 경보음을 내보내어, 무리의 다른 구성원들이 도망갈 수 있도록 한다. 이는 포식자의 주의를 끌게 되므로 그 원숭이를 위험에 처하게 한다.

둘째로, 그녀는 아프리카물소를 설명한다.

한 마리가 포식자들에게 둘러싸이면, 그것은 위험을 알리는 소리를 낸다. 다른 물소들은 비록 이것이 그들을 위험에 처하게 할지라도 그 물소를 도우려고 노력한다.

스크립트 및 해석

Narrator: Now read the passage about the altruistic behavior in animals. You will have 45 seconds to read the passage. Begin reading now.

이제 동물들의 이타적 행동에 대한 글을 읽어 보세요. 글을 읽는 데 45초가 주어질 것입니다. 이제 읽기 시작하세요.

동물들의 이타적 행동

동물들의 이타적 행동은 무리의 한 구성원이 다른 구성원들을 위해서 자기 자신의 안녕을 희생할 때 일어난다. 그 결과, 이타적 행위들은 그것들을 수행하는 동물의 생존 기회를 낮춘다. 과학자들은 이러한 행동에 참여하는 근본적인 동기에 대한 확신이 없다. 이는 진화론이 동물들은 항상 그들 자신의 최고 이익을 위해 행동한다고 추정하기 때문이다.

sacrifice[sǽkrəfàis] 희생하다　well-being 안녕　for the sake of ~를 위해서　underlying[ʌ̀ndərláiiŋ] 근본적인
motive[móutiv] 동기　evolutionary theory 진화론

Narrator: Now listen to part of a lecture on this topic in a biology class.

이제 생물학 수업에서 이 주제에 대한 강의의 일부를 들어 보세요.

So, we normally associate acts of kindness with things like morals and ethics. It's what makes us human . . . what sets us apart from animals, right? But, as it turns out, animals behave similarly.

Animals usually keep quiet and try to hide when a predator is near. But a vervet monkey will make an alarm call when it spots a predator to warn others. This ensures that most of the other members of its group are able to escape. But warning the others puts the monkey in more danger because it attracts the predator's attention. This is a perfect demonstration of altruistic behavior.

Here's another example. African buffaloes travel in herds partly because there's safety in numbers. When one member of the herd is surrounded by predators, it makes a distress call to summon help. Other buffaloes will then try to rescue the endangered animal, even though this puts them at risk.

자, 우린 보통 친절한 행동들을 도덕이나 윤리와 같은 것들과 연관 짓습니다. 그것이 우리를 인간으로 만드는 것이겠죠... 우리를 동물들과 구분하는 것 말이에요, 그렇죠? 하지만, 밝혀진 바에 의하면, 동물들도 비슷하게 행동합니다.

동물들은 포식자가 가까이에 있을 때 주로 조용히 있거나 숨으려고 합니다. 하지만 버빗 원숭이는 포식자를 발견하면 다른 원숭이들에게 경고하기 위해 경보음을 낼 거예요. 이는 무리의 다른 구성원들 대부분이 확실히 도망갈 수 있도록 하죠. 하지만 다른 원숭이들에게 경고하는 것은 포식자의 주의를 끌기 때문에 그 원숭이를 더욱 위험에 처하게 해요. 이것은 이타적 행동의 완벽한 예시입니다.

또 다른 예가 있어요. 아프리카물소는 무리를 지어 이동하는데, 부분적으로 이는 수가 많은 것이 안전하기 때문이죠. 무리의 한 구성원이 포식자들에게 둘러싸이면, 그것은 도움을 요청하기 위해 위험을 알리는 소리를 냅니다. 그러면 다른 물소들은 비록 이것이 그들을 위험에 처하게 할지라도, 그 위험에 빠진 동물을 구하려고 노력할 겁니다.

associate[əsóuʃièit] 연관 짓다   moral[mɔ́ːrəl] 도덕   ethic[éθik] 윤리   predator[prédətər] 포식자   alarm call 경보음
spot[spat] 발견하다   ensure[inʃúər] 확실히 ~하게 하다   demonstration[dèmənstréiʃən] 예시   in herds 무리 지어
distress call (새, 동물 등의) 위험을 알리는 소리

Using the examples of the vervet monkey and African buffaloes, explain how they illustrate the concept of altruistic behavior in animals.

버빗 원숭이와 아프리카물소의 예를 이용하여, 이것이 동물들의 이타적 행동의 개념을 어떻게 나타내는지 설명하세요.

4 듣기 노트

토픽	**ways animals use venom** 동물들이 독을 사용하는 방식
서브토픽 1	**1. attack weapon** 공격 무기
세부사항	– ex) scorpion stinger – inject w/ venom 예) 전갈 침 – 독 주입
	– grab & sting → X moving & die 잡아서 침을 쏨 → 움직이지 않고 죽음
서브토픽 2	**2. defense weapon** 방어 무기
세부사항	– ex) fire ant – sting 예) 불개미 – 침
	– threatened → inject chemicals 위협받으면 화학물질 주입

▶ Track 8

The professor explains some ways animals use venom.

First, she describes the use of venom as an attack weapon.

As an example, the scorpion has a stinger to inject its prey with venom.

The scorpion grabs the prey with its claws and then stings it so it stops moving and dies.

Next, she describes the use of venom as a defense weapon.

For instance, the fire ant defends itself against possible predators by stinging repeatedly.

When this ant feels threatened, it keeps on injecting a mixture of chemicals that causes pain, swelling, and itching.

해석   교수는 동물들이 독을 사용하는 몇 가지 방식에 대해 설명한다.
첫째로, 그녀는 공격 무기로서의 독의 사용을 설명한다.
한 예로서, 전갈은 먹잇감에게 독을 주입하기 위한 침을 가지고 있다.
전갈이 집게발을 사용하여 먹잇감을 잡고 침을 쏘면 먹잇감은 움직임을 멈추고 죽는다.
그다음, 그녀는 방어 무기로서의 독의 사용을 설명한다.
예를 들어, 불개미는 반복적으로 침을 쏨으로써 가능성이 있는 포식자들에게 맞서 자신을 방어한다.
이 개미는 위협을 느끼면, 통증, 부기, 가려움을 유발하는 화학 혼합물을 계속해서 주입한다.

Narrator: Now listen to part of a talk in a biology class.

이제 생물학 수업의 강의 일부를 들어 보세요.

Animals have many different ways of surviving in the wild, and one of them is venom use. Today we'll be discussing some ways animals use venom.

Let's start with the use of venom as an attack weapon. For instance, the scorpion has a sharp stinger that it uses to inject its prey with toxic venom. The prey is usually an insect or spider. The scorpion grabs the prey using its claws, and then lifts its tail over the top of its head and stings the prey. When the unlucky prey stops moving and dies, the scorpion goes ahead and, uh, eats its meal.

Next, let's move on to the use of venom as a defense weapon. The fire ant is an excellent example of an animal that can defend itself against possible predators by using a venomous sting. If you've ever accidentally sat on a fire ant nest, you'll know what I mean. When this ant feels threatened by humans or other animals, it starts stinging repeatedly . . . and it keeps on injecting a mixture of chemicals with every sting. The stings can cause pain, swelling, and itching.

동물들은 야생에서 살아남는 많은 다양한 방법을 가지고 있고, 그 중 하나가 독의 사용이에요. 오늘은 동물들이 독을 사용하는 몇 가지 방식에 대해 토의해 보도록 하죠.

공격 무기로서의 독의 사용부터 시작해 보죠. 예를 들어, 전갈은 먹잇감에 유해한 독을 주입하기 위해 사용하는 날카로운 침을 갖고 있어요. 먹잇감은 주로 곤충이나 거미죠. 전갈은 집게발을 사용해서 먹잇감을 잡고, 머리 위로 꼬리를 들어 올려 먹잇감에 침을 쏴요. 운이 없는 먹잇감이 움직임을 멈추고 죽으면, 전갈은 나아가서, 어, 그것을 먹어버려요.

그다음, 방어 무기로서의 독의 사용으로 넘어가 보죠. 불개미는 독성이 있는 침을 사용함으로써 가능성이 있는 포식자들에게 맞서 자신을 방어할 수 있는 동물의 훌륭한 예에요. 만약 여러분이 잘못해서 불개미 소굴에 앉아본 적이 있다면, 무슨 말인지 알 거예요. 이 개미는 사람이나 다른 동물들에 의해 위협을 느끼면, 반복해서 침을 쏘기 시작하죠... 그리고 모든 침으로 화학 혼합물을 계속해서 주입해요. 그 침은 통증, 부기, 가려움을 유발할 수 있어요.

venom[vénəm] 독   scorpion[skɔ́:rpiən] 전갈   inject[indʒékt] 주입하다   prey[prei] 먹잇감, 사냥감
claw[klɔ:] 집게발, 발톱   fire ant 불개미   predator[prédətər] 포식자   sting[stiŋ] 침을 쏘다; 침
accidentally[æ̀ksədéntəli] 잘못해서, 우연히   swelling[swéliŋ] 부기   itching[itʃiŋ] 가려움

Question: Using points and examples from the talk, describe some ways that animals use venom.

강의의 중심 내용과 예를 이용하여, 동물들이 독을 사용하는 몇 가지 방식에 대해 설명하세요.

|H|A|C|K|E|R|S|

TOEFL
SPEAKING
BASIC

토플 공부전략 무료 강의 · 토플 스피킹/라이팅 무료 첨삭 게시판 · 무료 토플자료 및 유학 정보 **고우해커스(goHackers.com)**
본 교재 인강 · 말하기 연습 프로그램 **해커스인강(HackersIngang.com)**

해커스 어학연구소